AI 빅 웨이브
기술을 넘어 전략으로

AI 빅 웨이브
기술을 넘어 전략으로

초판1쇄 발행 2025년 5월 1일

지은이 은종성
펴낸이 제이슨
펴낸곳 도서출판 책길

신고번호 제2018-000080호
신고년월일 2018년 3월 19일

주소 서울특별시 강남구 테헤란로2길 8, 4층(우.06232)
전화 070-8275-8245
팩스 0505-317-8245
이메일 contact@bizwebkorea.com
홈페이지 bizwebkorea.com   이러닝 인터뷰어 interviewer.co.kr
페이스북 facebook.com/bizwebkorea   인스타그램 instagram.com/bizwebkorea
블로그 blog.naver.com/bizwebkorea   유튜브 youtube.com/@bizwebkorea

ISBN 979-11-984425-9-8 03320

AI BIG WAVE

GENERATIVE AI

은종성 지음

AI 빅 웨이브
기술을 넘어
전략으로

BUSINESS MODEL

인공지능이 만드는 비즈니스모델과 일의 변화

요즘은 하루가 멀다 하고 새로운 AI 서비스와 기술이 쏟아져 나옵니다. 뉴스에서도, 회의 자리에서도, 친구들과의 대화 속에서도 어느새 우리는 AI를 자연스럽게 이야기하게 되었습니다. 그만큼 AI는 지금 우리 시대의 '빅 웨이브(Big Wave)'가 되었습니다. 마치 거대한 파도가 밀려오듯, 삶과 비즈니스 전반에 걸쳐 빠르고도 깊은 변화를 만들어내고 있습니다.

이 변화는 단순히 한때의 유행이나 기술 트렌드에 그치지 않습니다. 스마트폰이나 인터넷이 처음 등장했을 때를 떠올려보면, 그 파급력이 어느 정도였는지 쉽게 짐작하실 수 있을 겁니다. 하지만 지금의 AI는 그보다 더 근본적이고 구조적인 변화를 이끌고 있습니다. 산업혁명에 비견될 만큼, 시대를 통째로 바꿔 놓을 힘을 지니고 있는 셈입니다.

이제 AI를 어떻게 받아들이고 활용하느냐가 개인과 조직의 미래를 좌우하는 시대가 되었습니다. AI는 단순한 소프트웨어나 기계 장치가 아닙니다. 비즈니스 전략의 중심축으로 떠오르고 있습니다. 많은 기업들이 이미 AI를 활용해 업무 프로세스를 혁신하고, 새로운 서비스 모델을 만들기 위한 실험에 한창입니다. 단순히 '도입 여부'를 넘어, '어떻게 활용할 것인가'에 대한 고민이 더 중요해지고 있는 상황입니다.

하지만 이처럼 거센 변화의 물결 앞에서 우리는 종종 두 가지 감정을 동시에 느끼게 됩니다. 한편으로는 AI가 열어줄 무궁무진한 가능성에 대한 기대감, 그리고 또 다른 한편으로는 너무 빠르게 다가오는 변화에 대한 막연한 두려움 말이지요. 기업들 역시 AI를 도입하지 않으면 뒤처질 것 같다는 압박을 받으면서도, 막상 도입하고 나면 기대만큼 성과가 나지 않을까 봐 망설이기도 합니다.

이러한 기대와 불안 사이에서 분명한 것은, AI를 더 이상 단순한 기술 도구로만 보아서는 안 된다는 사실입니다. 성공적인 AI 도입과 활용을 위해서는 기술보다도, 그것을 바라보는 전략적 통찰과 실행력이 핵심입니다. "어떤 AI 기술을 쓸 것인가?"보다 "AI를 통해 무엇을 이루고자 하는가?"를 먼저 고민해야 하는 시대가 온 것입니다.

실제로 요즘은 AI 관련 투자가 폭발적으로 늘고 있지만, 모든 시도가 성공으로 이어지는 것은 아닙니다. 오히려 준비 없이

유행처럼 AI를 따라갔다가 실패를 경험하는 사례도 적지 않습니다. 왜 그럴까요? 이유는 단순합니다. AI를 둘러싼 환경이 생각보다 복잡하고, 성공적인 활용을 위해 고려해야 할 요소들이 많기 때문입니다.

데이터의 품질과 확보, 내부 프로세스 정비, 구성원 역량 개발, 윤리적 기준과 거버넌스 체계까지… AI를 제대로 활용하려면 조직 전반의 변화를 수반해야 합니다. 기술 자체는 날이 갈수록 쉽게 쓸 수 있게 되었지만, 그 기술을 우리 조직과 업무에 어떻게 녹여낼 것인가에 대한 명확한 청사진(로드맵) 없이는, 의미 있는 성과를 얻기 어렵습니다.

그래서 AI 시대에는 전략적 사고가 더욱 중요해졌습니다. 기술의 가능성과 한계를 냉정하게 바라보며, 우리 조직이 가진 강점과 약점을 객관적으로 파악하고, 어디에 AI를 적용하면 가장 큰 가치를 만들 수 있을지를 우선순위에 따라 정리하는 것이 필수입니다. 그래야만 투자 대비 효과를 극대화하고, 변화의 중심에서도 흔들리지 않을 수 있습니다.

AI가 시대의 거대한 흐름이 된 이유는, 그 변화가 이미 현실이 되었기 때문입니다. AI는 고객 경험을 정교하게 개인화하고, 생산 현장을 자동화하며, 완전히 새로운 시장을 열고 있습니다. 챗봇은 24시간 고객 문의에 대응하고, 생성형 AI는 콘텐츠 제작의 방식 자체를 바꾸어놓고 있으며, 제조업에서는 예측 정비를 통해 설비 가동 시간을 최적화하고, 의료 분야에서는 진단 정확도를 높이는 데 기여하고 있습니다.

그러나 이러한 발전은 또 다른 과제를 우리에게 던지고 있습니다. 바로 일자리와 직무 역량의 재편입니다. 반복적이고 정형화된 업무는 빠르게 자동화되고 있고, 그 자리를 대신해 사람에게는 창의성, 판단력, 전략적 사고와 같은 본질적인 역량이 더욱 요구되고 있습니다.

그래서 이제는 개인의 차원에서도 질문해야 할 때입니다. "내 일은 AI로 인해 어떻게 바뀔까? 앞으로 나는 무엇을 준비해야 할까?" AI를 위협이 아닌 협력자로 받아들이고, 자신의 업무에 능동적으로 통합하는 사람이 결국 더 큰 기회를 얻게 됩니다. AI 시대의 승자는, AI를 가장 잘 활용하는 사람과 조직이라는 점은 분명합니다.

이러한 배경에서, 『AI 빅웨이브, 기술을 넘어 전략으로』는 기술과 비즈니스의 변화를 함께 살펴보며, 우리가 이 거대한 파도를 어떻게 타야 할지에 대한 전략적 통찰을 담고자 했습니다.

이 책은 AI를 처음 접하는 실무자부터 전략적 결정을 내려야 하는 경영진, 그리고 AI가 바꿔놓을 미래에 관심을 갖고 계신 일반 독자 여러분까지 두루 염두에 두고 구성했습니다. 기술적인 설명보다는 변화의 흐름과 원리, 그리고 실제로 고민해야 할 전략적 관점에 초점을 맞추어 전개하였습니다.

시중에는 이미 수백 종이 넘는 AI 관련 서적이 출간되어 있습니다. 이는 AI에 대한 사회적 관심과 기대가 얼마나 큰지를 보여주는 방증이기도 합니다. 다만 그만큼 많은 책들이 기술의 개념을 소개하거나, 특정 알고리즘의 원리를 설명하거나, 또는 AI의 철학적·윤리적 논의를 중심으로 전개되는 경우가 많습니다.

이 책이 그런 수많은 AI 책들과 다른 점은, AI를 보다 '비즈니스 모델' 관점에서 객관적으로 들여다보고자 했다는 데에 있습니다. 단순히 기술을 이해하는 데서 그치지 않고, 그 기술이 실제 비즈니스에 어떤 영향을 미치고, 어떻게 수익과 가치 창출로 이어질 수 있는지를 중심에 두었습니다.

즉, 'AI가 무엇인가'를 설명하는 것이 아니라, 'AI를 어떻게 전략적으로 활용할 것인가'에 방점을 찍고 내용을 구성했습니다. AI를 둘러싼 막연한 기대나 과장된 전망보다는, 실제 현장에서 기업과 개인이 직면하게 되는 기회와 한계를 함께 짚어보며, 구체적이고 실행 가능한 통찰을 제공하는 데 집중했습니다.

특히 이 책은 다양한 산업의 실제 사례를 통해 AI가 비즈니스 모델에 어떤 방식으로 녹아들고 있는지, 그리고 어떻게 경쟁 우위를 만들고 있는지를 설명하고자 했습니다. 기술의 가능성을 말하기에 앞서, 그 기술이 어디에 적용되어야 진짜 '가치'를 만들 수 있을지를 고민하는 책입니다.

그렇기 때문에 이 책은 기술서가 아닙니다. 그렇다고 단순한 트렌드 소개서도 아닙니다. AI를 통해 '무엇을 할 수 있을지'가

궁금한 실무자와 리더들에게 현실적인 나침반이 되어줄 수 있는 전략서를 지향하고 있습니다.

'AI를 알아야 하는 이유'보다 'AI를 잘 써야 하는 이유'를 이야기하고자 했고, '기술을 어떻게 쓸 것인가'보다 '그 기술로 무엇을 이루고 싶은가'를 독자 여러분과 함께 질문하고자 했습니다.

AI 시대의 문 앞에서 우리는 모두 초심자입니다. 아직 아무도 정해진 답을 갖고 있진 않지만, 분명한 방향성은 존재합니다. 변화를 외면하지 않고 배우며, 전략적으로 대응하는 사람만이 다가오는 시대의 주인공이 될 수 있습니다.

앞으로 5년, 10년 후를 돌아보며 "AI 때문에 힘들었다"가 아니라 "AI 덕분에 도약할 수 있었다"라고 말할 수 있기를 진심으로 바랍니다. AI는 앞으로도 계속 진화하며 우리 앞에 새로운 도전을 던지겠지만, 그럴 때마다 본질을 통찰하고 중심을 잃지 않는 힘이 있다면, 우리는 어떤 파고도 넘어설 수 있습니다.

이 거대한 파도를 피할 수 없다면, 최대한 잘 타는 것이 우리가 선택할 수 있는 가장 현명한 길입니다. 다행히도, 준비된 사람에게 AI는 위협이 아닌 기회입니다.

『AI 빅웨이브, 기술을 넘어 전략으로』의 여정에 함께해 주시는 여러분께 진심으로 감사드리며, 이 책이 불확실성의 시대를 헤쳐 나가는데 작은 도움이라도 되었으면 합니다.

책을 쓴다는 일은 결국, 나 자신과 깊이 마주하는 과정이기도 합니다. 어떤 문장을 쓸 것인가보다 더 어렵고 오래 고민한 건, '이 책이 정말 독자에게 도움이 될 수 있을까'라는 질문이었습니다.

부족한 점도 있고, 미흡한 부분도 있겠지만, 그럼에도 불구하고 이 책 한 권이 AI를 이해하고, 실질적으로 적용하고자 하는 여러분께 작게나마 길잡이가 되었으면 하는 바람으로 오랜 시간 고민하며 써내려갔습니다.

AI라는 거대한 흐름 앞에서 때로는 두렵고 막막하더라도, 그 변화 속에서 새로운 가능성을 찾고자 하는 모든 개인과 기업을 진심으로 응원합니다.

은종성

목차

01.
인공지능을
어떤 관점으로 바라보는가?

인공지능(AI)은 기술의 영역을 넘어 산업과 비즈니스 전반에서 핵심 전략 자산이 되고 있습니다. AI의 발전은 기술적 성능 향상에만 머무르지 않고, 기업의 운영 방식, 고객 경험, 비즈니스 모델까지 근본적으로 변화시킬 것입니다. 이러한 변화를 효과적으로 활용하기 위해서는 먼저 AI의 기술적 구조와 적용 방식을 정확히 이해해야 합니다.

AI는 바라보는 관점에 따라 구분형(Classification), 분석형(Analytical), 생성형(Generative)으로 나눌 수 있습니다. 또한, 사용 환경에 따라서 인더스트리얼 AI(Industrial AI)와 프론트 AI(Front AI)로도 구분할 수 있습니다. AI를 단순히 기술의 시각에서만 바라볼 것이 아니라, 비즈니스 관점에서 AI의 가능성과 한계를 정확히 이해하고 이를 기반으로 활용 전략을 수립해야 합니다.

인공지능(AI)은 적용 목적과 기술적 구현 방식에 따라 다양한 방식으로 분류될 수 있습니다. 이를 이해하기 위해서는 기술적 방식, 적용 환경, 학습 방식, 데이터 유형, 구현 방식을 살펴볼 필요가 있습니다.

기술 방식에 따른 구분

먼저, 기술적 방식에 따라 AI는 크게 구분형(Classification), 분석형(Analytical), 생성형(Generative)으로 나뉩니다. 구분형 AI는 입력 데이터를 특정 범주로 분류하는 기능을 합니다. 초기에 개와 고양이를 구분하거나, 남성과 여성을 구분하는 것은 대표적인 구분형 AI(Classification AI)에 해당합니다. 분석형 AI(Analytical AI)는 데이터에서 패턴을 찾아 이상 탐지, 최적화, 예측 분석 등의 인사이트를 제공하는 AI를 의미합니다. 금융업에서 비정상적인 로그인이나 이상 거래를 감지하거나, 제조업에서 품질검사나 공정 최적화 등에 분석형 AI가 활용되었습니다. 생성형 AI는 새로운 데이터를 만들어 내는 역할을 하는 것입니다, 대표적으로 텍스트를 생성하는 챗GPT, 이미지 생성 모델인 달리(DALL·E), 동영상 생성 모델인 소라(SORA) 등이 있습니다.

적용 환경에 따른 분류

AI가 활용되는 적용 환경에 따라서는 인더스트리얼 AI(Industrial AI)와 프론트 AI(Front AI)로도 구분할 수 있습니다. 인더스트리얼 AI는 주로 제조, 물류, 금융, 헬스케어와 같은 산업 현장에서 사용되며, 생산 공정 자동화, 예측 유지보수, 품질 검사, 물류 최적화 등에 활용됩니다. 반면, 프론트 AI는 사용자와 직접 상호작용하는 AI로, 챗봇, 이미지·음성 생성, AI 에이전트와 같은 소비자 중심 서비스에서 많이 활용됩니다.

학습방식에 따른 구분

학습 방식에 따라 AI는 지도학습(Supervised Learning), 비지도학습(Unsupervised Learning), 강화학습(Reinforcement

Learning)으로 나뉩니다. 지도학습은 입력 데이터와 그에 대응하는 정답(Label)이 주어진 상태에서 학습하는 방식으로, 이미지 분류, 음성 인식, 기계 번역 등에 사용됩니다. 비지도학습은 정답이 없는 데이터에서 패턴을 찾는 방식이며, 고객 세분화(클러스터링), 이상 탐지(Anomaly Detection), 차원 축소 등이 이에 해당합니다. 강화학습은 보상과 벌점을 기반으로 최적의 의사결정을 학습하는 방식으로, 자율주행, 게임 AI(알파고 등), 로봇 제어 등에 활용됩니다.

데이터 유형에 따른 구분

AI가 다루는 데이터 유형에 따라서도 정형 데이터(Structured Data)와 비정형 데이터(Unstructured Data)로도 구분됩니다. 정형 데이터는 테이블 형태로 정리된 수치 데이터로, 금융 거래 내역, ERP 시스템 데이터, 매출 분석 데이터 등이 이에 해당합니다. 반면, 비정형 데이터는 이미지, 텍스트, 음성, 영상과 같이 구조화되지 않은 데이터로, 자연어 처리(NLP), 음성 인식, 이미지 생성 AI 등이 이러한 데이터를 처리하는 대표적인 사례입니다.

구현 방식에 따른 구분

마지막으로, 구현 방식에 따라 AI는 심볼릭 AI(Symbolic AI), 머신러닝(Machine Learning, ML), 딥러닝(Deep Learning, DL)으로 나눌

수 있습니다. 심볼릭 AI는 규칙 기반(Rule-based) 시스템으로 사람이 직접 논리를 정의하여 동작하는 방식으로 의료진단시스템 등에서 사용이 되고 있습니다. 예를 들어 의사가 질병을 진단할 때 경험과 논리를 바탕으로 판단하듯, '환자가 열이 있고, 기침이 심하면 독감일 가능성이 높다' 같은 규칙을 컴퓨터에 입력하면, AI가 증상을 분석하여 질병을 예측하는 것입니다.

머신러닝(Machine Learning, ML)은 데이터를 기반으로 패턴을 학습하여 스스로 규칙을 찾아가는 AI 방식입니다. 심볼릭 AI가 사람이 직접 규칙을 입력해야 하는 반면, 머신러닝은 많은 데이터를 보고 스스로 패턴을 분석하여 예측 모델을 만듭니다.

딥러닝(Deep Learning, DL)은 머신러닝의 한 분야로, 뇌의 신경망(Neural Network) 구조를 모방하여 복잡한 문제를 해결하는 AI 기술입니다. 특히 이미지, 음성, 자연어 같은 비정형 데이터를 다룰 때 강력한 성능을 발휘합니다. 딥러닝은 CNN(합성곱 신경망, 이미지 처리), RNN(순환 신경망, 음성·텍스트 처리), 트랜스포머(Transformer, 자연어 처리)등의 다양한 모델이 있습니다.

이처럼 AI는 목적과 기술적인 특징에 따라 여러 가지로 나눌 수 있으며, 실제로 활용할 때는 이런 기준이 복합적으로 적용됩니다. 예를 들어, 인더스트리얼 AI(Industrial AI)는 제조 공장이나 금융 회사처럼 기업 내부에서 정리된 숫자나 표 같은 데이터를 분석해 수요를 예측하는 데 사용됩니다. 이때는 기계 학습(머신러닝) 기술이 주로 활용됩니다. 반면, 프론트 AI(Front AI)는 고객과 직접 소통하는 AI로, 챗봇처럼 글이나 음성과 같은 복잡한 데이터를 처리할 때는 심층 학습(딥러닝) 기술이 쓰입니다. AI를 효과적으로 도입하려면 이런 분류 기준을 잘 이해하고, 회사의 목표와 데이터 성격에 맞는 AI 기술을 선택하는 것이 중요합니다.

인공지능(AI)의 기술적 범위는 매우 넓고 다양합니다. AI는 단순히 기계가 사람처럼 생각하거나 행동하는 것이 아니라, 데이터를 학습하고 분석해 새로운 결과를 만들어내는 모든 기술을 포함합니다. AI에 대한 개념을 이해하면, AI 기술에 대해 과장되거나 막연한 기대를 갖기보다 어떤 기술이 어떤 분야에서 효과적으로 활용될 수 있는지를 파악할 수 있습니다. 'AI가 모든 것을 해결해 줄 것이다'라는 오해를 줄이고, AI의 강점과 한계를 정확히 인식하면 이를 비즈니스나 일상생활에 더 효과적으로 적용할 수 있습니다.

전문가 영역에서 일반인으로

초기의 인공지능은 주로 규칙 기반 AI(심볼릭 AI) 방식으로 연구되었습니다. 이 방식은 특정 도메인(산업)에서는 활용되었지만, 기계 학습 능력이 부족해 적용 범위가 제한적이었습니다. 1980년대에는 전문가 시스템이 등장했으나, 데이터 부족과 컴퓨터 성능의 한계로 인해 AI 발전이 한동안 정체되기도 했습니다. 그러나 2000년대 이후 인터넷의 확산과 방대한 데이터 축적, 그리고 2010년대 GPU(그래픽 처리 장치) 성능의 획기적인 발전으로 인공지능은 새로운 전환점을 맞이하게 됩니다. 특히 인공신경망(ANN)이 발전하면서 딥러닝이 본격적으로 주목받기 시작했고, 이를 통해 컴퓨터가 이미지, 음성, 텍스트 등의 데이터를 분석하고 패턴과 규칙을 스스로 학습할 수 있게 되었습니다. 이로 인해 인공지능은 데이터 분석, 예측, 분류 등 다양한 분야에서 폭넓게 활용되며, 의료 진단, 자율주행, 금융 리스크 분석 등 여러 산업에서 핵심 기술로 자리 잡게 되었습니다.

수십 년 동안 발전해온 인공지능이 전문가 영역에서 일반인 영역으로 확장될 수 있었던 것은 생성형 인공지능(Generative AI) 기술 덕분입니다. 생성형 인공지능은 기존의 구분형(Classification)과 분석형(Analytical) 인공지능과 달리, 전문적인 지식 없이도 간단한 질문만으로 새로운 콘텐츠나 아이디어를 만들어낼 수 있다는 점이 가장 큰 특징입니다.

이전에는 인공지능을 활용하려면 머신러닝과 딥러닝의 개념을 이해하고, 합성곱 신경망(CNN)과 순환 신경망(RNN)의 원리를 알거나 트랜스포머(Transformer) 모델을 학습하는 과정이 필요했습니다. 하지만 생성형 AI는 이러한 복잡한 개념을 몰라도 텍스트나 음성 등 간단한 입력만으로 질문에 대한 답을 생성하고, 새로운 분석 결과나 콘텐츠를 제공할 수 있도록 발전했습니다.

이제는 누구나 별도의 전문 지식 없이도 AI를 활용할 수 있는 시대가 되었습니다. 텍스트 생성, 이미지 생성, 음악 창작, 코드 자동 생성 등 다양한 분야에서 생성형 인공지능이 혁신을 이끌고 있습니다. 즉, 기술의 전문성을 요구하던 장벽이 점차 낮아지면서 인공지능이 개인의 생산성 향상부터 기업의 업무 효율화와 혁신까지 폭넓게 기여하는 '기술의 민주화'가 이루어지고 있다고 볼 수 있습니다.

분석형 인공지능 vs 생성형 인공지능

앞서 AI의 적용 환경에 따라 인더스트리얼 AI와 프론트 AI로 구분할 수 있다고 설명한 바 있습니다. 이번에는 기술의 기능적 특성에 초점을 맞춰, 분석형 인공지능(Analytical AI)과 생성형 인공지능(Generative AI)의 차이를 살펴보겠습니다.

인공지능 기술은 단순한 구분형 AI에서 보다 정교한 분석형 AI로 발전해 왔습니다. 예를 들어, 제조 현장의 품질관리 부서에서는 센서나 카메라로 수집된 데이터를 통해 불량률을 분석하고, 설비 이상을 예측해 문제를 사전에 방지하는 시스템을 운영해 왔습니다. 과거에는 단순히 정상과 불량을 구분하는 AI가 주로 사용되었다면, 이제는 분석형 AI가 발전하면서 과거 데이터를 바탕으로 미래를 예측하거나 패턴을 찾아내어 의사결정을 지원하는 역할을 수행하고 있습니다. 이를 통해 제조업뿐만 아니라 금융, 헬스케어, 물류 등 다양한 산업에서 AI 기반 데이터 분석이 기업의 경쟁력을 강화하는 핵심 요소로 자리 잡고 있습니다.

반면, 챗GPT로 대표되는 생성형 인공지능(Generative AI)은 말 그대로 무엇인가를 만들어내는 데 강점이 있습니다. 분석형 인공지능과 기술적인 차이가 있긴 하지만, 생성형 인공지능은 단순히 데이터를 분석하는 것을 넘어 새로운 콘텐츠나 결과물을 직접 생성할 수 있다는 점에서 차별화됩니다. 즉, 분석형 인공지능이 데이터 중심의 예측, 분류, 의사결정을 담당했다면, 생성형 인공지능은 여기서 한 걸음 더 나아가 인간이 기존에는 접근하기 어려웠던 창의적이고 복합적인 영역에 새로운 가능성을 열어주고 있습니다.

예를 들어, 생성형 AI는 광고·마케팅 콘텐츠 제작, 영화·애니메이션 스토리보드 기획, 맞춤형 음악 작곡 등 인간의 창의적 작업을 보조할 뿐만 아니라, 소프트웨어 개발 및 프로그래밍 지원(AI 코딩 보조), 개인 맞춤형 교육 콘텐츠 생성, 가상 캐릭터·메타버스 콘텐츠 제작 등 다양한 분야에서 활용되고 있습니다. 이처럼 생성형 AI는 단순히 기존 데이터를 활용해 답을 찾는 것을 넘어, 새로운 콘텐츠와 지식을 창조함으로써 인간의 생산성과 창의성을 극대화하는 방향으로 발전하고 있습니다. 생성형 AI의 발전은 단순히 기술적 혁신에 그치지 않고, 비즈니스와 일상생활 전반에 걸쳐 큰 변화를 일으키고 있습니다.

기술적 관점에서 인공지능을 분석형(Analytical AI)과 생성형 (Generative AI)으로 구분할 수 있다면, 사용자 관점에서는 인더스트리얼 AI(Industrial AI)와 프론트 AI(Front AI)로 나눠볼 수 있습니다. 앞에서 설명한 분석형과 생성형 AI가 '무엇을 할 수 있는가' 에 중점을 둔 기술적 분류라면, 인더스트리얼 AI와 프론트 AI 는 '어디서 어떻게 활용되는가'라는 사용 환경 중심의 구분이라고 할 수 있습니다. 물론, 인더스트리얼 AI와 프론트 AI는 아직 표준화된 용어는 아니지만, AI 기술의 도입 현장을 이해하는 데 도움이 되는 실용적인 개념입니다.

산업현장에서 활용되는 인더스트리얼 AI

인더스트리얼 AI(Industrial AI)는 제조, 에너지, 물류, 헬스케어 등 산업 현장에서 데이터를 분석하고 프로세스를 최적화하기 위해 활용되는 AI를 의미합니다. 예를 들어, 제조업에서는 AI가 공장 설비의 센서 데이터를 분석해 기계의 고장을 사전에 예측하고 유지보수 시기를 최적화함으로써 생산성을 높일 수 있습니다. 또한 물류 및 공급망 관리에서는 AI가 실시간 데이터를 분석해 배송 경로를 최적화하고 재고 관리를 자동화하는 등의 역할을 수행합니다. 이처럼 인더스트리얼 AI는 산업 현장에서 데이터 기반 의사결정을 지원하고, 운영 효율성을 극대화하는 데 초점을 맞추고 있습니다.

최종 소비자와 만나는 프론트 AI

프론트 AI(Front AI)는 최종 사용자(End User)에게 직접 서비스를 제공하는 AI를 의미합니다. 챗봇, 이미지·영상·음성 생성, 문서 요약, 고객 응대, 개인화된 추천 서비스 등이 프론트 AI에 해당합니다. 프론트 AI는 사용자 경험 향상, 창의적 결과물 생산, 업무 생산성 향상 등에 주력합니다. 특히 이 유형의 AI는 소비자와의 실시간 상호작용을 통해 새로운 서비스 경험을 창출하며, 사용자 친화적인 애플리케이션 중심으로 발전하고 있습니다. 이러한 점에서 프론트 AI는 기업의 대외 접점에서 경쟁력을 강화하는 데 중요한 역할을 합니다.

불분명해지는 경계

사용 상황 관점에서 본다면, 인더스트리얼 AI는 주로 B2B(Business-to-Business) 또는 기업 내부 시스템의 운영 효율성에 초점을 맞추고, 프론트 AI는 최종 사용자와 직접 상호작용하며 부가가치를 창출하는 형태로 구분할 수 있습니다.

기업이나 산업 현장에서는 분석형 AI를 활용해 프로세스를 최적화하는 경우가 많기 때문에, 일반적으로 '분석형 AI = 인더스트리얼 AI'라고 이해해도 무리가 없습니다. 예를 들어, 제조업에서는 설비 유지보수 예측, 품질 검사 자동화, 공정 최적화 등의 분석형 AI가 활용됩니다.

그러나 최근에는 생성형 AI가 산업 공정 디자인, 시뮬레이션, 디자인 초안 생성 등에도 활용되면서 인더스트리얼 AI와 생성형 AI의 경계가 점차 모호해지고 있습니다. 예를 들어, 자동차 제조업에서는 AI가 새로운 디자인 초안을 생성하고, 엔지니어링 시뮬레이션을 통해 최적의 설계를 도출하는 데 활용될 수 있습니다.

마찬가지로, 프론트 AI가 반드시 생성형 AI만을 의미하는 것은 아닙니다. 프론트 AI는 최종 사용자와 직접 상호작용하는 AI로서 검색 결과 개선, 개인화 추천, 고객 지원 자동화 등의 분석형 기능도 포함할 수 있습니다. 예를 들어, 온라인 쇼핑몰에서 사용자의 행동 데이터를 분석해 맞춤형 상품을 추천하는 AI

는 분석형 AI이지만 동시에 프론트 AI로도 분류될 수 있습니다.

인더스트리얼 AI와 프론트 AI는 분석형과 생성형 AI를 엄격하게 구분하는 개념이라기보다는, AI가 어디에서, 어떤 방식으로 사용되는지를 기준으로 나눈 실용적인 분류 개념이라고 볼 수 있습니다.

인공지능이 모든 것을 바꿀 것이다

기업 간 경쟁에서 AI는 단순한 보조 기술을 넘어 생존과 도태를 가르는 요인이 될 것입니다. AI를 적극적으로 도입하는 기업은 비용 절감, 생산성 향상, 시장 대응 속도 증가 등의 효과를 누리며 경쟁 우위를 확보할 수 있는 반면, AI 활용에 소극적인 기업은 더 높은 비용과 낮은 효율성으로 경쟁해야 하므로 시간이 지날수록 그 격차는 더욱 벌어질 가능성이 큽니다.

이커머스 분야만 보더라도, AI 기반 추천 시스템을 도입한 기업은 고객의 취향을 정밀하게 분석해 맞춤형 상품을 제안할 수 있습니다. 이러한 개인화된 서비스는 단순한 매출 증대를 넘어 고객 충성도를 높이고 재구매율을 극대화하는 효과로 이어집니다. 반면, 기존 방식대로 운영되는 온라인 쇼핑몰은 동일한 제품을 판매하더라도 고객의 주목을 받기 어려워지고, 장기적으로는 시장 점유율을 잃을 가능성이 높습니다.

또한, 인공지능은 의사결정의 속도를 획기적으로 높이는 데도 큰 도움이 됩니다. 물론 인간의 경험과 직관은 여전히 중요하지만, AI를 기반으로 데이터 중심의 의사결정을 내릴 수 있다면 보다 효율적인 결과를 도출할 수 있습니다. 제조업의 경우, AI 기반 예측 유지보수 시스템을 통해 설비 고장 시점을 사전에 파악하고 최적의 유지보수 시기를 조정하려는 노력이 진행되고 있습니다. 과거에는 기계가 고장 난 이후에야 수리가 가능했다면, 이제는 과거 데이터를 학습한 AI가 이상 징후를 미리 포착함으로써 불필요한 가동 중단 시간을 줄이고 생산성을 극대화하는 데 기여하고 있습니다.

비즈니스모델 자체를 변화시킬 것

궁극적으로 인공지능은 기업의 비즈니스 모델 자체를 변화시킬 것입니다. 미디어 산업에서는 AI가 뉴스 생산과 콘텐츠 기획을 자동화하며 전통적인 언론사의 역할에 도전하고 있습니다. AI는 빠르게 변화하는 정보 환경에 대응해 실시간으로 뉴스를 작성하고, 독자의 관심사에 맞춘 콘텐츠를 추천함으로써 미디어 소비의 패러다임을 바꾸고 있습니다.

교육 시장에서도 AI의 영향은 뚜렷합니다. 개별 맞춤형 학습 시스템이 도입되면서 학생들은 자신의 학습 수준과 스타일에 맞춘 콘텐츠를 제공받게 되었으며, 교사는 보다 정교한 교육 전략을 수립할 수 있게 되었습니다. 전통적인 교실 수업 방식은 점차 AI 기반의 개인화된 학습 모델로 대체되고 있습니다.

제조업에서는 AI가 생산 라인의 효율성을 극대화하고 있습니다. AI는 공정 최적화와 예측 유지보수를 통해 설비의 고장 시점을 사전에 예측하고, 최적의 유지보수 시기를 결정함으로써 불필요한 가동 중단 시간을 최소화하고 있습니다. 이를 통해 기업은 생산 비용을 절감하고 품질 관리를 강화할 수 있습니다.

기업이 도입을 망설이는 이유는?

기업들도 인공지능을 비즈니스 전반에 도입해야 할 필요성을 충분히 인지하고 있습니다. 하지만 생성형 인공지능을 전면적으로 도입하는 데는 몇 가지 현실적인 문제가 존재합니다.

첫째, 정보 보안 및 데이터 보호가 큰 걸림돌입니다. 대부분의 생성형 인공지능 솔루션은 외부 클라우드 환경이나 서드파티 API(타사에서 제공하는 서비스)를 통해 운영됩니다. 외부 클라우드 환경이란 기업 내부 서버가 아닌, 인터넷을 통해 구글, 아마존, 마이크로소프트와 같은 외부 업체가 제공하는 서버에서 AI 서비스를 실행하는 것을 의미합니다. 서드파티 API는 기업이 직접 개발하지 않고 외부 업체가 만들어 제공하는 프로그램 인터페이스를 활용하는 방식입니다.

이렇게 외부에서 제공되는 시스템을 이용하면 기업은 민감한 고객 정보나 사업 전략 같은 중요한 데이터를 외부 서버에 저장하거나 처리하게 됩니다. 이로 인해 데이터 유출 위험이 커지고, 관련 법규나 규제를 철저히 준수해야 하기 때문에 부담이 늘어납니다.

둘째, AI를 도입할 때 현실적으로 큰 부담이 되는 부분은 데이터 정비와 AI 인프라 구축 비용입니다. 생성형 인공지능이 제대로 작동하려면 많은 양의 '깨끗한 데이터'가 필요하지만, 대부분의 기업은 오랫동안 사용해 온 레거시 시스템(legacy system)과 레거시 데이터(legacy data)를 보유하고 있습니다.

레거시 시스템은 과거에 구축된 IT 환경이나 소프트웨어를 의미합니다. 이러한 시스템은 최신 기술과 호환되지 않는 경우가 많아 새로운 AI 솔루션과 연결하기가 쉽지 않습니다. 또한 과거부터 ERP(전사적자원관리) 시스템 등에 쌓아둔 데이터 역시 최신 AI 모델이 요구하는 형식으로 정리되지 않은 경우가 많습니다. 데이터가 여러 곳에 흩어져 있거나 포맷이 제각각이고, 빠진 정보가 많기 때문입니다.

결국 이러한 데이터를 활용하려면 먼저 분산된 정보를 한곳에 모으고 형식을 통일한 뒤, 누락된 정보를 보완해야 합니다. 이 모든 과정에는 많은 시간과 인력이 투입됩니다. 더불어 AI를 운용할 수 있는 고성능 서버나 클라우드 환경을 구축하는 비용도 상당히 큽니다.

문제는 이렇게 큰 비용을 투입했을 때, 투자한 비용을 확실히 회수할 수 있다는 근거(ROI)가 명확하지 않으면 기업 입장에서는 AI 도입 결정을 쉽게 내리기 어렵다는 점입니다.

셋째, 조직 문화와 업무 프로세스 변화에 따른 부담이 현실적으로 존재합니다. 생성형 인공지능을 도입하면 기존 업무 방식이 자동화되거나 재설계되어야 하므로, 직원들의 역할을 새롭게 정의하고 재교육을 실시해야 하며, 새로운 업무 프로세스를 정립하는 과정도 불가피해집니다. 반복적이고 단순한 업무가 자동화되면 해당 업무를 담당했던 직원들은 새로운 기술에 적응해야 하고, 경우에 따라 업무 범위가 축소되거나 역할이 전환되면서 불안감을 느낄 수도 있습니다. 더불어 조직 내에서는 변화에 대한 저항이나 혼란이 발생할 수 있으며, 이러한 상황이 지속되면 계획한 대로 AI 기술을 활용해 기대했던 성과를 내기 어려워질 위험도 존재합니다.

넷째, 생성형 인공지능의 할루시네이션(Hallucination) 현상에 대한 우려도 존재합니다. 생성형 AI는 때때로 실제와 다른 정보를 만들어내는 오류를 발생시키기도 하는데, 개인이 과제를 수행하거나 이미지를 생성하는 등의 활용에서는 큰 문제가 되지 않을 수 있습니다. 그러나 기업이 비즈니스 목적으로 제공하는 상품이나 서비스에 이러한 오류가 발생할 경우, 심각한 리스크 요인이 될 수 있습니다. 잘못된 결과물이 중요한 의사결정이나 고객 커뮤니케이션에 사용되면, 그로 인해 오판이나 혼란이 발생할 수 있으며, 이는 기업에 치명적인 피해로 이어질 수 있습니다. 더불어 이러한 오류를 검증하기 위해 추가적인 인적 검토가 필요해지면, 인공지능을 도입함으로써 기대했던 효율성과 효과가 상당 부분 감소할 가능성도 있습니다.

기업측면에서 어떻게 접근할 것인가?

의사결정자의 한마디로 모든 이해관계자가 일사불란하게 움직이면 좋겠지만, 다양한 구성원이 함께하는 조직에서는 그렇게 쉬운 일이 아닙니다. 여기에 과거에 유사한 시도가 있었으나 시간이 지나면서 흐지부지된 경험이 있다면, 구성원들은 새로운 형태의 업무가 등장할 것에 대해 우려와 불안감을 가질 수 있습니다. 따라서 기업 측면에서는 단계별 접근을 고려할 필요가 있습니다.

먼저, 기업 내부에서 생성형 인공지능의 도입이 가장 큰 효과를 낼 수 있는 업무를 진단하는 것이 필요합니다. 예를 들어, 문서 작성 지원, 회의록 요약, 마케팅 콘텐츠 제작 등은 시스템이나 데이터 통합 부담이 상대적으로 적어 개인이나 팀 단위에서도 빠르게 적용할 수 있는 영역입니다. 이러한 업무들은 비교적 단기간에 효과를 확인할 수 있으므로 초기 파일럿 프로젝트에 적합합니다.

파일럿 프로젝트를 진행할 때는 구체적인 목표와 성과 지표를 설정해 도입 전후의 변화를 객관적으로 평가하는 것이 중요합니다. 파일럿을 통해 생성형 인공지능 도입으로 생산성이 향상되고, 비용이 절감되며, 창의적인 아이디어가 도출되는 효과를 직접 확인할 수 있습니다. 또한 이 과정에서 보안 문제나 할루시네이션(생성형 AI가 사실과 다른 정보를 생성하는 현상)과 같은 리스크도 사전에 파악할 수 있습니다.

이러한 리스크를 최소화하기 위해, AI가 생성한 결과물을 관련 부서나 전문가가 최종 검토하는 절차를 마련해 오류나 부적절한 내용이 외부로 노출되지 않도록 관리해야 합니다. 동시에 민감 정보의 취급과 저장 방식, 외부 클라우드 서비스 사용 시의 보안 체계 강화 등도 철저히 검토하는 것이 필요합니다.

또한, 조직 문화와 내부 역량 강화는 AI 도입의 성공에 중요한 요소입니다. 파일럿 프로젝트에서 개인이나 팀 단위의 성공사례를 확보한 후 이를 바탕으로 전사적으로 확산하기 위해서는 직원들의 업무 방식과 조직 구조에도 변화가 필요합니다. 이를 위해 내부 교육 프로그램이나 워크숍을 통해 AI 도구 사용법과 도입으로 인한 변화를 이해시키고, 전담 AI 도입 팀을 구성해 지속적인 피드백과 개선 프로세스를 마련하는 것이 중요합니다.

모든 일을 대체하지는 못한다

생성형 인공지능은 반복적이고 규칙적인 작업을 빠르고 정확하게 처리함으로써 업무 효율성을 높이는 데 기여합니다. 그 결과, 단순하고 기초적인 업무는 점차 줄어들고, 인공지능과 협업하는 형태로 업무가 재편될 가능성이 큽니다. 그러나 실제 비즈니스 맥락을 이해하고, 고객과 소통하며, 최종적인 의사결정을 내리는 역할은 여전히 인간이 필요합니다. 따라서 생성형 인공지능은 일부 업무를 보완하고 재편할 수는 있지만, 모든 일자리를 단숨에 대체하기보다는 인간이 창의력과 의사결정 역량을 발휘할 수 있는 업무에 집중하도록 돕는 방향으로 변화가 이루어질 것으로 예상됩니다.

기업 입장에서도 생성형 인공지능을 전사적으로 도입하기보다는 특정 직무나 개별 업무에 우선 적용하는 것이 보다 현실적입니다. 이러한 접근 방식은 몇 가지 이유에서 효과적입니다.

먼저, 적용과 도입의 진입 장벽이 낮다는 점이 장점입니다. 예를 들어, 문서 작성 지원, 회의록 자동 요약, 마케팅 콘텐츠 초안 생성, 고객 응대 챗봇 등 특정 업무에 한정된 영역에서는 기존 시스템과 복잡하게 연계할 필요 없이 독립적인 애플리케이션 형태로 쉽게 도입할 수 있습니다. 이를 통해 초기 투자 비용과 조직 내부의 저항을 줄이면서도 단기간 내에 생산성과 효율성을 높일 수 있습니다.

또한, 데이터 보안과 조직 구조 변화 부담을 줄일 수 있습니다. 기업 시스템에 AI를 통합하려면 민감 정보 보호, 레거시 데이터 정비, 부서 간 협업 체계 개선 등 여러 과제를 해결해야 합니다. 그러나 특정 업무에 한정할 경우 필요한 데이터의 범위와 연계 시스템이 축소되므로 보안 강화 및 검증 프로세스를 보다 용이하게 구축할 수 있습니다.

아울러, 창의성 및 아이디어 도출 측면에서 강점을 가집니다. 기존 데이터 분석만으로 해결하기 어려운 마케팅 콘텐츠 제작, 디자인 초안 생성, 신규 아이디어 발굴 등의 업무에서 생성형 인공지능은 큰 도움이 됩니다. 사용자가 간단한 프롬프트를 입력하면 다양한 결과물을 만들어내며, 이는 업무 담당자에게 새로운 영감을 제공하고 창의적 사고를 확장하는 데 기여할 수 있습니다.

결국, 기업이 생성형 인공지능을 도입하는 것은 업무 효율화와 혁신을 동시에 달성할 수 있는 기회입니다. 다만, 효과적인 도입을 위해서는 보안 및 조직 문화 변화, 데이터 관리 등에 대한 철저한 대비와 함께 직원들의 역량 강화를 위한 교육과 역할 재정의가 필요합니다. 이를 통해 AI를 단순한 자동화 도구가 아니라 기업 경쟁력을 높이는 전략적 자산으로 활용할 수 있을 것입니다.

02.
AI 산업 분석과
비즈니스 기회들

인공지능(AI) 산업에서 후방산업(Upstream Industry)과 전방산업(Downstream Industry)에 대한 분석은 기업의 비즈니스 전략을 수립하는 데 있어 필수적인 요소입니다. 후방산업은 AI 모델의 개발 및 운영에 필요한 데이터, 컴퓨팅 인프라, AI 반도체, 클라우드 서비스 등 기술적 기반을 제공하는 영역으로, 이들의 안정성과 효율성은 AI 서비스의 성능과 원가 구조에 직접적인 영향을 미칩니다.

반면, 전방산업은 AI 서비스가 실제로 사용되는 시장과 고객을 의미하며, 시장 수요, 소비자 트렌드, 경쟁 환경 등의 요소가 포함됩니다. AI 기술의 도입이 성공하기 위해서는 전방산업의 특성을 정확히 이해하고, 고객의 요구에 부합하는 전략을 수립하는 것이 중요합니다. 특히 전방산업에서 시장 기회와 고객 특성을 명확히 파악하고, 이에 적합한 비즈니스 모델을 구축하는 일은 AI 서비스의 성패를 좌우하는 핵심 전략적 결정이라 할 수 있습니다.

AI 산업 분석과 비즈니스 기회들

지금까지 인공지능(AI) 기술은 주로 글로벌 빅테크 기업과 일부 대기업이 주도해 왔습니다. 이는 AI 반도체 설계, 초거대 언어 모델(LLM) 개발, 대규모 데이터 학습, 클라우드 인프라 운영 등 높은 기술력과 막대한 자본이 요구되는 분야였기 때문입니다. 그러나 최근에는 AI 에이전트(AI Agent)와 산업별 맞춤형 AI 서비스가 등장하면서, AI는 단순한 기술 혁신을 넘어 제조, 금융, 유통, 공공 등 전방산업에서 업무 생산성을 높이고 비즈니스 모델을 혁신하는 핵심 요소로 자리 잡고 있습니다.

후방산업과 전방산업을 분석해야 하는 이유

기업의 비즈니스 모델을 제대로 파악하려면 내부 역량, 재무 상태, 마케팅 전략만 살펴보는 것만으로는 충분하지 않을 수 있습니다. 기업이 실제로 어떤 구조 속에서 비즈니스를 전개하는지를 확인하려면, 해당 기업이 속한 산업의 후방산업(Upstream Industry)과 전방산업(Downstream Industry)을 함께 분석하는 것이 필요합니다.

기업의 공급망을 구성하는 후방산업과 기업 제품의 최종 수요자가 존재하는 전방산업의 상황을 모두 고려해야, 기업이 가치사슬에서 어떤 위치에 있는지, 그리고 경쟁우위를 어떻게 확보할 수 있는지를 구체적으로 이해할 수 있기 때문입니다.

스마트 홈 디바이스를 개발하는 한 스타트업을 생각해 보겠습니다. 이 스타트업은 사물인터넷(IoT) 기반 스마트 조명을 출시하려고 합니다. 이 제품을 생산하려면 센서, 마이크로컨트롤러(컴퓨터의 핵심 기능을 축소하여 단일 칩에 통합한 소형 컴퓨터), 전원 공급 장치 등의 하드웨어뿐만 아니라, 하드웨어를 제어하는 기본 소프트웨어, 스마트폰을 통해 조명을 조작할 수 있는 애플리케이션, 원격 모니터링 및 데이터 분석을 위한 클라우드 플랫폼이 필요합니다.

후방산업, 즉 원재료, 부품, 기술 등을 공급하는 산업이 안정적이고 효율적으로 운영될 경우, 기업은 낮은 원가로 제품을 생산해 경쟁력을 확보할 수 있습니다. 반면, 후방산업의 공급망에 문제가 발생하면 부품 가격이 급등하거나 공급이 불안정해져 제품 생산 원가가 상승하고, 이는 전체 사업화에 부정적인 영향을 미칠 수 있습니다.

전방산업 측면에 대한 분석도 중요합니다. 전방산업은 기업이 제공하는 AI 기반 서비스의 최종 수요자가 속한 시장을 의미하며, 유통 채널, 고객 서비스, 마케팅 전략 등 서비스가 소비자에게 도달하는 전 과정을 포함합니다. 이때 핵심은 시장 수요와 고객 특성입니다. 어떤 소비자층을 대상으로 하는지, 그리고 그들의 구매력과 선호도에 따라 마케팅과 판매 전략이 달라지게 됩니다. 안정적인 유통망과 효과적인 판매 전략은 서비스가 시장에 원활히 진입하고 빠르게 확산되는 데 중요한 역할을 합니다.

생성형 인공지능 산업의 후방산업은?

그러면 생성형 인공지능(AI) 산업의 후방산업과 전방산업을 살펴보겠습니다. 중장기적으로 볼 때, 생성형 인공지능은 B2C 시장에서 일반 소비자를 대상으로 크게 확산될 가능성이 있지만, 현재 개별 AI 에이전트(AI Agent), 즉 특정 분야에 특화된 맞춤형 AI 서비스인 버티컬 AI 에이전트가 목표로 하는 시장 규모는 아직 크지 않습니다. 이런 점에서 당분간 생성형 인공지능은 기업의 생산성 향상과 비용 절감에 중점을 둔 B2B 영역에서 주로 활용될 가능성이 높습니다.

B2B 비즈니스는 기본적으로 산업 내 이해관계자 간의 영향

력이 사업 성과에 큰 영향을 미칩니다. 따라서 특정 산업에서 기업들이 얼마만큼의 영향력을 행사하는지를 분석하려면, 해당 산업의 후방산업과 전방산업을 함께 살펴보는 것이 필수적입니다.

후방산업(Upstream Industry)은 기업이 인공지능 서비스를 개발하고 운영하기 위해 필요한 데이터, 컴퓨팅 인프라, AI 반도체, 클라우드 서비스, 알고리즘 기술 등을 공급하는 산업을 의미합니다. 이 영역을 분석하면 AI 기업의 원가 구조, 공급망 리스크, 기술적 차별성 등을 평가할 수 있으며, 이는 기업의 경쟁력 확보와 지속적인 성장에 있어 중요한 요소가 됩니다.

먼저, 원가 구조 및 수익성 측면에서 보면, 후방산업이 효율적으로 운영되고 비용이 낮을수록 AI 기업은 보다 경쟁력 있는 가격으로 서비스를 제공할 수 있습니다. 반대로, 인공지능 연산에 특화된 반도체(GPU나 TPU)의 가격이 급등하거나, 대규모 데이터를 처리하기 위한 클라우드 컴퓨팅 비용이 증가할 경우, AI 모델을 학습하고 운영하는 데 드는 전체 비용이 크게 올라갈 수 있습니다.

둘째, 공급망 리스크와 안정성 측면에서도 후방산업은 중요한 역할을 합니다. 공급이 원활하지 않으면 AI 기업은 안정적으로 서비스를 제공하기 어려워집니다. 실제로 전 세계적인 반도체 공급망 문제가 발생하면서, AI 연산에 필요한 GPU나 AI 전용 가속기 칩(인공지능 처리를 빠르게 수행하는 특수 반도체)을 확보하기 어려워지는 사례가 나타나고 있습니다. 이로 인해 생성형 AI 모델을 학습하고 운영하는 비용이 높아지는 상황도 벌어지고 있습니다. 여기에 더해, AI 학습에 필요한 데이터를 수집하고 가공하는 과정에서 개인정보 보호나 데이터 윤리와 관련된 규제가 강화될 경우, 기업의 데이터 접근성 자체가 제한될 수 있는 위험도 존재합니다.

셋째, 기술 발전과 혁신 수준은 후방산업이 AI 서비스의 성능과 차별성을 좌우하는 데 중요한 요인입니다. 예를 들어, 엔비디아(NVIDIA)나 AMD 같은 기업이 더 강력한 연산 성능을 갖춘 반도체를 개발하면, 생성형 AI 기업은 더 빠르고 정교하게 AI 모델을 학습시킬 수 있습니다. 또한, 아마존웹서비스(AWS), 구글 클라우드(Google Cloud), 마이크로소프트 애저(Microsoft Azure) 등 주요 클라우드 서비스 업체들이 AI에 최적화된 인프라를 제공하게 되면, AI 서비스를 더 낮은 비용으로, 더 높은 효율로 운영할 수 있는 기반이 마련됩니다.

전방산업은 수요와 경쟁환경에 영향

전방산업(Downstream Industry)은 인공지능(AI) 기술이 실제 활용되는 시장과 고객이 속한 산업을 의미합니다. 전방산업을 분석하면 시장 수요, 소비자 트렌드, 경쟁 환경, 신규 사업 기회 등을 평가할 수 있으며, 이를 바탕으로 AI 기업은 효과적인 비즈니스 전략을 수립할 수 있습니다.

전방산업에서 가장 중요한 요소는 시장 기회와 수요입니다. 현재 생성형 AI는 다양한 분야에서 활용되며, 텍스트·이미지·음성·영상 생성 등 개별 시장으로 세분화되고 있습니다.

전방산업을 분석할 때는 소비자의 개별적인 니즈도 중요하게 고려해야 합니다. 예를 들어, 생성형 AI 기반 텍스트 생성 서비스는 단순한 자동 글쓰기 기능을 넘어, 정교한 문맥 이해, 맞춤형 콘텐츠 제작, 데이터 분석 기능을 점점 더 요구받고 있습니다. 또한, 금융·의료·법률처럼 규제가 엄격한 산업에서는 AI의 신뢰성과 보안이 핵심 요소로 작용하기 때문에, 기업들은 데이터 보호 기능을 강화한 AI 솔루션을 개발해야 합니다.

전방산업 분석은 경쟁 시장에서 기업이 차별화를 시도할 수 있는 요소를 파악하는 데도 도움이 됩니다. 예를 들어, B2B 시장에서는 기업 맞춤형 생성형 AI 솔루션이 효과적일 수 있습니다. 내부 문서 분석 AI나 고객 상담 자동화 솔루션처럼 기업 운영을 직접 지원하는 기술이 대표적입니다. 반면, B2C 시장에서는 개인 맞춤형 AI 서비스를 제공하는 것이 경쟁력을 높이는 전략이 될 수 있습니다. 개인 비서 AI나 AI 기반 생산성 도구처럼 소비자의 일상에 밀접하게 활용되는 서비스가 이에 해당합니다.

어떤 질문을 해야 하는가?

생성형 인공지능 산업에서 기업이 후방산업, 내부 역량, 전방산업을 분석하려면 각 영역에 대해 구체적인 질문을 던지는 것이 중요합니다. 이를 통해 비용 구조를 효율화하고, 비즈니스 기회를 포착하며, 시장과 고객의 요구에 적합한 전략을 수립할 수 있기 때문입니다.

산업분석에 필요한 질문은?

후방산업 분석에서 핵심적으로 고려해야 할 질문은 "기업이 원재료와 기술을 어떻게 확보하는가?"입니다. 생성형 인공지능 서비스를 개발하고 운영하려면 AI 반도체, 클라우드 인프라, 알고리즘 등 다양한 자원이 필요하며, 이러한 자원을 안정적이고 효율적으로 확보하는 능력이 기업의 경쟁력에 직접적인 영향을 미칩니다.

한편, 내부 역량 분석에서는 "기업이 가치를 어떻게 창출하는가?"라는 질문이 중심이 됩니다. 여기에는 제품 및 서비스 개발, 마케팅, 운영 최적화, 수익 모델 등이 포함됩니다. 예를 들어, 마케팅 활동에 필요한 카피라이팅을 자동으로 생성해주는 AI 에이전트를 출시한다고 가정할 때, 해당 솔루션이 고객에게 제공하는 핵심 가치를 명확히 정의해야 합니다.

이 과정에서 중요한 것은, 고객이 단순히 '있으면 좋은 서비스'에 비용을 지불하지 않는다는 점입니다. 고객이 원하는 것은 그 서비스를 통해 경쟁력을 유지하거나 업무 효율성을 실질적으로 개선할 수 있다는 확신입니다. 그렇기 때문에 생성형 AI 솔루션을 시장에 출시할 때는, "왜 고객들이 기존의 서비스를 구매하지 않는가?"라는 질문에 집중해야 하며, 이러한 접근 방식은 고객의 실제 문제를 해결하는 데 초점을 맞춘 AI 솔루션을 설계하는 데 중요한 단서가 됩니다.

누구를 대상으로 하는가?

전방산업 분석은 '기업의 제품과 서비스가 누구에게, 어떻게 판매될 것인가'를 파악하는 과정으로, AI 기술의 사업화 전략을 수립하는 데 중요한 역할을 합니다. 생성형 AI 기술이 실제로 활용되는 시장과 고객의 특성에 따라 사업 방향이 달라지기 때문에, 적용 방식에 따른 전략적 접근이 필요합니다.

전방산업에서는 크게 세 가지 사업화 전략을 고려할 수 있습니다. 첫째, 기존 제품과 서비스를 대체하거나 고도화하는 방식입니다. 예를 들어, 퍼플렉시티(Perplexity)는 기존의 검색 방식을 혁신하며 정보 탐색의 효율을 높이고 있습니다. 둘째, 특정 산업에 특화된 솔루션을 제공하는 전략입니다. 브이캣(V-CAT)은 이커머스 기업을 대상으로 상품 페이지 정보만으로 콘텐츠를 자동 생성하는 서비스를 통해 전문화된 수요를 충족시키고 있습니다. 셋째, 즉각적인 생산성 향상을 목표로 하는 전략도 있습니다. 법률 분야에서는 대량의 문서를 빠르게 분석해 실질적인 대응을 가능하게 하는 생성형 AI가 대표적입니다.

전방산업 분석을 통해 기업은 고객의 니즈와 시장 변화를 명확히 이해하고, 이에 부합하는 제품과 서비스를 개발함으로써 차별화된 경쟁력을 확보할 수 있습니다.

다음 페이지에 제시된 이미지는 생성형 인공지능 산업의 가치사슬(Value Chain)을 중심으로, 후방산업(Upstream)과 전방산업(Downstream)의 구조를 시각적으로 정리한 것입니다. 앞서 설명한 내용과 함께 참고하시면 생성형 AI 산업의 흐름과 전략적 연결 관계를 보다 직관적으로 이해하실 수 있습니다.

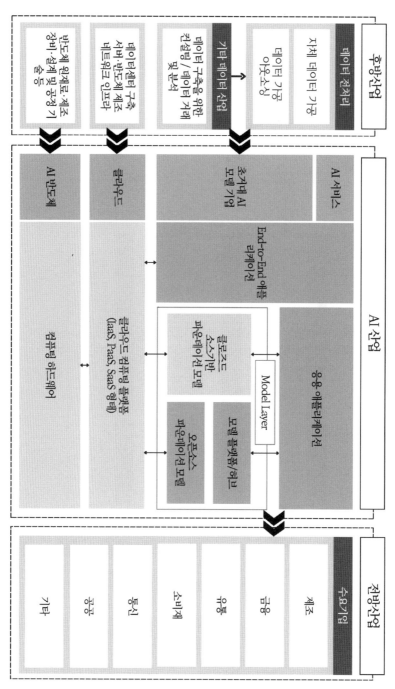

후방산업

데이터 정치리

지처 데이터 기능

데이터 가공
아웃소싱

기타 데이터 산업

데이터 구축을 위한
컨설팅 / 데이터 거래
및 분석

데이터센터 구축
서버·반도체 제조
네트워크 인프라

반도체 원자료·제조
장비·설계 및 공정 기
술 등

AI 산업

AI 서비스

중개네 AI
모델 기업

End-to-End 애플
리케이션

클로즈드
소스기반
파운데이션 모델

Model Layer

오픈소스
파운데이션 모델

응용 애플리케이션

모델 플랫폼/허브

클라우드

클라우드 컴퓨팅 플랫폼
(IaaS, PaaS, SaaS 형태)

AI 반도체

컴퓨팅 하드웨어

전방산업

수요기업

제조

금융

유통

소비재

통신

공공

기타

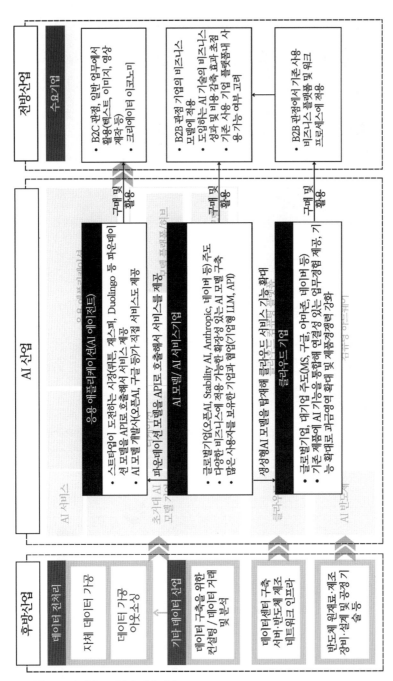

수요자 중심으로 이동하는 AI 생태계

AI 기술의 발전에 따라 산업 전반에서 인공지능 생태계(AI Ecosystem)가 빠르게 확장되고 있습니다. 초기에는 AI 모델을 개발하고 이를 공급하는 기술 중심의 후방산업이 시장을 주도했다면, 최근에는 다양한 산업에서 AI를 실질적으로 활용하려는 전방산업의 수요가 빠르게 증가하고 있습니다. 특히 AI 에이전트를 도입해 업무 효율성과 혁신을 실현하려는 움직임이 확산되면서, 이제는 기술 공급자뿐 아니라 활용 주체로서의 수요자가 인공지능 산업의 성장을 주도하는 중요한 축으로 부상하고 있습니다.

옆의 그림에서 보는 것과 같이 인공지능 산업의 전방산업은 크게 ① AI 모델/AI 서비스 기업(글로벌 및 대기업 영역), ② 클라우드 기업(글로벌 및 대기업 영역), ③ 응용 애플리케이션 기업(스타트업 등)으로 나뉘며, 이들이 시장을 주도해 나갈 것입니다. 특히 AI 모델 및 AI 서비스 기업은 전방산업 확장의 핵심 주체로, 오픈AI(OpenAI), 앤트로픽(Anthropic), 구글(Google), 마이크로소프트(Microsoft), 네이버(Naver) 등은 대규모 언어 모델(LLM)부터 이미지·영상 생성 AI까지 다양한 형태의 AI 기술을 개발하고 있습니다. 이러한 기업들은 방대한 데이터와 컴퓨팅 자원을 기반으로 고성능 AI 모델을 구축하며, 이를 통해 여러 산업에서 활용할 수 있는 확장성 높은 서비스를 제공하고 있습니다.

AI 모델의 상용화 전략과 실제 적용

이렇게 개발된 AI 모델은 다른 기업들이 손쉽게 활용할 수 있도록 API(서로 다른 소프트웨어나 애플리케이션이 서로 소통하고 기능을 공유할 수 있도록 도와주는 매개체)나 기업형 LLM 플랫폼 형태로 제공됩니다. 기술 활용 측면에서 가장 중요한 요소는 실제 비즈니스 환경에서 얼마나 빠르고 쉽게 적용할 수 있는가입니다. 예를 들어, B2B 관점에서 기업들은 새로운 기술을 도입할 때 비용 절감이나 매출 증대 같은 구체적인 성과를 기대합니다. 따라서 AI 모델을 활용해 업무 자동화, 고객 지원 강화, 데이터 기반 의사결정 등 실질적인 효용이 높은 분야부터 우선적으로 적용하는 경우가 많습니다.

또한, AI 모델이 기존 기업 플랫폼 및 시스템과 얼마나 원활하게 통합되는지도 중요합니다. 이미 운영 중인 CRM, ERP, 협업 툴 등에 AI 기능을 자연스럽게 접목하면, 별도의 플랫폼 변경이나 대규모 교육 없이도 직원들이 새로운 기술을 손쉽게 받아들일 수 있기 때문입니다. 결과적으로, AI 모델·서비스 기업들은 글로벌 시장에서 높은 기술력을 인정받은 모델을 기반으로, 다양한 산업 영역에 최적화된 솔루션을 제공하며 기업들의 경쟁력을 높이고 있습니다. 앞으로는 기술 성능뿐만 아니라, 실제 업무 현장에 얼마나 효율적으로 접목할 수 있는지가 AI 모델 도입의 핵심 성공 요인이 될 것입니다.

클라우드 기업과 스타트업의 전략적 역할 확대

클라우드 기업들은 AI 기능을 기존 서비스에 자연스럽게 통합하여, 사용자가 별도의 환경을 변경하지 않고도 AI의 장점을 활용할 수 있도록 하고 있습니다. 마이크로소프트, 구글, 아마존, 네이버와 같은 글로벌 클라우드 기업들은 AI 기술을 기존 제품과 서비스에 적극적으로 적용하며, 기업 고객들이 보다 효율적으로 업무를 수행할 수 있도록 지원하고 있습니다. 단순히 AI 기술을 제공하는 것이 아니라, 이미 사용 중인 클라우드 환경과 연계하여 자연스럽게 AI 기능을 활용할 수 있도록 돕는 것이 핵심 전략입니다.

이러한 접근 방식은 특히 B2B(기업 간 거래) 시장에서 경쟁력을 확보하는 중요한 요소가 됩니다. 기존에 기업들이 활용하던 클라우드 기반 워크플로우(업무 프로세스)와 AI 기능을 연계하면, 별도의 소프트웨어를 새롭게 도입하지 않고도 인공지능의 혜택을 받을 수 있기 때문입니다. 예를 들어, MS Office 365(엑셀, 파워포인트, 워드 등)에 AI 기능을 추가하여 문서 요약, 데이터 분석, 자동화 작업을 지원하면, 사용자는 기존의 MS Office 환경을 그대로 유지하면서도 AI의 도움을 받아 업무 효율을 높일 수 있습니다. 기업들이 AI 기능을 활용하는 과정에서 새로운 툴을 배우거나 환경을 변경하는 것은 큰 부담이 되므로, 클라우드 기업들은 기존 서비스에 AI 기능을 자연스럽게 추가하는 전략을 취하고 있습니다.

또한, 클라우드 기업들은 AI 기능을 추가함으로써 과금 모델을 확장하고 기존 서비스보다 더 높은 가치를 제공하는 방향으로 사업을 전개할 것입니다. 기존의 단순한 클라우드 저장 공간 제공이나 서버 사용료 청구 방식에서 벗어나, AI 기능을 별도 요금제로 설정하거나, 사용량에 따라 종량제로 부과하는 방식이 점점 확대될 것으로 보입니다.

한편, 인공지능 기술이 빠르게 발전하면서 대기업뿐만 아니라 스타트업들도 다양한 응용 애플리케이션을 통해 AI 시장에 도전하고 있습니다. 특히 AI 에이전트(AI Agent)는 단순한 챗봇을 넘어 사용자의 요구를 이해하고 스스로 작업을 수행하는 수준으로 발전하고 있습니다. 텍스트 생성, 이미지 및 영상 제작, 업무 자동화 등 AI의 활용 범위가 넓어지면서 일반 소비자(B2C) 시장에서도 빠르게 확산되고 있습니다.

이러한 흐름 속에서 많은 스타트업들은 대형 AI 모델을 직접 개발하기보다는, 오픈AI의 GPT, 스태빌리티 AI(Stability AI)의 스테이블 디퓨전(Stable Diffusion), 구글의 제미나이(Gemini) 같은 파운데이션 모델을 API 형태로 활용하여 자신만의 특화된 서비스를 제공하는 전략을 선택하고 있습니다.

AI 에이전트는 단순한 도구를 넘어, 사용자의 요구를 이해하고 적극적으로 업무를 수행하는 방식으로 발전하고 있습니다. 앞으로는 구글 어시스턴트(Google Assistant)나 애플의 시리(Siri) 같은 AI 비서가 더욱 지능화되어, 사용자의 일정을 관리하고 문서를 자동으로 작성하는 단계까지 도달할 것으로 예상됩니다.

AI 에이전트는 기업과 산업 현장에서도 활용 가능성이 커지고 있습니다. 예를 들어, AI가 기업 내부 데이터를 분석해 의사결정을 지원하는 서비스가 더욱 증가할 것입니다. 다만, 기업이 AI 에이전트를 도입할 때는 정보 보안 문제나 환각 현상(할루시네이션) 같은 리스크를 고려해야 하며, 이러한 점이 해결되는 데는 시간이 더 걸릴 가능성이 큽니다.

산업 특화형 통합 솔루션의 부상

AI 생태계가 기술 공급자 중심에서 활용 주체인 수요자 중심으로 이동하면서, 다양한 산업 현장에서 실질적인 문제를 해결할 수 있는 솔루션 중심의 접근 방식이 중요해지고 있습니다. 생성형 AI 기술을 실제로 도입하고 확산시키는 데 있어, 기업의 업무 환경과 목적에 맞는 현장 밀착형 서비스와 기술이 핵심이 되고 있는 것입니다. 이러한 변화 속에서 주목할 수 있는 첫 번째 솔루션 기회는 특정 산업에 특화되는 것입니다.

AI를 현장에 성공적으로 도입하려면 단일 모델 제공을 넘어, 도입부터 운영까지 모든 단계가 유기적으로 연결된 통합형 서비스가 필요합니다. 최근에는 대형 컨설팅 기업과 스타트업이 협력하여 HR, 재무, 마케팅 등 특정 업무 영역에 최적화된

'AI 컨설팅+솔루션' 패키지를 제공하는 사례가 확산되고 있습니다. 이러한 패키지는 모델 설정, 데이터 연동, 보안, 유지보수까지 아우르며, 도입 기업 입장에서 복잡성을 줄이고 접근성을 높여 줍니다.

또한, 기술 전문 인력이 부족한 현장에서도 AI를 쉽게 활용할 수 있도록 '설치만 하면 바로 사용 가능한(Plug & Play)' 방식의 경량화된 솔루션에 대한 수요도 증가하고 있습니다. 이와 같은 흐름에 따라 수직적(vertical) 산업군에 특화된 맞춤형 AI 솔루션이 빠르게 출시되고 있으며, 이는 범용 플랫폼보다 적용성과 현장 효과성이 높은 전략으로 주목받고 있습니다.

데이터·인프라 기반 기술 기업의 역할 확대

AI가 원활하게 작동하기 위해서는 대규모의 데이터와 연산 자원을 처리할 수 있는 인프라가 뒷받침되어야 합니다. 생성형 AI 모델(LLM)의 학습과 추론 과정에는 방대한 연산 능력이 요구되며, 이에 따라 고성능 GPU, 반도체, 클라우드 인프라를 제공하는 후방산업의 중요성이 커지고 있습니다.

특히 데이터 수집·정제·보안에 특화된 서비스는 점점 더 필수적인 기반 기술로 자리 잡고 있습니다. 개인정보 보호, 내부 데이터 보안, 데이터 파이프라인 구축 등에서 전문성을 가진 기업들이 새로운 시장 기회를 맞이하고 있습니다. 아울러 AI 반도체 및 서버 인프라 분야에서는 특정 AI 워크로드에 최적화된 하드웨어를 개발하려는 움직임도 활발하게 전개되고 있습니다. 이는 백엔드 기술을 중심으로 한 산업 확장이라는 관점에서 중요한 흐름입니다.

고도화되는 AI 에이전트와 사용자 중심 자동화

최근 AI 에이전트 기술은 사용자의 명령을 단순히 실행하는 단계를 넘어, 능동적으로 판단하고 작업을 수행하는 지능형 기능으로 진화하고 있습니다. 예를 들어, 챗GPT의 '오퍼레이터(Operator)' 기능은 사용자를 대신해 웹을 탐색하고 필요한 정보를 비교·분석해 제공하며, 국내에서는 카카오톡 선물하기와 연동된 형태로 활용되고 있습니다.

이외에도 마이크로소프트 365 코파일럿, 어도비 파이어플라이, 슬랙·노션의 AI 도우미처럼 기존 생산성 툴에 통합된 형태의 AI 에이전트가 등장하면서, 사용자 경험 중심의 자동화 흐름이 강화되고 있습니다. 이에 따라 구독형 SaaS 모델, 트랜잭션 기반 요금 모델 등 다양한 비즈니스 수익 구조가 정착되고 있으며, 보안에 민감한 조직의 경우 자체 시스템 내에서 AI를 운영할 수 있는 '프라이빗 AI 에이전트'에 대한 수요도 늘고 있습니다.

기존 시스템과의 통합, 그리고 AI 신뢰성 확보

AI 기술의 실질적인 확산을 위해서는 기존 시스템과의 자연스러운 연계가 필수적입니다. 특히 제조, 유통, 공공기관 등에서는 ERP, CRM, 물류 시스템과 같은 기존 운영체계에 AI 기능을 덧붙이는 방식이 현실적인 선택지로 주목받고 있습니다. 예컨대 제조업에서는 AI 기반 수요 예측과 재고 관리, 유통업에서는 고객 데이터 분석과 자동화된 주문 프로세스에 AI를 적용해 운영 효율성을 높일 수 있습니다.

이와 함께 AI의 안전하고 신뢰 가능한 사용 환경을 조성하는 기술도 점차 중요해지고 있습니다. AI가 생성한 콘텐츠의 진위 여부를 검증하거나, 개인정보 유출을 방지하고, 알고리즘 편향을 사전에 감지하는 기능은 모두 기업이 AI를 책임감 있게 도입하는 데 필요한 요소입니다. 이러한 기술은 단순한 보안 기능을 넘어, AI를 사회적으로 수용 가능한 방식으로 운영하기 위한 핵심 인프라로 자리잡고 있으며, 앞으로 규제 대응과 윤리적 책임이라는 측면에서도 산업 전반의 관심이 집중될 것으로 예상됩니다.

기술은 진보했지만, 신뢰는 여전히 과제다

생성형 인공지능의 발전은 그 자체로 하나의 거대한 혁신이지만, 이 기술이 실제 비즈니스와 생활 현장에 안정적으로 적용되기 위해서는 해결해야 할 과제가 여전히 많습니다. 애플의 시리(Siri) 사례는 그 복잡성을 단적으로 보여줍니다.

AI가 단순한 정보 검색을 넘어, 사용자 맥락을 이해하고 행동으로 연결되는 단계에 들어서면서, 기술은 더 정교하고 민감한 영역으로 들어가고 있습니다. '친구의 비행기 도착 시간'을 묻는 단순한 질문 하나에도, 사용자 인식, 개인정보 처리, 실시간 정보 업데이트, 기기 간 연동 등 복합적인 요소가 맞물려 있습니다. 그 중 어느 하나라도 빗나가면 전체 경험이 무너질 수 있다는 점에서, AI는 이제 단순한 기술이 아니라 '신뢰'의 문제로 확장되고 있습니다.

확률적 시스템이라는 AI의 본질적 특성은 환각(Hallucination)이라는 형태로 불확실성을 내포하고 있으며, 이는 단순한 정보 제공에서 벗어나 실질적인 의사결정이나 실행을 요구받는 상황에서는 그 자체로 리스크 요인이 됩니다. 따라서 기업은 단순히 AI 기술을 '도입'하는 것에서 멈추지 않고, 이 기술을 얼마나 신뢰할 수 있는 방식으로 구현하고 운영할 수 있는가를 중심에 두고 전략을 설계해야 합니다.

03.
기술은
경쟁의 단계를 변화시킨다

오랫동안 순환 신경망(RNN)과 합성곱 신경망(CNN)은 텍스트와 이미지 데이터를 처리하는 핵심 기술로 자리해 왔습니다. 하지만 RNN은 문장이 길어질수록 앞에서 본 정보를 점차 잊어버리는 한계를 드러냈고, CNN은 단어 간의 관계를 충분히 고려하지 못해 문맥을 깊이 있게 이해하기 어려웠습니다.

이 한계를 뛰어넘은 기술이 바로 트랜스포머입니다. '어텐션(Attention)' 메커니즘을 기반으로 문장 전체를 동시에 바라보고, 각 단어 간의 관계를 정교하게 파악할 수 있도록 설계된 트랜스포머는 AI가 문맥을 보다 정확하게 이해하게 만들었을 뿐 아니라, 긴 문장도 잊지 않고 학습 속도까지 획기적으로 높여 주었습니다.

기술의 진화는 단순히 성능을 끌어올리는 데서 그치지 않습니다. 트랜스포머의 등장은 AI 기술의 본질적 패러다임을 바꾸었고, 그 변화는 경쟁의 무대 자체를 새롭게 만들고 있습니다. 이해력과 생성 능력이 비약적으로 향상된 AI는 이제 기업에게 더 이상 선택이 아닌, 새로운 기회를 여는 전략적 무기가 되었습니다.

기술이 경쟁 방식을 바꾼다

기술은 단순한 도구가 아니라 경쟁의 방식을 변화시키는 핵심 요소입니다. AI 기술을 피상적으로만 이해하면 막연히 "AI는 대단하다"는 이야기만 할 수밖에 없습니다. 그러나 AI가 어떻게 작동하는지, 어떤 분야에서 활용되는지, 그리고 이를 구현하는 데 필요한 인프라·데이터·모델이 무엇인지를 이해한다면, 단순한 기대감을 넘어 업무 효율화, 서비스 기획, 그리고 새로운 비즈니스 모델 구체화 과정에서 실현 가능한 전략을 제시할 수 있습니다.

인공지능은 스스로 학습하는 소프트웨어

인공지능(AI)은 스스로 학습하며 점점 더 똑똑해지는 소프트웨어입니다. 이 과정에서 딥러닝(Deep Learning)이라는 기술이 활용되는데, 이는 인간의 뇌처럼 작동하는 인공신경망을 통해 방대한 데이터를 분석하고 학습하는 방식입니다.

그러나 AI가 제대로 배우고 성장하려면 엄청난 양의 계산이 필요합니다. 여기서 중요한 역할을 하는 것이 바로 GPU(그래픽 처리 장치)입니다. 원래 GPU는 게임 화면을 빠르게 처리하기 위해 개발되었지만, 동시에 여러 계산을 병렬로 처리하는 능력이 뛰어나 AI 학습에도 최적화된 기술로 평가받습니다.

AI를 훈련할 때 GPU를 사용하면 훨씬 빠르고 효율적으로 학습할 수 있으며, 훈련이 끝난 AI가 실제로 작동할 때도 GPU를 활용하면 더 빠르고 정확한 결과를 도출할 수 있습니다. 이러한 이유로 GPU는 'AI 반도체' 또는 'AI 가속기'라고 불리며, AI 발전을 이끄는 핵심 기술 중 하나로 자리 잡았습니다.

인공지능 흐름을 바꾼 트랜스포머

인공지능(AI) 기술은 1950년대 앨런 튜링의 「계산 기계와 지능」 연구에서 시작되었지만, 산업에 본격적으로 적용된 것은 1980년대 전문가 시스템(Expert System)을 통해서였습니다. 당시 AI는 주로 분석형 AI로 활용되었으며, 제조업의 품질 검사 시스템, 금융권의 사기 탐지 알고리즘, 의료 영상 진단 보조 등 규칙 기반의 구조화된 문제 해결에 집중되었습니다. 이 시기의 AI

는 인간 전문가의 판단을 보조하는 역할에 머물렀으며, 복잡한 맥락을 이해하거나 창의적인 작업을 수행하는 것은 불가능했습니다.

지금의 인공지능 기술은 하루아침에 탄생한 기적이 아닙니다. 2014년 이미지 인식 대회에서 우승한 '알렉스넷(AlexNet)'이 딥러닝의 가능성을 처음으로 증명했고, 이후 구글과 오픈AI 연구자들이 오랫동안 축적해 온 데이터 처리 기술이 2022년 챗GPT의 탄생을 가능하게 했습니다.

특히, 2017년 구글 연구팀이 발표한 논문 「Attention Is All You Need」는 AI 기술의 흐름을 획기적으로 바꾼 계기가 되었습니다. 이 논문에서 소개된 트랜스포머(Transformer) 아키텍처는 문장 안의 모든 단어 관계를 한꺼번에 분석하는 '셀프 어텐션(Self-Attention)' 기법을 활용합니다. 이를 통해 기존 순환 신경망(RNN) 방식보다 학습 속도를 최대 100배 이상 빠르게 만들었습니다.

오늘날 많은 업무 환경에서 사용되는 챗GPT, 퍼플렉시티, 제미나이와 같은 생성형 AI는 바로 이 트랜스포머 기술을 기반으로 작동합니다. 이러한 AI는 이전 대화를 기억하고 흐름을 고려해 답변할 수 있기 때문에, 실제 사람과 대화하는 듯한 자연스러운 경험을 제공합니다.

순환 신경망(RNN)과 합성곱 신경망(CNN)

트랜스포머 기술을 제대로 이해하려면 순환 신경망(RNN)과 합성곱 신경망(CNN)의 개념부터 살펴볼 필요가 있습니다.

순환 신경망(Recurrent Neural Network, RNN)은 시간에 따라 순차적으로 처리되는 데이터를 다루기 위해 설계된 알고리즘입니다. 예를 들어, "아침에 빵을 먹었는데도 배가 고프네요."라는 문장을 생각해봅시다.

RNN은 문장의 앞부분인 "아침에 빵을 먹었는데도"를 처리하면서 '빵을 먹었다'는 정보를 기억합니다. 이후 "배가 고프네요"라는 부분을 만나면, 앞서 저장한 정보를 바탕으로 문맥을 이해하고 이 두 문장이 어떤 관계인지 연결하려고 합니다.

즉, RNN은 앞에서 처리한 정보를 기억하며, 이후 등장하는 단어들과의 관계를 분석해 전체 문장의 의미를 파악하는 방식을 사용합니다. 하지만 RNN은 문장이 길어질수록 초반에 본 내용을 점차 잊어버리는 문제가 있어, 긴 문장을 효과적으로 처리하는 데 한계가 있었습니다.

합성곱 신경망(CNN)은 데이터를 분석하고 특징을 추출해 패턴을 파악하는 알고리즘입니다. 주로 이미지 분석에 많이 사용되며, 전체 이미지를 한꺼번에 처리하는 것이 아니라 작은 부분씩 살펴보며 중요한 요소를 찾아내는 방식을 사용합니다.

예를 들어, 컴퓨터에게 고양이 사진을 보여 준다고 가정해봅시다. CNN은 사진 전체를 단번에 분석하는 것이 아니라, 작은 창처럼 작동하는 '필터'를 사용해 이미지를 여러 개의 작은 조각으로 나누고, 이를 하나씩 훑어보면서 가장자리나 색상이 변하는 부분 같은 특징을 찾아냅니다. 마치 퍼즐 조각을 하나하나 살펴보며 그림을 완성하는 과정과 비슷합니다. 이렇게 여러 번 반복하면서 CNN은 고양이의 귀, 눈, 털 같은 세부적인 특징을 점점 더 정교하게 인식합니다.

CNN은 여러 층(Layer)으로 구성되어 있는데, 첫 번째 층에서는 단순한 선이나 곡선 같은 기본적인 패턴을 감지하고, 그다음 층에서는 이를 조합해 얼굴이나 특정 물체 같은 더 복잡한 형태를 인식하는 방식으로 작동합니다.

마지막 단계에서는 이렇게 층층이 쌓아 온 정보를 바탕으로 이미지를 분류하거나 특정 작업을 수행합니다. 예를 들어, 사진 속에 고양이가 있는지, 또 어떤 물체가 포함되어 있는지를 판단하는 것입니다. 이 과정은 사람이 사진을 보고 "아, 이건 고양이구나!"라고 인식하는 것과 유사합니다.

이러한 방식으로 CNN은 컴퓨터가 이미지 속 사물이나 장면을 이해하고 분류하는 데 핵심적인 역할을 하며, 자율주행, 의료 영상 분석, 얼굴 인식 등 다양한 AI 응용 분야에서 널리 활용되고 있습니다.

문맥을 더 깊이 이해하는 AI

트랜스포머(Transformer)는 순환 신경망(RNN)이나 합성곱 신경망(CNN)과는 달리, 어텐션(Attention) 메커니즘을 활용해 전체 문장을 한꺼번에 처리하며, 단어 간의 관계와 문맥을 더욱 효과적으로 이해할 수 있도록 설계되었습니다. 그 결과, AI는 더 빠르고 정확하게 다양한 작업을 수행할 수 있게 되었습니다.

예를 들어, "사과를 먹었다. 그리고 그 사과는 달콤했다."라는 문장을 생각해 봅시다. 사람은 자연스럽게 두 번째 문장의 '사과'가 앞 문장의 '사과'와 같은 대상이라는 점을 이해할 수 있습니다. 하지만 기존의 AI 모델들은 문장을 순차적으로 처리하는 방식을 사용했기 때문에, 문장이 길어질수록 앞에서 등장한 내용을 점점 잊어버리는 문제가 있었습니다.

이것이 바로 순환 신경망(RNN)의 한계였습니다. 마치 한 문장씩 읽고 나서 이전 내용을 잘 기억하지 못하는 독자와 같은 상황이었죠. 이런 문제를 해결하기 위해 등장한 것이 바로 트랜스포머 모델입니다. 트랜스포머는 문장의 모든 단어를 동시에 분석하며, 단어 간의 관계를 빠르게 파악할 수 있기 때문에, 긴 문장도 맥락을 놓치지 않고 이해할 수 있는 것이 가장 큰 장점입니다.

트랜스포머는 문장을 읽을 때 모든 단어 간의 관계를 동시에 분석합니다. 예를 들어, "그리고 그 사과는 달콤했다."라는 문장을 처리할 때, AI는 '그 사과'가 앞 문장의 '사과'를 가리킨다는 점을 바로 이해합니다. 즉, 문장이 아무리 길어도 핵심 단어들을 놓치지 않고 문맥을 유지할 수 있는 것이 트랜스포머의 가장 큰 장점입니다(아래 그림이 구글에서 발표한 트랜스포머 개념도).

이 과정을 비유하자면, 어텐션(Attention) 메커니즘은 마치 책을 읽으며 중요한 문장에 밑줄을 긋는 것과 같습니다. AI는 '사과'라는 단어에 주목하고, 이후 등장하는 '그 사과'가 무엇을 의미하는지 즉시 연결 짓습니다. 기존의 순환 신경망(RNN)은 단어를 차례로 읽으며 점점 앞 내용을 잊어버리는 방식이었지만, 트랜스포머는 단어 간 관계를 한꺼번에 파악하고 중요한 정보를 기억하는 방식으로 이 문제를 해결했습니다.

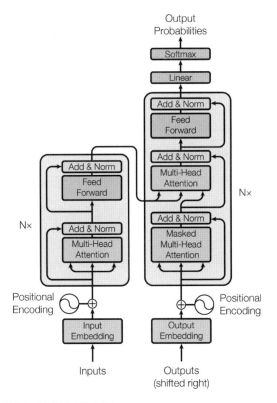

하지만 트랜스포머 모델은 높은 연산 비용이 드는 단점도 있습니다. 예를 들어, 단어가 10개인 문장이 있다면 각 단어는 다른 모든 단어와 연결되므로 총 100번(10×10)의 연산이 필요합니다. 문장이 1,000개 단어로 늘어나면 100만 번(1,000×1,000)의 연산이 요구되죠. 이처럼 연산량이 문장의 길이에 따라 기하급수적으로 증가하기 때문에, 더 많은 메모리와 강력한 컴퓨팅 파워가 필요합니다.

물론, 효율적인 설계와 기술 발전 덕분에 이러한 문제는 점차 해결되고 있습니다. 앞으로 트랜스포머 기반 AI 모델은 더욱 최적화되어 높은 성능을 유지하면서도 다양한 분야에 효과적으로 적용될 가능성이 큽니다. 따라서 트랜스포머를 이해할 때는 '모든 단어 간의 관계를 한 번에 계산할 수 있다'는 장점과 동시에, '계산량 증가로 인한 자원 문제'라는 현실적인 한계를 함께 고려하는 것이 중요합니다. AI 기술은 결국 성능과 효율성 사이에서 최적의 균형을 찾아가는 방향으로 계속 진화할 것입니다.

트랜스포머 기술의 확장성

트랜스포머는 원래 자연어 처리(NLP)를 위해 개발된 기술이었지만, 이제는 콘텐츠 생성, 맞춤형 솔루션 제공, 생태계 구축 등 다양한 분야로 확장되며 기존 산업의 경계를 허물고 새로운 가치를 창출하고 있습니다. 예를 들어, 오픈AI의 달리(DALL·E)는 트랜스포머를 활용해 사용자의 텍스트 입력을 기반으로 이미지를 생성하며, 렌웨이(Runway) 같은 서비스는 트랜스포머 모델을 적용해 동영상 편집과 합성 작업을 자동화하고 있습니다. 이러한 확장성 덕분에 트랜스포머는 창작, 디자인, 미디어 등 다양한 산업에서 새로운 비즈니스 기회를 만들어 가는 핵심 기술로 자리 잡고 있습니다.

트랜스포머 기술은 단순한 도구를 넘어, 새로운 비즈니스 생태계를 형성하는 데도 기여하고 있습니다. 예를 들어, 허깅 페이스(Hugging Face) 같은 기업은 다양한 트랜스포머 기반 모델을 누구나 쉽게 활용할 수 있도록 제공하며, 개발자와 기업이 협력할 수 있는 마켓플레이스를 운영하고 있습니다. 이러한 생태계가 조성되면서 새로운 비즈니스 기회가 창출되고, 기업 간 협력이 더욱 활발해지고 있습니다. 그 결과, 트랜스포머를 활용한 소프트웨어 서비스(SaaS), 기업 간 솔루션(B2B), 콘텐츠 제작 플랫폼 등 다양한 AI 기반 서비스가 빠르게 증가하고 있습니다.

트랜스포머와 스케일링의 법칙

트랜스포머 기반 인공지능은 더 많은 데이터를 학습하고, 모델 크기(매개변수 수)를 키우며, 강력한 GPU 연산을 활용할수록 성능이 지속적으로 향상되는 특징이 있습니다. 이를 '스케일링 법칙(Scaling Law)'이라고 하며, 마치 컴퓨터 성능이 좋아질수록 더 정교한 게임을 실행할 수 있게 되는 것과 같은 원리입니다. 오픈AI는 이 스케일링 법칙을 극한까지 적용해 AI 기술을 연구·개발해 왔으며, 그 결과 탄생한 대표적인 사례가 바로 많은 사람들이 사용하는 챗GPT입니다.

챗GPT 같은 인공지능은 거대언어모델(LLM, Large Language Model)이라고 불립니다. 거대언어모델은 엄청난 양의 텍스트 데이터를 학습해 다음에 올 단어나 문장을 예측해 자연스러운 문장을 만들어 내는 기술입니다. 예를 들어, 누군가 "오늘 날씨가…"라고 말하면 AI는 "맑아요" 또는 "비가 와요" 같은 단어를 예상해서 이어 붙입니다. 이렇게 AI가 단어 하나하나를 예측해 연결하는 과정을 통해 마치 사람이 쓰거나 말하는 것처럼 자연스럽고 논리적인 문장이 완성됩니다.

이러한 LLM은 지금까지 개발된 AI 중에서도 가장 사람에 가까운 언어 능력을 보여 주며, 글쓰기, 번역, 코딩, 데이터 분석, 예술 창작 등 다양한 분야에서 사람 이상의 성과를 내기도 합니다. 처음에는 텍스트 분석과 처리에 집중했지만, 이제는 이미지, 음성, 영상, 코딩 등으로 빠르게 확장되고 있습니다.

AI 기술 스택과 비즈니스 모델

생성형 인공지능(AI)은 클라우드(Cloud) 방식과 온디바이스(On Device) 방식으로 사용할 수 있습니다. 우리가 사용하는 대부분의 인터넷 서비스, 예를 들어 구글이나 네이버 이메일, 유튜브, 넷플릭스 등은 이미 클라우드 서버에서 작동하고 있습니다. 덕분에 인터넷에 연결되어 있기만 하면 어떤 기기에서든 이메일을 확인하고, 영상을 시청하며, 문서를 수정할 수 있습니다.

앞서 2장에서는 AI 산업을 구성하는 후방산업과 전방산업의 구조를 중심으로, 산업 생태계 전반과 비즈니스 기회를 살펴보았습니다. 이제부터는 한 걸음 더 들어가, 생성형 인공지능 기술이 어떻게 계층적으로 구성되어 있는지, 그리고 각 기술 스택이 어떤 방식으로 비즈니스 모델로 연결되는지를 살펴보겠습니다.

클라우드 방식과 온디바이스 방식

생성형 AI는 단순한 하나의 기술이 아니라, 데이터, 모델, 인프라, 인터페이스 등 여러 기술 요소들이 유기적으로 결합된 결과물입니다. 이러한 구조를 이해하면, 기업들이 어떤 부분에 경쟁력을 갖추고 있는지, 또 어떤 계층에서 새로운 시장 기회가 생겨나고 있는지를 보다 구체적으로 파악할 수 있습니다.

이러한 기술 구조의 이해를 돕기 위해, 먼저 생성형 AI가 실제로 어떻게 작동하는지부터 살펴보겠습니다. 이는 클라우드 방식과 온디바이스 방식이라는 두 가지 구현 구조와도 밀접한 관련이 있습니다.

생성형 AI의 작동 방식도 이와 같은 구조를 따릅니다. 예를 들어 챗GPT를 스마트폰에서 사용할 때, 우리가 입력한 질문은 인터넷을 통해 데이터센터의 서버로 전송됩니다. 서버에 설치된 고성능 AI가 질문을 분석하고 답변을 생성한 뒤 다시 스마트폰으로 결과를 보내주는 방식입니다. 이렇게 하는 이유는 AI 모델의 크기가 매우 크고, 이를 처리하기 위한 반도체(GPU, AI 전용칩 등)의 성능이 스마트폰보다 데이터센터에서 훨씬 뛰어나기 때문입니다. 따라서 빠른 인터넷만 연결되어 있다면 클라우드에서 AI를 실행하는 것이 편리하고 효율적입니다.

'온 디바이스(On Device)' 방식은 인공지능(AI)을 클라우드가 아닌 우리가 사용하는 기기(스마트폰, 태블릿, 노트북 등)에 저장하고 실행하는 방법입니다. 예를 들어, 사진을 찍었을 때 스마트폰에서 AI가 인물, 사물, 장소 등을 즉시 인식해주는 기능은 인터넷 연결 없이도 작동하는 온 디바이스 방식의 대표적인 사례입니다.

이 방식의 장점은 인터넷 연결이 없어도 사용할 수 있다는 점입니다. 또한, 사진이나 음성 같은 개인 정보가 외부 서버로 전송되지 않기 때문에 보안과 개인정보 보호 측면에서 유리합니다. 다만, 고성능 AI 모델을 처리하려면 기기의 메모리와 반도체 성능이 충분해야 하는데, 대형 모델의 경우 기기 성능에 따라 일부 한계가 있을 수 있습니다. 이러한 이유로 최근에는 기기의 연산 능력이 점차 향상되면서 클라우드와 온 디바이스 방식을 적절히 결합해 활용하는 추세가 늘고 있습니다.

생성형 AI 기술 스택관점의 비즈니스모델

클라우드와 온디바이스 방식이라는 구현 구조를 이해했다면, 이제는 생성형 AI가 어떤 기술 계층으로 구성되어 있으며, 그 구조 속에서 어떻게 비즈니스 모델이 형성되는지를 살펴볼 차례입니다. 생성형 인공지능은 크게 1) 인프라/하드웨어 계층, 2) 모델 계층, 3) 애플리케이션 생태계로 구분해 볼 수 있습니다. 여기에서 '누가, 어떻게 돈을 벌고 있는가?'라는 질문을 던져볼 수 있습니다.

인프라 계층(Infrastructure Layer)은 인공지능의 '체력'을 담당한다고 볼 수 있습니다. 컴퓨터가 방대한 데이터를 빠르게 처리하고 복잡한 수학 연산을 수행하려면 강력한 엔진이 필요합니다. 이 역할을 하는 것이 바로 GPU나 TPU 같은 특수 반도체이며, 이를 원격으로 대여해 주는 서비스가 바로 클라우드 서비스입니다. 체력이 강할수록 더 큰 모델을 학습시키고 빠르게 결과를 도출할 수 있습니다. 현재 인프라 계층에서는 엔비디아(NVIDIA), 구글(Google), AWS(Amazon Web Services), MS 애저(Azure), 네이버 등이 시장을 선점하고 있습니다.

모델 계층(Model Layer)은 오픈AI의 GPT-4, GPT-4o, GPT-o1과 같은 서비스를 의미합니다. 인터넷에 존재하는 방대한 텍스트와 이미지 등을 사용해 미리 학습(사전 훈련)한 범용 인공지능 모델을 파운데이션 모델(Foundation Model)이라고 부릅니다. 파운데이션 모델은 마치 고등교육까지 마친 인공지능에 비유할 수 있습니다. 이미 세상의 다양한 지식을 폭넓게 학습한 상태인 것이죠. 여기서 의료, 금융, 제조 등 특정 분야를 더 깊이 배우도록 훈련하는 과정을 미세 조정(파인튜닝, Fine-Tuning)이라고 합니다. 모델 계층은 인프라 계층에서 제공하는 '체력'을 바탕으로 스마트한 두뇌를 만들어내는 단계라고 할 수 있습니다.

애플리케이션 계층(Application Layer)은 생성형 AI의 '실제 활용'을 책임지는 단계입니다. 일반 사용자나 기업이 특정 문제를 해결하거나 업무 효율을 높이기 위해 접근하는 실질적인 서비스에 해당합니다. 이러한 애플리케이션 서비스(또는 AI 에이전트)들은 모델 계층에서 제공하는 API(OpenAI의 GPT, 구글의 모델 등)를 활용해 특정 산업·분야에 특화된 기능을 제공합니다. 예를 들어, 오픈AI와 구글은 자체 모델(GPT, 제미나이 등)을 기반으로 챗GPT와 구글 제미나이 같은 서비스를 직접 제공하고 있습니다. 반면, 자체 모델이 없는 기업들은 오픈AI나 구글 등이 제공하는 API를 활용해 유사한 기능을 구현하고 있는데요. 국내 서비스인 뤼튼이 대표적입니다. 뤼튼은 오픈AI의 GPT 모델을 기반으로 블로그 글쓰기, 콘텐츠 생성, 마케팅 카피 작성 등에 최적화된 서비스를 제공하고 있습니다. 오픈AI가 제공하는 범용적인 모델에 미세 조정(Fine-Tuning)을 통해 특정 산업이나 사용자의 요구에 맞춘 서비스를 구현하고 있는 것입니다.

수익 구조와 경쟁 우위는 어디에서 결정되는가?

AI 기술 스택을 인프라(Infrastructure) → 모델(Model) → 애플리케이션(Application) 구조로 살펴보았는데요. 이번에는 조금 더 깊이 들어가, 각 계층별로 수익이 어떻게 발생하는지, 그리고 경쟁 우위를 결정짓는 핵심 요소는 무엇인지 자세히 살펴보겠습니다.

인프라 계층의 핵심은 규모의 경제와 칩 설계 역량입니다. 인프라 제공 업체는 고성능 컴퓨터 공장을 운영하면서 필요한 컴퓨팅 자원(머신)을 대여해주는 비즈니스 구조를 갖고 있습니다. AI 개발자는 이 공장에서 원하는 만큼의 기기를 사용하고, 그만큼의 비용을 지불합니다. 이처럼 '사용량 기반 과금' 구조는 클라우드 비즈니스의 기본 모델로, 정기 구독보다 변동 수익을 창출하기 유리합니다.

이 계층의 핵심 경쟁력은 GPU, TPU 같은 고성능 연산 반도체의 설계 및 생산 능력입니다. 특히 엔비디아(NVIDIA)는 AI 연산에 최적화된 GPU(A100, H100 등)를 제공하며 독보적인 시장 지위를 확보하고 있습니다. 칩 설계와 병렬 연산 처리 성능, 그리고 이를 뒷받침하는 에코시스템(드라이버, 라이브러리, 소프트웨어 툴)의 완성도에서 경쟁 우위가 결정됩니다.

또한, AWS(아마존 웹 서비스), MS 애저, 구글 클라우드 등 클라우드 서비스 제공자들은 이 연산 자원을 바탕으로 IaaS(인프라 임대)와 엔터프라이즈 솔루션(기업 전용 AI 클러스터 구축, 유지보수) 등을 통해 수익을 확대하고 있습니다. 데이터센터 운영 효율성과 글로벌 리전 확장 속도, 고객 락인(Lock-in) 전략 또한 수익성 확보의 핵심 요소로 작용합니다.

모델 계층의 핵심은 범용성과 API(소프트웨어 구성 요소가 서로 통신할 수 있게 하는 메커니즘) 확장성입니다. 모델 계층은 GPT, 클로드(Claude), PaLM API(Google AI)처럼 초거대 모델을 자체 개발해 외부에 서비스로 제공하는 구조입니다. 이들은 인터넷을 통해 사용자가 AI의 두뇌에 질문하고 결과를 받아가는 형태로, API 호출 건수 또는 처리 토큰 수에 따라 과금이 이루어집니다. 즉, API 사용량 기반의 종량 과금 모델이 중심입니다.

이 계층에서 경쟁 우위를 확보하려면 무엇보다도 모델의 범용성과 성능이 가장 중요합니다. 더 많은 데이터를 학습하고, 더 넓은 분야에서 활용될 수 있도록 설계된 모델일수록 높은 가치가 인정됩니다. GPT 시리즈처럼 다양한 산업에서 적용 가능한 범용 모델은 수익성과 확장성 모두에서 유리합니다.

이와 더불어, 기업 고객을 대상으로는 엔터프라이즈 라이선스 제공이나 온프레미스·프라이빗 클라우드 모델 구축, 파인튜닝 서비스 등을 통해 고부가가치 매출을 창출할 수 있습니다. 또 하나 주목할 점은, 오픈소스 생태계를 통한 확산 전략입니다. 예를 들어, 일부 모델은 공개된 형태로 배포되고, 이를 기반으로 파생 서비스 또는 기업용 커스터마이징을 통해 수익을 확보합니다.

애플리케이션 계층의 핵심은 사용자 경험과 시장 적합성입니다. 애플리케이션 계층은 최종 사용자가 AI 기술을 실제로 활용하는 제품이나 서비스로, 가장 가시적인 수익 창출 영역입니다. B2C 시장에서는 SaaS 기반 구독 모델, B2B 시장에서는 맞춤형 솔루션 및 컨설팅 수익 모델이 대표적입니다.

예를 들어, 뤼튼과 같은 국내 서비스는 오픈AI API를 활용해 콘텐츠 생성에 특화된 기능을 제공하며, 유료 플랜을 통해 수익을 올리고 있습니다. 또한, 네이버 클로바노트처럼 기업 내부 프로세스 개선에 AI를 접목하는 방식은 특정 업무의 자동화·최적화를 통해 직접적인 비용 절감 효과를 창출하기 때문에 기업 고객의 도입 가능성이 높습니다.

이 계층에서의 경쟁력은 기술 자체보다는 사용성과 직결된 UX·UI 설계, 고객의 문제를 해결하는 실용성, 정확한 시장 타깃팅에서 갈립니다. 특히 SaaS 형태로 제공되는 서비스는 빠른 온보딩과 반복 사용 유도, 구독 전환율을 높이는 전략이 중요하며, B2B 시장에서는 도메인 전문성과 고객 맞춤화 능력이 차별화 요소가 됩니다.

플랫폼 관점에서 허깅 페이스(Hugging Face)처럼 AI 개발자와 기업을 연결해주는 마켓플레이스를 운영하는 모델도 주목할 만합니다. 이들은 개별 애플리케이션을 넘어서 생태계 중심의 수익 구조를 설계하며, 다양한 오픈소스 모델과 툴을 통합한 개발·배포 환경을 제공합니다.

AI를 도입하려는 기업은 어떻게 접근할 것인가?

생성형 AI는 개인 단위의 소규모 활용에서 시작해 조직 전체로 확산되며, 점차 기업 고유의 역량과 결합해 경쟁력 있는 솔루션으로 발전해 나갈 수 있습니다. 그렇다면 AI를 본격적으로 도입하려는 기업은 어떤 전략과 접근 방식을 취해야 할까요?

가장 먼저 필요한 것은 '기술 도입' 자체보다 '비즈니스 목표에 AI를 어떻게 연계할 것인가'에 대한 명확한 방향 설정입니다. 단순히 새로운 기술이라는 이유로 도입하는 것이 아니라, 비용 절감, 업무 자동화, 고객 경험 개선, 신규 수익 모델 창출 등 조직의 핵심 과제와 연결되어야 합니다. 이를 위해 먼저 도입 목적을 명확히 설정하고, 파일럿 프로젝트를 통해 효과와 리스크를 검증한 뒤 단계적으로 확산하는 접근이 효과적입니다.

또한, AI 프로젝트는 기술 부서만의 과제가 아니라 현업 부서와의 유기적인 협업 구조 속에서 운영되어야 하며, 실제 업무에서 발생하는 문제 해결에 집중해야 성과로 이어질 수 있습니다. 이를 위해 사내에 AI 전담 조직을 구성하거나, 외부 전문가와 협력하는 방식도 고려할 수 있습니다.

이와 함께, AI는 일하는 방식을 바꾸는 도구라는 점에 대한 조직 전체의 공감대 형성이 필수적입니다. 구성원들이 AI를 적극적으로 학습하고 활용할 수 있도록 리더십 차원의 지원과 실행 기반 마련이 뒷받침되어야 합니다. 기업이 AI를 기술이 아닌 비즈니스 전략의 일부로 인식하고, 지속적인 실행력을 확보할 수 있다면, 생성형 AI는 단순한 기술을 넘어 실질적인 성과로 이어질 수 있을 것입니다.

서비스모델이 수익모델이 될 수 있는가?

생성형 AI를 효과적으로 도입하기 위해서는 기술 도입 자체보다 비즈니스 목표와의 연계가 중요하다고 말씀드렸습니다. 그러나 실제 시장에서는 많은 AI 서비스들이 출시되고 있음에도 불구하고, 의미 있는 수익모델로 이어지지 못하는 경우가 상당수입니다.

이런 상황에서 네이버의 사례는 눈여겨볼 만한 전략적 접근을 보여줍니다. 네이버는 기존 플랫폼과 AI를 긴밀히 결합함으로써 서비스 품질을 높이는 동시에, 이를 수익화 구조로 연결하는 데 집중해 왔습니다.

예를 들어, 검색 및 쇼핑 서비스에 도입한 AI 개인화 추천 시스템(AiTEMS)은 사용자가 원하는 상품을 빠르게 찾을 수 있도록 돕고, 이를 통해 구매 전환율을 높이는 효과를 노렸습니다. 이렇게 개선된 사용자 경험은 자연스럽게 광고 노출 증가와 전환 극대화로 이어졌고, 이는 곧 네이버의 광고 및 거래 수익 증대로 연결되었습니다.

또한, 네이버는 판매자들을 위한 AI 기반 자동화 기능과 라이브 커머스 기술을 지속적으로 확대해왔습니다. 그 결과, 더 많은 판매자와 소비자가 플랫폼에 유입되었고, 광고와 수수료 기반의 수익 모델은 더욱 견고해졌습니다.

물론, 네이버가 기대에 비해 고성능 인공지능 모델을 보유하고 있지는 않다는 지적도 존재합니다. 하지만 중요한 것은 수익이 발생하는 지점에 AI를 효과적으로 적용하고 있다는 점입니다. 이는 많은 기업들이 생성형 AI를 도입할 때 참고해야 할 부분이며, 기술 자체의 성능보다 비즈니스 모델과의 연결 구조를 어떻게 설계하는가가 더욱 중요하다는 점을 시사합니다.

미드저니 vs 스노우 vs GPT-4o 이미지 생성

AI 기술을 활용한 이미지 생성 서비스는 기술적 완성도뿐 아니라, '누구에게 어떤 가치를 제공하고 어떻게 수익을 창출할 것인가'라는 비즈니스 모델 측면에서의 성공 여부가 핵심적인 요소로 작용합니다. 이와 관련해 네이버 스노우(SNOW), 미드저니(Midjourney), 그리고 챗GPT-4o 이미지 생성 기능은 각기 다른 사용자층과 수익화 전략을 갖고 있습니다. 이들 서비스는 모두 AI 기반 이미지 생성이라는 기술적 토대를 가지고 있지만, 구현 방식과 서비스 구조, 그리고 수익 모델 측면에서는 차이를 보입니다.

네이버 스노우는 컴퓨터 비전과 얼굴 인식, 필터 기반 이미지 처리 기술을 중심으로 구성된 모바일 애플리케이션으로, 일상 속에서 사진과 영상을 꾸미고 공유하려는 대중의 감성적 욕구에 초점을 맞추고 있습니다. 사용자의 얼굴을 실시간으로 인식하고 꾸며주는 기능은 사용자 경험을 개선하는 데 초점이 맞춰져 있으며, 이는 고도화된 생성형 AI보다는 보조적 AI 기능에 가깝습니다. 이러한 기술적 특성과 함께, 스노우는 앱 내 광고와 프리미엄 필터 판매를 결합한 수익 구조를 통해, 대규모 사용자 기반을 매출로 전환하고 있습니다.

반면, 미드저니는 텍스트 프롬프트를 입력하면 고품질의 창작 이미지를 생성하는 생성형 AI 서비스로, 디퓨전 모델 계열의 딥러닝 기술을 기반으로 작동합니다. 이 서비스는 예술가, 디자이너 등 창작 중심의 전문가 집단을 주요 타깃으로 하며, 사용자가 원하는 이미지의 스타일과 세부 요소를 정교하게 제어할 수 있는 고도화된 프롬프트 시스템을 제공합니다. 수익 모델은 디스코드를 통한 유료 구독 방식으로 운영되며, 외부 투자 없이도 안정적인 현금 흐름을 확보하고 있습니다. 다만 대중성보다는 전문성에 초점이 맞춰져 있어 시장 확장성 측면에서는 한계도 존재합니다.

GPT-4o의 이미지 생성 기능은 챗GPT 플랫폼 내에 통합된 형태로 제공되며, 텍스트와 이미지를 통합적으로 이해하고 생성할 수 있는 멀티모달 AI 기술을 바탕으로 하고 있습니다. 사용자는 대화형 인터페이스를 통해 이미지 생성 과정을 점진적으로 조정하거나 세부 편집을 실시간으로 수행할 수 있으며, 이는 단순한 생성 기능을 넘어 전체 플랫폼 내 사용자 경험을 강화하고, 유료 구독 전환율과 사용자 락인 효과를 높이는 전략적 도구로 작동합니다. 특히 GPT-4o는 텍스트 렌더링의 정확도와 세밀한 이미지 편집 기능에서 높은 수준의 완성도를 보이며, 개인 사용자부터 기업 고객까지 폭넓은 활용 사례를 제공합니다.

이처럼 세 서비스는 AI 기술을 기반으로 하지만, 각기 다른 타깃층을 설정하고, 서비스 방식과 수익 구조를 차별화하며 독자적인 전략을 전개하고 있습니다. 스노우는 감성적 니즈를 공략해 일상적 사용을 유도하고, 미드저니는 창작 전문가에게 고부가가치를 제공하며, GPT-4o는 멀티모달 플랫폼 내 기능 통합을 통해 사용자 경험을 혁신합니다. 결국 AI 이미지 생성 서비스의 수익화는 기술적 성과만이 아니라, '누구에게 어떤 방식으로 가치를 전달할 것인가'라는 전략적 기획에 달려 있음을 보여주는 사례들입니다.

금맥을 찾지 말고 청바지를 팔아라

"골드러시에는 금맥을 찾지 말고 청바지를 팔아라"라는 이야기가 있습니다. 1848년에 미국 캘리포니아에서 금광이 발견되자 일확천금을 노린 수많은 사람들이 캘리포니아에 몰려들었습니다. 그런데 금을 찾아 큰돈을 벌었다는 사람들은 별로 없었습니다. 반면 송금업자와 청바지 장사는 큰돈을 벌었습니다. 송금업자들은 금을 캔 사람들에게 싼 값에 금을 사들인 다음 이들이 고향으로 돈을 송금해 주는 과정에서 수수료를 받았습니다. 청바지 장사들도 금을 캐러 가는 사람들에게 험한 작업에도 쉽게 해지지 않는 청바지를 팔아 큰돈을 벌었습니다. 웃픈 이야기이지만 이런 일들은 수없이 반복되고 있습니다. 비트코인이 정점에 달했던 때 돈을 번 곳은 가상자산거래소인 빗썸과 업비트였습니다.

생성형 인공지능 분야에서도 '청바지를 파는' 사업 모델이 주목받고 있습니다. AI 모델을 자체 개발하는 데는 막대한 R&D 비용과 리스크가 따르지만, 이를 지원하거나 활용을 돕는 인프라, 플랫폼, 도구를 제공하면 훨씬 안정적인 수익을 기대할 수 있기 때문입니다.

그중 하나의 방식은 클라우드 및 서버 인프라를 제공하는 것입니다. 생성형 AI를 학습하고 운영하려면 방대한 데이터 처리 능력과 강력한 연산 자원이 필요합니다. 이에 따라 대규모 GPU 서버를 보유한 클라우드 기업들이 AI 스타트업을 대상으로 서비스를 제공하면서 '청바지'를 파는 역할을 하고 있습니다. 다만, 이 분야는 글로벌 빅테크 기업들이 대부분의 시장을 차지하고 있어 중소기업이나 스타트업이 경쟁하기 어려운 구조라는 한계가 있습니다.

또 다른 방식으로 주목받는 시장은 프롬프트 엔지니어링 및 데이터 관리 툴입니다. 거대 언어 모델(LLM)과 이미지 생성 모델이 발전하면서 이를 보다 효과적으로 제어하고 운영할 수 있는 솔루션에 대한 수요가 증가하고 있습니다. AI 모델이 뛰어난 성능을 발휘하기 위해서는 정확한 입력(prompt)과 최적화된 데이터가 필수적이며, 이를 지원하는 도구나 기술이 AI 활용의 성패를 좌우하는 중요한 요소로 자리 잡고 있습니다.

특히 프롬프트 엔지니어링은 AI 모델이 보다 정확하고 유용한 결과를 도출할 수 있도록 입력을 정교하게 조정하는 기술입니다. 단순한 명령어 입력을 넘어, 원하는 답변이나 이미지를 얻기 위해 적절한 문구를 구성하고 AI의 출력을 최적화하는 것이 핵심입니다. AI가 점점 더 많은 분야에서 활용되면서 기업들은 효율적인 AI 활용을 위해 전문적인 프롬프트 설계 및 최적화 도구를 필요로 하고 있으며, 이에 따라 관련 시장도 빠르게 성장하고 있습니다.

또한, 데이터 관리 툴 역시 중요한 역할을 합니다. 생성형 AI의 성능은 학습 데이터의 품질과 양에 크게 영향을 받기 때문에, 데이터 수집·정제·라벨링을 자동화하는 솔루션이 필수적입니다. 기업들은 이러한 과정을 보다 효율적으로 수행하기 위해 AI 데이터 관리 플랫폼을 도입하고 있으며, 이를 전문적으로 제공하는 업체들이 경쟁력을 확보하고 있습니다.

이 시장은 글로벌 빅테크 기업들이 독점하기 어려운 영역이기도 합니다. 프롬프트 최적화와 데이터 관리 솔루션은 특정 산업이나 도메인에 맞춰 세밀한 커스터마이징이 필요하기 때문에 스타트업들이 차별화된 서비스로 진입할 여지가 충분합니다. 예를 들어, 특정 업종(의료·법률·마케팅 등)에 특화된 AI 모델을 위한 맞춤형 프롬프트 설계 도구나, 효율적인 데이터 라벨링 시스템을 제공하는 솔루션이 각광받을 수 있습니다.

결국 생성형 AI 시대에는 단순히 모델을 개발하는 것만이 아니라, 이를 보다 효율적으로 활용할 수 있도록 돕는 기술과 도구를 제공하는 것도 중요한 사업 기회가 됩니다. AI 모델이 발전할수록 프롬프트 엔지니어링과 데이터 관리의 중요성은 더욱 커질 것이며, 이를 적절히 지원하는 기업들은 AI 생태계에서 핵심적인 역할을 수행하며 안정적인 수익을 창출할 수 있을 것입니다.

04.
B2B 관점의
AI 비즈니스모델

AI 에이전트 또는 AI 서비스는 일반인을 대상으로 하는 B2C 시장과 기업을 대상으로 하는 B2B 시장으로 구분할 수 있습니다. 궁극적으로 큰 시장을 형성하려면 B2C 시장을 공략해야 하지만, B2C 시장에서 일반인은 '있으면 좋긴 하지만, 굳이 돈을 지불할 필요'를 느끼지 못하는 경우가 많습니다.

반면, B2B 관점에서 기업들은 특정한 문제를 해결하거나 업무 효율성을 극대화하기 위해 AI 기술 도입을 검토하고 있습니다. 이 과정에서 범용적인 서비스보다는 자사 시스템과 업무 환경에 최적화된 맞춤형 솔루션을 선호하는 경향이 두드러집니다. 이는 기업들이 보유한 레거시 시스템과의 연계성, 데이터 통합 문제, 정보 보안 등 현실적인 이슈들과 깊이 관련되어 있습니다. 물론 AI 에이전트가 특정 기업에 특화된 서비스를 제공하면 일정 정도 안정성은 확보할 수 있지만, 시장 규모가 크지 않다는 문제가 있습니다.

B2B 시장을 공략하기 위해서는?

경기침체로 인해 많은 기업이 비용 절감을 최우선 과제로 삼고 있습니다. 불확실한 경제 환경 속에서 비용 효율성을 높이고 운영 구조를 최적화하기 위해 인공지능(AI) 도입이 적극적으로 검토되고 있는데요. AI는 단순히 비용을 절감하는 도구에 그치지 않고, 기존 고객에게 보다 나은 경험을 제공하며 새로운 비즈니스 모델을 창출하는 전략적 수단이 되고 있습니다.

경기불황을 넘기 위한 AI 활용

경기가 어려워지면 소비자들은 자연스럽게 지출을 줄입니다. 그러나 모든 소비가 줄어드는 것은 아닙니다. 필수적인 제품이나 서비스에 대한 수요는 여전히 유지되며, 소비자들은 '가격 대비 높은 가치를 제공하는' 제품이나 서비스에 더욱 주목하게 됩니다. 이에 따라 기업은 원가를 절감하면서도 소비자 만족도를 유지하거나 오히려 강화해야 하는 과제를 안게 됩니다.

이러한 과제를 해결하는 방법 중 하나로 인공지능(AI)의 활용이 떠오르고 있습니다. 과거의 원가 절감 전략이 대량 생산, 아웃소싱, 공정 개선 등 효율성 향상에 집중했다면, AI는 한 단계 더 나아가 비용 절감은 물론, 고객 경험의 향상과 비즈니스 모델 확장이라는 효과까지 기대할 수 있습니다.

AI는 다양한 분야에서 기업의 효율성과 경쟁력을 높이는 핵심 도구로 자리 잡고 있습니다. 특히 마케팅, 물류 및 공급망 관리, 제품 개발, 고객 서비스 등 주요 영역에서 AI의 역할은 날로 중요해지고 있습니다.

먼저 마케팅 분야에서 AI는 광고 성과를 분석하고, 소비자 행동을 추적하며, 개인화된 광고 캠페인을 자동화함으로써 마케팅 비용을 절감하고 효율성을 높이는 데 기여하고 있습니다. 예를 들어, 아동복 브랜드 제이키즈(JKIDS)는 기존의 사진 중심 광고에서 생성형 AI를 활용한 동영상 광고로 전환해 ROAS(광고비 대비 수익률) 2,570%를 달성했다고 합니다. 이는 AI 마케팅 솔루션인 브이캣(Vcat)을 통해 동영상 콘텐츠를 신속하게 제작하고, 짧은 시간 안에 다양한 제품 이미지를 효과적으로 노출할 수 있었기 때문입니다(오픈애즈 openads.co.kr 자료 참조).

물류 및 공급망 관리에서도 인공지능은 필수적인 도구로 활용되고 있습니다. AI는 물류 경로의 최적화, 재고 자동 관리, 수요 예측 등을 통해 공급망 전체의 효율성을 극대화합니다. 예를 들어, 물류 스타트업 '콜로세움'은 AI 기반 물류 솔루션 'COLO'를 개발하여 재고 관리, 포장, 배송, 반품, 정산 등 풀필먼트 전 과정을 데이터 기반으로 처리하고 있습니다. 이 솔루션은 등록된 상품과 주문 상품을 자동으로 매칭하고, 부자재 소비량을 예측함으로써 업무의 편의성과 경제성을 동시에 높이고 있습니다.

콜로세움은 물류센터 운영을 최적화하기 위한 자체 운용 서버와 자동화 설비 등 독자적인 원천 기술도 보유하고 있습니다. 전국 물류센터 네트워크를 운영하며, 상품의 특성에 맞춘 특화 센터를 통해 안전한 보관 및 배송 서비스를 제공합니다. 또한, 'COLO'를 통해 주문 수집부터 입출고, 재고 관리, 배송 추적까지 통합 관리함으로써 물류 업무 전반을 효율적으로 처리하고 있습니다.

제품 개발에서도 AI의 역할은 점점 더 중요해지고 있습니다. 소비자 피드백 데이터를 분석함으로써, 시장에서 요구되는 제품을 더 빠르게, 더 정밀하게 개발할 수 있기 때문입니다. 예를 들어, GS25와 부루부루의 협업 사례는 AI를 활용해 실시간 소비자 참여를 확대한 대표적인 경우입니다. 카카오톡 AI 챗봇 '아숙업(AskUp)'은 수십만 건에 달하는 고객 대화 데이터를 분석해 '레몬 스파클링 하이볼'의 세부 사양을 결정하는 데 사용됐습니다. 이른바 '아숙업 하이볼'이라 불리는 이 제품은, 개발 초기 한 달여 동안 "맛있는 하이볼 레시피를 알려줘", "캔 디자인은 어떻게 해야 할까?", "가격대는 얼마가 적절할까?" 이처럼 아숙업과의 수많은 질문과 응답을 통해 기획되었습니다. 즉, 상품 기획의 전 과정을 AI 챗봇 서비스 '아숙업'을 통해 완성한, 세계 최초의 'AI 기획 하이볼' 주류 상품인 셈입니다.

고객 서비스 분야에서도 인공지능은 챗봇과 가상 도우미를 통해 소비자 문의에 신속히 응답하고, 단순한 문제 해결을 지원하는 등 효율적인 역할을 수행하고 있습니다. 국내에서는 채널톡이 대표적인 서비스로, 다양한 AI 기능을 통해 기업의 고객 서비스 효율성을 높이고 있습니다.

채널톡의 AI 에이전트 '알프(ALF)'는 고객 문의를 빠르게 처리하고, 반복적인 업무를 자동화함으로써 상담원의 부담을 줄여줍니다. 예를 들어, 이랜드이츠는 애슐리 모바일 앱에 알프를 도입해 130개 매장의 운영 시간 및 휴무 일정 관련 문의를 자동으로 처리하고 있습니다. 이를 통해 피크 타임에도 신속하고 정확한 응대가 가능해졌으며, AI를 통한 상담 해결률은 45%에 달하는 성과를 기록했습니다. 또한 알프 도입 이후, 전년 동월 대비 첫 응답 시간은 67% 감소했고, 상담 처리 시간은 56% 단축되는 효과를 얻었습니다. 이러한 사례는 AI가 고객 서비스 분야에서 효율성과 만족도를 동시에 높이는 데 실질적으로 기여하고 있음을 보여줍니다(머니투데이 news.mt.co.kr 기사 참조).

어떤 문제들이 해결되어야 하는가?

기업들이 생성형 인공지능(AI) 도입을 고려하면서도 실제 실행에는 신중한 태도를 보이는 이유는, 보안 위험, 인프라 및 데이터 정비 비용, 조직 문화와 업무 프로세스 변화, 그리고 예측 불가능한 오류(할루시네이션)와 같은 복합적인 문제들이 서로 긴밀하게 얽혀 있기 때문입니다. 이러한 이슈는 AI 서비스를 공급하는 기업이든, 내부적으로 도입하려는 기업이든 모두가 직면하는 공통된 과제입니다.

이러한 문제들은 앞서 여러 장에서 언급된 바 있지만, 이 장에서는 보다 실질적이고 구체적인 해결 방안에 초점을 맞춰 살펴보겠습니다.

첫 번째로, 생성형 인공지능 도입에서 가장 큰 장애물로 지적되는 것은 보안 문제입니다. 프롬프트 입력이나 첨부 파일을 통해 기업의 기밀 정보나 개인 정보가 AI 시스템에 업로드될 경우, 이는 심각한 리스크로 이어질 수 있습니다. 자체 LLM(Large Language Model)을 구축하는 방식도 있지만, 이는 기술적·재정적으로 여력이 있는 일부 대기업만이 선택할 수 있는 옵션입니다.

많은 AI 서비스가 '사용자가 동의하지 않은 정보를 학습하지 않는다'고 명시하고 있으나, 인터넷을 경유해 업로드된 데이터는 구조적으로 보안에 취약할 수밖에 없습니다. 따라서 기업은 데이터 암호화, 접근 권한 제어, 내부망 분리와 같은 기술적 대책을 마련해야 합니다.

또한, AI 솔루션 제공 기업은 보안 강화를 위해 안전한 클라우드 환경이나, 기업 내부 서버(On-Premise)에서 AI를 운영할 수 있는 옵션을 함께 제공해야 하며, 민감 정보를 다루는 과정에서 문제가 발생하지 않도록 내부 및 외부 전문가의 정기적인 점검 체계를 마련해야 합니다.

두 번째로, 기업이 보유한 레거시 데이터를 효과적으로 활용하기 위한 데이터 정비 문제가 있습니다. AI 솔루션을 도입하려면 단순히 데이터를 많이 보유하고 있는 것만으로는 충분하지 않습니다. 솔루션 제공 기업은 고객사의 데이터를 진단하고 평가하는 단계부터 적극적으로 지원해야 하며, 특히 데이터가 얼마나 분산되어 있는지, 형식이나 품질에 어떤 문제가 있는지를 진단하는 데이터 품질 평가(데이터 프로파일링)가 선행되어야 합니다.

이와 함께, 데이터 정리 작업을 자동화할 수 있는 전처리 도구, 혹은 기존 데이터베이스를 AI에 적합하게 구조화하는 데이터 모델링(Data Modeling) 기법의 지원이 필요합니다. 예를 들어, 다양한 형식의 데이터를 AI 학습이 가능한 표준 포맷으로 자동 변환하는 솔루션을 제공하면, 기업은 시간과 비용을 크게 절감할 수 있습니다.

세 번째로, 조직 문화와 업무 프로세스 변화에 대한 준비가 필요합니다. AI가 도입되면 기존의 일하는 방식에 변화가 생기고, 직원들의 역할에도 조정이 불가피합니다. 이를 효과적으로 관리하기 위해서는 심리적 저항을 최소화할 수 있는 체계적인 변화 관리가 선행되어야 합니다.

무엇보다 중요한 것은 변화에 앞서 구성원들에게 AI 도입의 필요성과 목적을 충분히 설명하고, 공감대를 형성하는 일입니다. 막연히 '일자리가 줄어들 수 있다'는 불안을 방치하지 말고, AI가 반복적 업무를 줄여주는 동시에 직원들이 더 창의적이고 전략적인 업무에 집중할 수 있는 환경을 조성한다는 점을 명확히 이해시켜야 합니다.

아울러, 직원들이 새로운 업무 방식에 적응할 수 있도록 재교육 프로그램을 운영하는 것도 필요합니다. AI 도구를 어떻게 활용하면 업무 효율을 높일 수 있을지를 실질적으로 학습할 수 있는 환경이 마련되어야 합니다.

네 번째로, 할루시네이션(Hallucination) 현상의 최소화입니다. 기업 입장에서 이 문제는 단순한 정보 오류 이상의 비즈니스 리스크로 이어질 수 있습니다. 특히 AI가 고객 커뮤니케이션이나 내부 의사결정에 활용되는 경우, 오류로 인한 오판은 브랜드 신뢰도 하락이나 손실로 직결될 수 있습니다.

이러한 리스크를 줄이기 위해서는, AI 솔루션을 설계하고 모델을 학습시키는 초기 단계에서부터 데이터의 신뢰성과 정확성을 높이기 위한 관리 체계가 필수적입니다. 신뢰도 높은 데이터를 집중적으로 학습시키고, 주기적으로 데이터 품질을 점검하는 프로세스를 갖추는 것이 중요합니다. AI가 부정확하거나 편향된 데이터를 학습하게 되면, 이후 교정이 어려워지기 때문에 초기 데이터 준비 단계부터 철저한 관리가 요구됩니다.

또한, AI가 생성한 결과물을 실제 업무에 활용하기 전, 사람이 최종 확인하는 절차 역시 반드시 필요합니다. 중요한 의사결정이나 외부 커뮤니케이션에 AI 결과물을 활용할 경우, 내부 전문가의 검토와 승인을 거치는 것이 바람직합니다.

AI 서비스는 돈을 벌고 있을까?

앞서 살펴본 바와 같이, 인공지능 도입에는 다양한 현실적 문제들이 얽혀 있으며, 이를 해결하지 않으면 기대하는 성과를 내기 어렵습니다. 하지만 궁극적으로 AI가 하나의 의미 있는 산업으로 자리 잡기 위해서는 이러한 과제들을 넘어서 수요 기업과 공급 기업 모두가 실제로 '돈을 벌 수 있는 구조'를 확보해야 합니다.

현재 생성형 인공지능과 AI 에이전트에 대한 관심은 뜨겁고, 관련 기술도 빠르게 발전하고 있습니다. 그러나 시장에 쏟아져 나오는 수많은 서비스 가운데, 실질적으로 수익을 창출하며 성공 사례로 자리매김한 경우는 많지 않은 것이 현실입니다. 기술 자체는 충분히 고무적이지만, 그 가능성이 비즈니스로 이어지는 과정에는 여전히 큰 간극이 존재합니다.

AI 서비스가 수익을 창출하려면 두 가지 방향 중 하나는 명확해야 합니다. 첫째, 일반 대중을 대상으로 하는 대규모 B2C 시장을 형성하는 것이고, 둘째, 기업(B2B) 시장에서 원가 절감과 차별화라는 명확한 가치를 제공하는 것입니다.

그러나 현재 대부분의 생성형 AI 기반 서비스나 AI 에이전트는 특정 목적에 특화된 형태로 개발되어 있어, 광범위한 B2C 시장을 형성하기에는 한계가 있습니다. 예를 들어, 이커머스 기업을 대상으로 상품 페이지의 URL만 입력하면 자동으로 이미지나 영상을 생성해주는 브이캣(Vcat)은 기업 입장에서는 유용한 도구가 될 수 있습니다. 하지만 일반 소비자가 해당 기능을 필요로 할 상황은 많지 않습니다. 즉, 기술은 뛰어나지만 시장 확장성 측면에서는 제약이 따릅니다.

B2B 시장의 경우, 개별 기업의 요구에 맞춘 맞춤형 솔루션을 제공할 수 있다는 장점이 있지만, 이러한 방식은 대규모 시장 형성이 어렵다는 한계를 가집니다. 기업별 맞춤화는 도입 장벽이 높고, 반복 가능한 확장 구조를 만들기 어렵기 때문입니다.

서비스모델 = 수익모델이 되기 위해서는?

AI 기술에 대한 기대는 높지만, 현재 많은 AI 서비스가 기술적 가능성에 비해 수익화에는 어려움을 겪고 있는 현실입니다. 그렇다면 생성형 인공지능이 실제 비즈니스 모델로 정착하고, 지속 가능한 수익을 창출하기 위해서는 어떤 조건이 충족되어야 할까요?

결국, AI 서비스 모델이 수익 모델로 이어지기 위해서는 '명확한 효용'과 '구체적인 가치'가 증명되어야 합니다. 단순히 '있으면 좋지만, 없어도 크게 불편하지 않은' 수준의 기술로는 시장에서 의미 있는 자리를 차지하기 어렵습니다. 다시 말해, 기업의 핵심 과제를 해결하거나, 소비자에게 분명한 체감 이익을 제공할 수 있어야 합니다. 이런 관점에서 인공지능 서비스가 갖춰야 할 주요 요건들을 살펴보겠습니다.

첫 번째, 기존의 제품과 서비스를 대체하거나 고도화할 수 있어야 합니다. 퍼플렉시티(Perplexity)는 이러한 가능성을 잘 보여주는 대표적인 사례입니다. 기존의 검색 서비스는 사용자가 원하는 정보를 얻기 위해 여러 링크를 클릭하고 자료를 선별해야 하는 번거로움이 있었습니다. 반면, 퍼플렉시티는 질문에 대해 AI가 즉각적이고 정확한 답변을 제공하고, 출처(Reference)까지 명확히 안내함으로써 검색 과정을 대체하고 고도화했습니다.

이는 단순히 사용자 편의성을 개선하는 수준을 넘어, 검색 서비스가 지식을 전달하는 방식으로 진화하고 있음을 보여줍니다. 특히, 신뢰할 수 있는 정보 요약과 선별 기능은 사용자 입장에서 정보 탐색 시간을 단축시키고, 업무 효율성을 높이는 데 크게 기여합니다.

두 번째, 특정 분야나 기능에 집중해 '즉각적인 체감 가치'를 제공하는 전문화 전략이 필요합니다. 이는 특히 스타트업이나 AI 전문 기업들이 주목해야 할 방향입니다. 광범위한 활용보다는 특정 산업 혹은 기능에 맞춤화된 '뾰족한 솔루션'을 제공하는 것이 B2B 시장에서 훨씬 설득력 있고, 실질적인 도입으로 이어질 가능성이 높습니다.

산업용 AI 솔루션을 제공하는 C3 AI(c3.ai)는 이러한 전략을 성공적으로 구현한 사례입니다. 이 기업은 제조, 에너지, 금융, 공공 등 다양한 산업에 AI 기반 데이터 분석 솔루션을 제공하며, 비용 절감과 생산성 향상을 지원하고 있습니다.

예를 들어, 제조업에서는 예측 정비를 통해 설비 고장을 사전에 진단하고 생산 중단을 최소화할 수 있으며, 에너지 산업에서는 실시간 분석을 통해 에너지 사용을 최적화하고 운영 비용을 절감할 수 있습니다.

C3 AI는 각 산업별 요구에 최적화된 기능을 제공함으로써 고객의 신뢰를 확보했으며, 포춘 500대 기업 및 미국 국방부와의 대형 계약을 통해 그 전문성을 인정받았습니다. 뉴욕증권거

래소(NYSE) 상장을 통해 안정적인 투자 기반도 마련했습니다.

세 번째, 사용자로 하여금 '즉각적인 편의성'을 체감하게 해야 합니다. 이는 특히 B2C 시장에서 중요한 요소입니다. 업무 자동화 도구, 개인 비서형 챗봇, 이미지·영상 생성 도구 등 다양한 형태로 구현될 수 있지만, 핵심은 "사용하면 더 빠르고 편리하다"는 인식을 바로 제공하는 데 있습니다.

예를 들어, 런웨이(Runway)는 영상 편집과 합성에 특화된 생성형 AI 솔루션을 제공해 디자이너와 콘텐츠 제작자가 쉽고 빠르게 작업을 완성할 수 있도록 돕고 있습니다. 기존의 영상 편집은 복잡한 도구와 시간이 많이 소요되는 작업이었지만, 런웨이는 배경 제거나 장면 합성과 같은 작업을 자동으로 처리해 줍니다. 그 결과, 일반 사용자도 빠른 시간 안에 고품질 결과물을 만들 수 있으며, 중소형 마케팅 팀이나 1인 크리에이터에게도 매력적인 도구로 평가받고 있습니다.

B2B는 매출과 수익에 먼저 기여해야 한다

AI 서비스가 수익을 창출하는 모델로 자리 잡기 위해서는 단순한 기술력이나 혁신 이미지를 넘어, 실제 비즈니스 성과로 이어지는 구조를 만들어야 합니다. 특히 B2B 시장에서는 그 필요성이 더욱 분명하게 드러납니다.

B2B 시장에서 AI 서비스가 선택받기 위해서는 기술적 완성도나 브랜딩을 넘어, 직접적인 비즈니스 가치를 증명할 수 있어야 합니다. 새로운 기술을 도입해 혁신을 추구한다는 이미지를 구축하는 것도 의미는 있지만, 궁극적으로는 그 기술이 기업의 수익에 어떤 방식으로 기여하는지가 핵심입니다. 기업이 AI 도입을 고려할 때 가장 우선적으로 검토하는 요소는 브랜드 이미지 제고나 홍보 효과가 아닌, 매출 확대와 비용 절감이라는 명확한 성과 가능성입니다.

B2B 시장의 의사결정자들은 AI 솔루션에 투자했을 때 얼마나 빠르고 구체적으로 비용 절감, 매출 증대, 운영 효율화 등의 결과를 도출할 수 있는지를 꼼꼼히 따집니다. 예를 들어, 주문·납품·재고관리 등의 프로세스를 AI로 자동화하여 오류율을 낮추거나, 고객 데이터를 정밀하게 분석해 판매 전략을 최적화함으로써 실제 매출이 상승한 사례는 좋은 참고가 됩니다.

결국 B2B 관점에서 성공하는 AI 서비스는 비용 대비 효과를 명확히 입증할 수 있는 구조로 설계되어야 합니다. 예를 들어, "1억 원을 투자하면 2년간 3억 원의 비용을 절감할 수 있다"거나 "구매 전환율을 20% 이상 끌어올릴 수 있다"는 식의 정량화된 성과 지표를 제시할 수 있어야 합니다. AI 도입이 브랜딩 측면에서 긍정적 영향을 줄 수는 있지만, 최종 판단 기준은 매출과 수익에 대한 실질적 기여 여부입니다.

이러한 원칙은 마케팅 활동에도 그대로 적용됩니다. 물론,

브랜딩이 기업의 장기적 성장에 중요한 자산이라는 점에는 이견이 없습니다. 하지만 불확실성이 커진 지금의 시장 환경에서 브랜드 인지도 구축만을 위한 전략은 설득력을 잃고 있습니다.

과거에는 소비자의 기억 속에 가장 먼저 떠오르는 브랜드(TOM, Top of Mind)가 되는 것을 목표로 장기적인 마케팅 전략을 세웠지만, 현재 기업이 처한 현실은 다릅니다. 즉각적인 매출과 수익 창출이 기업의 최우선 과제가 되었고, 이는 기술 투자와 마케팅 전략 전반에 큰 영향을 미치고 있습니다.

AI 서비스 역시 마찬가지입니다. 단순히 '혁신적인 서비스'라는 이미지를 주는 것만으로는 부족합니다. 실제로 기업이 돈을 더 벌 수 있게 해주거나, 불필요한 비용을 줄여주는 '체감 가능한 성과'가 명확히 드러나야 경쟁에서 살아남을 수 있습니다.

마케팅 관점에서도 마찬가지입니다. 소비자에게 브랜드를 각인시키는 장기 전략보다는, 투자한 비용 대비 얼마나 빠르게 수익을 창출할 수 있는지(ROI, Return on Investment)를 증명할 수 있는 전략이 우선시되고 있습니다. 물론 브랜드 자산은 결코 무시할 수 없는 요소이지만, 경기 침체와 불확실성 장기화 속에서 기업은 '미래를 위한 투자'와 '현재의 생존' 사이에서 냉정한 선택을 요구받고 있습니다.

AI를 어떻게 활용할 것인가?

AI 에이전트는 기업과 개인 모두에게 새로운 기회를 제공하고 있지만, 그 활용 방식에는 분명한 차이가 존재합니다. 기업은 AI를 주로 생산성 향상, 비용 절감, 업무 자동화, 고객 서비스 개선 등의 목적으로 도입하고 있으며, 이는 운영 효율을 높이고 인건비와 같은 고정비를 줄이려는 목적이 크기 때문입니다. 반면, 개인은 콘텐츠 생산, 창작 도구 활용, 개인 생산성 강화 등 자신의 역량을 보완하거나 확장하는 수단으로 AI를 사용하고 있습니다. 예를 들어, 글쓰기나 영상 편집과 같은 창작 활동에서 작업 시간을 단축하거나 결과물의 품질을 높이는 데 집중합니다.

사용 목적이 다르다 보니 접근 방식에서도 차이가 나타납니다. 기업은 보안, 비용, 데이터 관리 등의 이슈로 인해 민감도가 낮은 영역이나 제한된 범위에서부터 AI 에이전트를 시범 도입한 후, 내부 교육과 정책 수립에 자원을 투자하고 성과를 검토하며 점진적으로 활용 범위를 확대하는 전략을 택합니다. 반면, 개인은 새로운 AI 서비스에 대해 거부감이 적고 접근성이 높아 챗GPT, 클로드(Claude), 제미나이(Gemini) 등 다양한 도구를 자유롭게 넘나들며 자신에게 맞는 서비스를 선택하고 원하는 결과를 얻는 데 집중합니다. 즉, 기업은 안정성과 체계적인 도입을 중시하는 반면, 개인은 실험적이고 개방적인 태도로 빠르게 AI 활용 범위를 넓혀가고 있는 것입니다.

수요기업 측면에서 인공지능의 접근

인공지능(AI) 기술을 도입하려는 기업(수요기업)과, 관련 AI 서비스나 에이전트를 공급하는 기업은 접근 방식에서 뚜렷한 차이를 보입니다. 수요기업은 AI를 통해 생산성 향상, 비용 절감, 고객 경험 강화 등 구체적이고 측정 가능한 성과를 목표로 하는 반면, 공급기업은 시장과 고객의 문제를 정의하고 이를 해결할 수 있는 솔루션 설계와 제품화에 집중합니다.

수요기업의 입장에서 AI 도입은 단순한 기술 적용이 아닌, 비즈니스 모델 전반을 재설계하는 전략적 선택입니다. 그러나 AI를 처음 도입하려는 기업이라면 어디서부터 시작해야 할지 막막할 수 있습니다. 이때는 AI에 대한 기본적인 이해와 학습이 필요하며, 전문적인 컨설팅 서비스를 활용하는 것도 현실적인 접근 방식이 될 수 있습니다. 현재 SK, LG, KT, 네이버 등 주요 대기업은 자체적으로 개발한 대규모 언어 모델(LLM)을 바탕으로 AI 컨설팅 서비스를 제공하고 있으며, 고객사의 니즈에 맞는 솔루션을 설계해주는 역할을 수행하고 있습니다. 예를 들어, 고객 서비스 개선이 필요할 경우 챗봇을 중심으로 한 상담 자동화 솔루션을 제안할 수 있습니다.

다만, 외부 컨설팅에 의존하기 전에 기업 내부에서는 명확한 목표와 방향성을 먼저 설정해야 합니다. 어떤 문제를 해결하고자 하는지, 기대하는 성과는 무엇인지 구체적인 기준이 있어야 컨설팅 효과도 극대화될 수 있습니다.

AI 도입의 효과를 가늠하기 위해서는 ROI(투자 대비 효과) 분석이 선행되어야 합니다. 연간 절감 가능한 비용, 업무 자동화로 인한 인력 재배치 가능성, 그리고 생산성 향상 효과가 어느 시점부터 가시화될 것인지 예측하고 이에 맞춰 전략을 수립해야 합니다. 또한, AI를 효과적으로 활용하기 위해서는 기존에 축적된 데이터를 AI 시스템과 연계할 수 있도록 데이터 인프라를 정비하고 통합하는 전략이 필요합니다. 단순히 데이터가 많다고 해서 AI가 성능을 발휘하는 것은 아니며, 학습이 가능한 형태로 가공하고 품질을 개선하는 과정이 필수적입니다.

보안과 개인정보 보호 역시 수요기업이 반드시 고려해야 할 요소입니다. AI가 처리하는 데이터에는 고객 정보나 기업 기밀 등 민감한 내용이 포함될 수 있기 때문에, 안전한 보안 정책과 관리 체계를 갖추는 것이 전제 조건입니다. 특히 클라우드 기반 솔루션을 활용할 것인지, 혹은 온프레미스(기업 내부 서버) 방식으로 운영할 것인지에 대한 판단은 보안 수준과 운영 효율을 함께 고려해 결정해야 합니다. 또한 AI가 기업의 민감 정보를 학습하지 않도록 관리하는 체계적인 가이드라인도 필요합니다.

AI는 단순한 기술 도입이 아니라 조직 문화와 업무 방식 전반에 영향을 미치는 변화를 동반합니다. 구성원들이 AI를 수용하고, 새로운 도구와 협업하는 방식에 익숙해질 수 있도록 내부 교육과 커뮤니케이션이 선행되어야 합니다. AI가 사람을 대체하는 것이 아니라, 사람의 역량을 확장하고 반복 업무를 줄여주는 수단임을 구성원들이 인식할 수 있도록 심리적 저항을 줄이는 변화 관리 전략이 필요합니다.

이처럼 수요기업이 AI를 도입하는 목적은 단순한 기술 적용이 아니라, 장기적으로 비용 절감과 생산성 향상을 통해 비즈니스 모델을 혁신하고 수익 구조를 개선하는 데 있습니다. 따라서 AI를 성공적으로 도입하기 위해서는 ROI 분석, 데이터 인프라 정비, 보안 체계 구축, 조직 변화 관리 등 다양한 요소를 종합적으로 고려하는 전략적 접근이 필요합니다.

특히 주의해야 할 점은 과도하게 포장된 AI 솔루션의 마케팅에 현혹되지 않는 것입니다. '모든 문제를 자동으로 해결해 준다'는 메시지를 내세우는 제품들이 많지만, 실제로는 기대에 못 미치는 경우도 적지 않습니다. 따라서 도입 전, 우리 기업의 환경에서 실제로 효과를 낼 수 있는지, 정량화 가능한 성과로 이어질 수 있는지를 면밀히 검토해야 합니다. AI는 강력한 도구이지만, 만능은 아닙니다. 어떤 업무는 AI가 맡고, 어떤 영역은 인간의 판단과 경험이 필요한지를 명확히 구분해 사람과 AI가 유기적으로 협력하는 구조를 설계해야 합니다.

또한, 조직 내부의 AI 활용 역량을 키우는 것도 중요한 과제입니다. AI 도입 후에도 지속적인 성과를 내기 위해서는 직원들이 기술을 이해하고 실제 업무에 적용할 수 있는 능력을 갖추는 것이 필수입니다. 이를 위해 체계적인 교육과 실무 중심의 훈련, 그리고 업무 프로세스의 정비가 병행되어야 합니다. AI가 기업의 일하는 방식에 자연스럽게 융합될 수 있도록 하는 기반 조성이 뒷받침될 때, AI는 진정한 비즈니스 혁신의 수단이 될 수 있습니다.

기술보다는 문제 정의가 먼저

생성형 인공지능 서비스와 AI 에이전트가 빠르게 확산되고 있지만, 여전히 많은 공급기업이 수익 모델을 확보하지 못하고 있는 실정입니다. 기술의 주목도는 높지만, 고객이 실제 비용을 지불할 만큼 '필수적인 도구'로 자리 잡은 사례는 제한적입니다. 공급기업 입장에서는 이제 단순한 기술 구현을 넘어, 비즈니스 문제 해결과 수익 모델 설계라는 본질적인 과제에 집중해야 할 시점입니다.

AI 서비스를 기획할 때 가장 먼저 고민해야 할 것은 '이 기술이 어떤 문제를 해결하는가'입니다. 기술의 가능성보다 중요한 것은, 고객이 당면한 핵심 과제를 AI가 실제로 어떻게 해결할 수 있는지에 대한 설계입니다. 예를 들어, 물류 기업의 경우 운영비 절감이 핵심이라면, 실시간 배송 경로 최적화나 재고 자동 관리 같은 솔루션이 가장 실용적인 대안이 될 수 있습니다.

AI가 실효성을 발휘할 수 있는 분야는 대체로 반복적이고 규칙적인 업무, 방대한 데이터 기반 분석, 개인화된 경험 제공이 필요한 영역입니다. 예를 들어, 고객 응대용 AI 챗봇은 대기 시간을 줄이고 응답 일관성을 제공하며, 마케팅 자동화 솔루션은 타겟 데이터를 기반으로 효율적인 맞춤형 광고를 실행합니다. 제조 현장에서는 예측 정비 기능을 통해 설비 고장을 사전에 감지함으로써 생산성을 향상시킬 수 있습니다.

핵심은, 고객이 AI를 선택하는 이유가 기술의 혁신성 때문이 아니라, '없으면 불편한' 필수 솔루션이기 때문이라는 점입니다. AI는 비용을 절감하고, 생산성을 높이며, 문제 해결 속도를 단축시킬 수 있어야 합니다. 그것이 바로 고객이 비용을 지불할 이유입니다.

제품-시장 적합성(PMF)을 명확히

두 번째는 어떤 시장에서 AI 솔루션을 제공할 것인지를 명확히 설정하는 것입니다. 이를 제품-시장 적합성(Product-Market Fit)이라고 하며, 기술이 '적용 가능한 시장'이 아니라 '반드시 필요한 시장'을 찾아야 성공 확률이 높아집니다.

가장 먼저 B2B와 B2C 중 어느 쪽에 집중할지를 결정해야 합니다. 일반적으로 B2B 시장에서는 AI가 비용 절감이나 생산성 향상에 기여하는 방식으로 측정 가능한 결과를 낼 수 있기 때문에, 실질적 성과가 입증되면 빠르게 도입이 진행될 가능성이 큽니다. 물류 최적화, 고객센터 자동화, 마케팅 분석 솔루션이 대표적입니다. 반면 B2C 시장은 AI 서비스의 차별성이 명확하지 않으면 소비자가 비용을 지불하지 않기 때문에, 콘텐츠 제작 도구나 개인 맞춤형 도우미처럼 즉각적이고 직관적인 편익을 제공할 수 있어야 합니다.

또한 특정 산업에 특화된 '버티컬 AI 서비스'로 접근할 수 있는지도 검토해야 합니다. 의료, 금융, 제조와 같이 AI가 업무 핵심에 관여할 수 있는 산업은 시장 진입 시 강력한 차별화를 이끌어낼 수 있습니다. 예를 들어, 의료 분야에서는 영상 판독을 통한 진단 정확도 향상, 금융에서는 신용 평가 및 사기 탐지, 제조업에서는 공정 최적화와 설비 관리가 해당됩니다.

기술보다 기회가 중요하다

세 번째는 시장 규모와 성장 가능성을 객관적으로 분석하는 일입니다. 아무리 기술력이 뛰어나더라도 시장이 협소하거나 성장성이 낮다면 지속 가능한 수익 모델을 만들기 어렵습니다.

예를 들어, 업무 자동화 시장은 기업들이 비용 절감과 효율성 강화를 목적으로 적극적으로 투자하고 있어 높은 성장세를 보이고 있습니다. 반면, AI 챗봇 시장은 이미 포화 상태에 가까워 차별화를 통해 수익을 내기 어려운 환경입니다. 이에 비해, 고객 행동 분석 기반의 AI 솔루션은 진입 장벽이 높고 기술적 신뢰성이 요구되기 때문에 경쟁이 덜하고 시장성은 더 큽니다.

글로벌 기업들은 이미 이러한 영역에서 AI를 전략적으로 활용하고 있습니다. 아마존은 고객의 검색 기록과 구매 이력을 기반으로 개인화된 상품을 추천하고, 넷플릭스는 시청 이력과 선호 장르를 분석해 맞춤형 콘텐츠를 제공합니다. 스타벅스는 고객의 위치 정보와 구매 내역을 바탕으로 프로모션을 운영합니다. 이처럼 고객 데이터를 활용한 AI 서비스는 실질적인 매출 증대와 고객 유지율 개선에 기여하며, 시장성 측면에서도 경쟁력 있는 선택지입니다.

범용 AI와의 차별화가 성패를 가른다

네 번째는 AI 기술의 동질화 문제를 어떻게 극복할 것인가입니다. AI 기술은 빠르게 범용화되고 있으며, 챗GPT의 '오퍼레이터(Operator)' 기능처럼 기존 자동화 도구를 대체하는 기능들이 등장하면서 개별 솔루션의 차별성이 희석되는 경우가 많습니다.

따라서 공급기업은 특정 산업의 전문성과 요구에 맞춘 버티컬 AI 전략을 통해 경쟁력을 확보해야 합니다. 의료 분야에서는 일반적인 질환이 아닌 특정 증상이나 희귀 질환에 특화된 AI 진단 모델을 개발하거나, 금융 분야에서는 기업별 신용 평가 알고리즘에 맞춘 세밀한 분석 도구를 제공하는 것이 그 예입니다. 제조업의 경우에도 범용 공정이 아닌 특정 설비나 생산 방식에 최적화된 솔루션을 제공해야 동질화의 함정에서 벗어날 수 있습니다.

또한, 사용자 경험(UX)과 운영 편의성도 주요한 차별화 요소입니다. 같은 기능을 제공하더라도 얼마나 직관적이고 빠르게 사용할 수 있는지, 업무 흐름에 얼마나 자연스럽게 통합되는지는 도입 여부에 큰 영향을 미칩니다. 사용자 맞춤형 설정, UI 디자인, 운영 편의성 등은 기술의 실용 가치를 극대화하는 핵심 요소입니다.

공급기업이 시장에서 살아남기 위해서는 단순한 기술 시연을 넘어, 문제 정의 → 시장 선택 → 수익 구조 설계 → 차별화 전략이라는 전 과정에 전략적으로 접근해야 합니다. AI 서비스는 '있으면 좋은 도구'가 아니라, '없으면 안 되는 솔루션'이 되어야 합니다. 이를 위해 공급기업은 고객이 무엇을 필요로 하고, 어디에 가치를 두며, 어떤 문제를 해결하고자 하는지를 정확히 파악해야만 지속 가능하고 확장 가능한 AI 비즈니스를 설계할 수 있습니다.

어떤 AI 에이전트가 되어야 하는가?

앞서 살펴본 것처럼, AI 서비스가 경쟁력을 확보하고 지속 가능한 수익 모델로 자리 잡기 위해서는 단순한 기술 구현을 넘어, 차별화된 가치와 실질적인 문제 해결력을 갖춰야 합니다. 이는 AI 에이전트에도 동일하게 적용됩니다. 특히 범용 AI 서비스가 빠르게 확산되면서, AI 에이전트가 시장에서 선택받기 위해서는 기능적 중복을 피하고, 고객이 체감할 수 있는 차별성을 확보하는 전략이 필요합니다.

첫 번째 전략은 특정 산업 및 기업에 특화된 AI 에이전트를 개발·제공하는 것입니다. 범용 AI는 다양한 기능을 포괄적으로 제공할 수 있지만, 특정 산업의 고유한 업무 환경과 전문성을 반영하기에는 한계가 있습니다. 각 산업은 고유한 언어 체계, 절차, 데이터 구조를 가지고 있기 때문에, 범용형으로는 실질적인 성과를 내기 어렵습니다.

예를 들어, 법률 분야에서는 AI가 판례 검색, 문서 분석, 유사 사례 추천 등을 자동화함으로써 법률 검토 시간을 단축하고 업무 효율성을 높일 수 있습니다. 의료 AI는 환자 데이터와 병력을 분석해 맞춤형 치료 가이드를 제공하며, 의료진이 정교한 치료 계획을 수립할 수 있도록 지원합니다. 제조업에서는 설비 데이터를 실시간으로 분석해 이상 징후를 감지하고, 설비 고장을 예방하여 생산성을 향상시킬 수 있습니다.

이처럼 산업별 전문성을 내재한 AI 에이전트는 범용 AI가 제공하지 못하는 고도화된 기능과 현장 밀착형 솔루션을 제공함으로써, 해당 산업 내에서 필수적인 도구로 자리 잡을 수 있습니다. 단순한 정보 제공을 넘어 실질적인 업무 개선 효과를 증명할 수 있어야 선택받을 수 있습니다.

두 번째 전략은 기업 내부에 축적된 고유 데이터를 활용한 맞춤형 AI 에이전트를 구축하는 것입니다. AI의 성능은 학습 데이터의 질과 양에 따라 결정되며, 이를 차별화 요소로 삼기 위해서는 범용 데이터가 아닌 기업이 직접 보유한 전용 데이터셋을 활용하는 전략이 효과적입니다.

예를 들어, 금융 기업은 고객의 거래 이력, 신용 점수, 소비 패턴 등 자사에 축적된 데이터를 바탕으로 신용 평가나 이상 거래 탐지 시스템을 구축할 수 있습니다. 이는 범용 AI가 제공하는 일반적 분석과는 수준이 다르며, 보다 정밀하고 신뢰도 높은 결과를 제공할 수 있습니다. 이커머스 기업의 경우, 고객의 클릭 패턴, 장바구니 이력, 제품 선호도 등을 분석해 개인화된 추천 알고리즘을 개발할 수 있으며, 실시간 마케팅 자동화에도 활용할 수 있습니다.

이처럼 기업 데이터와 결합한 AI는 외부에서 쉽게 모방할 수 없는 고유성과 지속적 성능 개선 가능성을 동시에 확보할 수 있습니다. 또한, 고객 맞춤형 경험을 제공함으로써 전환율 상승, 충성도 확보, 재구매율 증가 등의 실질적 성과로 이어질 수 있습니다.

세 번째 전략은 직관적인 사용자 경험과 서비스 운영의 편의성을 강화하는 것입니다. AI 에이전트가 아무리 뛰어난 기술을 탑재하고 있더라도, 사용자가 이를 쉽게 이해하고 활용할 수 없다면 실제 도입과 활용에는 한계가 생깁니다.

따라서 인터페이스는 단순하고 직관적이어야 하며, 고객이 원하는 기능에 빠르게 접근할 수 있어야 합니다. 예를 들어, 텍스트 기반 챗봇에 음성 인식이나 이미지 피드백과 같은 멀티모달 기능이 결합되면 사용자와의 상호작용이 훨씬 자연스럽고 풍부해집니다. 또한, 복잡한 분석 결과나 기술적 용어가 포함된 경우, 결과에 대한 설명과 시각적 요약을 함께 제공함으로써 사용자의 이해도와 만족도를 높일 수 있습니다.

운영 측면에서도 마찬가지입니다. AI 서비스는 다양한 내부 시스템과의 통합이 용이해야 하며, 고객의 보안 환경에 따라 클라우드 또는 온프레미스 방식으로 유연하게 적용될 수 있어야 합니다. 특히 B2B 고객의 경우, 기술보다 운영과 관리의 편의성, 도입 후 유지보수의 안정성을 더 중요하게 평가하는 경우가 많습니다.

네 번째 전략은 AI 모델의 지속적인 개선과 사용자 피드백을 기반으로 한 성능 최적화입니다. AI 서비스는 한 번 구축한다고 끝나는 것이 아니라, 지속적으로 학습하고 개선하는 구조를 갖춰야 시장에서 경쟁력을 유지할 수 있습니다.

대표적인 사례로 넷플릭스의 추천 알고리즘은 사용자 행동 데이터를 실시간으로 분석하고, 매일 수천만 건의 시청 기록을 바탕으로 알고리즘을 개선합니다. 이러한 구조 덕분에 추천의 정확도는 지속적으로 향상되고, 사용자 만족도도 높아집니다.

AI 에이전트도 마찬가지로, 사용자의 행동 데이터를 수집해 개선 방향을 찾아야 합니다. 특히, 결과물에 대해 신뢰도 점수나 설명 정보를 함께 제공하면, 사용자는 AI의 판단에 대해 더 높은 신뢰를 가질 수 있으며, 서비스의 투명성도 향상됩니다. 더 나아가, 사용자 피드백을 효과적으로 수집·반영하는 시스템이 갖춰진다면, 고객의 요구에 빠르게 대응하면서 충성도 높은 사용자 기반을 형성할 수 있습니다.

결국 선택받는 AI 에이전트는 기술적 완성도뿐만 아니라, 고객의 맥락과 데이터를 이해하고, 운영환경에 맞춰 작동하며, 지속적으로 개선되는 구조를 갖춘 에이전트입니다. 단순히 '잘 작동하는 AI'가 아니라, 고객이 "이 도구 없이는 일하기 어렵다"

고 느낄 수 있을 만큼 현장 중심적이고 실용적인 솔루션이 되어야 합니다.

기술적으로 풀어야 할 문제도 존재한다

AI 에이전트가 본격적으로 확산되기 위해서는 기술적 측면에서도 여러 과제가 해결되어야 합니다. 특히 에이전트가 기존 시스템과 자연스럽게 연결되고, 에이전트 간 정보 교환이 안전하게 이루어지며, 상호 거래가 자동으로 처리될 수 있는 기반이 마련되어야 합니다. 이 세 가지 조건이 갖춰질 때 비로소 에이전트 생태계가 본격적인 확장을 시작할 수 있습니다.

우선, AI 에이전트가 기존 정보시스템(기업의 전산망, 금융기관의 결제망 등)과 연결되어 데이터를 주고받기 위해서는 신원 인증 체계와 접근 권한 설정이 선행되어야 합니다. 인간은 아이디와 비밀번호로 시스템에 접속하지만, AI는 스스로를 'AI 자신'이라고 증명할 수 있어야 하며, 시스템은 그러한 AI에게 정당한 접근 권한을 부여할 수 있는 메커니즘을 갖춰야 합니다. 다시 말해, 특정 AI가 특정 시스템에 접근해 데이터를 가져가거나 처리 결과를 반영할 수 있으려면, 그 AI의 신원과 권한을 시스템이 인식하고 승인하는 구조가 필요합니다. 이러한 인증 체계는 단일 기업이 구축할 수 있는 수준을 넘어, 산업 전반에서 통용될 수 있는 공통 프로토콜과 신뢰 기반의 표준 마련이 필수적입니다.

다음으로, AI 에이전트 간 정보 교환이 활성화되면, 단순한 데이터 전송을 넘어 업무 처리에 대한 보상 구조, 즉 거래가 이루어져야 합니다. 예를 들어, 한 AI가 다른 AI에게 특정 작업을 의뢰하고 그에 대한 결과를 받는 경우, 결과에 따라 자동으로 비용을 지불하는 방식이 필요합니다. 이때 사람의 개입 없이 거래가 자동으로 처리되려면, 신뢰할 수 있는 디지털 결제 인프라가 함께 구축돼야 합니다.

이러한 환경을 구현하기 위한 대안 중 하나가 바로 블록체인과 스마트 콘트랙트입니다. 블록체인은 거래 기록을 분산된 방식으로 저장해 위·변조를 방지할 수 있으며, 스마트 콘트랙트는 특정 조건이 충족되었을 때 자동으로 실행되는 디지털 계약으로서, 사람 없이도 약속된 거래가 진행되도록 지원합니다. 또한, AI 간 거래는 단위가 작고 빈도가 높은 특성이 있기 때문에, 전통적인 금융 시스템보다는 암호화폐 기반의 결제 수단이 훨씬 효율적일 수 있습니다.

결국 AI 에이전트 시장이 본격적으로 성장하려면, 다음 세 가지 기술적 기반이 필수적으로 마련되어야 합니다. 첫째, AI와 기존 시스템을 연결할 수 있는 공통 프로토콜, 둘째, AI의 신원을 증명하고 권한을 부여할 수 있는 보안 및 인증 체계, 셋째, 자동화된 거래를 처리할 수 있는 신뢰 기반 결제 인프라입니다. 이 세 가지는 단기간에 완성되기 어렵고, 관련 업계와 기술 기업, 규제 기관의 협력이 필수적인 영역입니다. 다만, 이미 일부 기업과 기관에서는 이와 유사한 구조를 테스트하거나 부분적으로 도입하고 있으며, 실제 구현 사례가 늘어나면서 실효성과 신뢰성이 입증된다면, 시장의 전반적 확산 속도도 한층 빨라질 가능성이 있습니다.

한편, 기술적 연동이 완전히 구축되지 않더라도, 기존 디지털 서비스 안에 AI 에이전트 기능을 일부 적용하는 방식은 이미 실현 가능한 단계에 이르렀습니다. 예를 들어, 온라인 쇼핑몰이나 메신저 앱에 AI 기능을 통합하는 것은 비교적 단순한 작업이며, 플랫폼 운영 측에서 내부 시스템 접근을 허용하면 곧바로 구현할 수 있습니다. 그러나 이러한 방식은 기존 기능의 '확장'에 가깝기 때문에, 완전히 새로운 사용자 경험을 제공한다기보다는 편의성 향상에 초점을 맞추게 됩니다.

반면, 독립된 형태의 AI 에이전트 서비스는 기존의 앱이나 웹서비스 구조를 넘어서는 새로운 디지털 환경을 설계하는 접근이 될 수 있습니다. 이는 과거 웹이 모바일 앱 중심으로 재편된 것처럼, 디지털 서비스의 본질적 전환을 이끌 수 있는 변화 요인이 될 수 있습니다. 따라서 AI 에이전트가 미래의 주류 기술로 자리 잡기 위해서는 단지 기능을 추가하는 수준을 넘어, 기술적 기반과 생태계 전반을 고려한 장기적 관점의 설계가 병행되어야 합니다.

05.
온디바이스 AI와
사물인터넷(IoT)

생성형 인공지능이 확장되는 중요한 방향성 중 하나가 바로 사물인터넷(IoT)입니다. 지금까지의 IoT는 인터넷 연결을 전제로 운영되었습니다. 기기가 데이터를 수집하고 이를 클라우드에 전송한 뒤, 분석된 데이터를 다시 기기로 전달받는 구조였습니다. 이 과정이 복잡하다 보니 데이터 전송 및 처리 비용이 증가하고, 전체적인 효율성이 낮아지는 문제가 있었습니다. 제공되는 가치에 비해 비용 부담이 커지면서 IoT의 실질적인 도입 효과가 제한적이었던 것입니다.

　　그런데 중국의 스타트업 딥시크(DeepSeek)가 개발한 설치형 방식으로 온디바이스 AI가 주목받고 있습니다. 온디바이스 AI는 인터넷 연결 없이 기기 자체에서 AI 모델이 작동하는 환경을 제공합니다. 즉, 클라우드를 거치지 않고 기기 내에서 데이터를 직접 처리할 수 있기 때문에 속도가 빨라지고 보안이 강화되며, 운영 비용이 감소하는 효과를 기대할 수 있습니다. 온디바이스 AI는 IoT의 복잡성을 낮추고, 운영 비용을 절감하며, 빠르고 안정적인 서비스를 제공하는 데 중요한 역할을 할 것입니다.

온디바이스 AI와 사물인터넷(IoT)

딥시크(DeepSeek)는 중국의 헤지펀드 운용사 하이플라이어 (High Flyer)가 설립한 스타트업으로, 최근 오픈소스로 공개한 R1 추론 모델을 통해 업계의 큰 주목을 받고 있습니다. R1 모델은 저비용·고성능이라는 기술적 강점뿐만 아니라, 오픈소스 기반 의 설치형 인공지능(AI) 버전이라는 점에서 특히 주목할 필요가 있습니다. 설치형 AI는 클라우드가 아닌 로컬 환경에서 직접 작 동하도록 설계된 방식으로, 사용자가 별도의 서버 연결 없이 자 신의 기기에서 AI 기능을 실행할 수 있도록 해줍니다. 이러한 변화는 '온디바이스 AI(On-Device AI)' 시대의 도래를 알리는 신 호탄이라 할 수 있으며, AI 기술의 배포 방식뿐만 아니라 활용 구조와 시장 생태계 전반에 걸쳐 큰 변화를 예고하고 있습니다.

온디바이스 AI의 시대가 열리다

그동안 인공지능(AI)을 사용하려면 인터넷에 접속해 클라우드 기반의 서비스를 호출하는 방식이 일반적이었습니다. 챗GPT나 구글의 생성형 AI처럼, 대부분의 AI 서비스는 서버에서 연산을 수행하고 결과를 사용자에게 전달하는 구조를 기반으로 합니다. 하지만 최근 딥시크(DeepSeek)가 AI 기술을 오픈소스로 공개하면서, 소규모 서버나 스마트폰, 태블릿, 가전제품 등 다양한 전자기기에 AI를 직접 설치해 작동시킬 수 있는 가능성이 열리기 시작했습니다. 사용자는 AI를 실행할 때마다 별도의 비용을 지불하지 않아도 되고, 민감한 데이터를 외부 서버로 전송하지 않아도 되며, 자신이 사용하는 기기 내에서 AI 기능을 바로 활용할 수 있습니다.

특히 이 같은 설치형 인공지능 기술은 사물인터넷(IoT) 기기에도 큰 영향을 미칠 것으로 보입니다. 인터넷 연결이 없어도 AI가 기기 내에서 독립적으로 작동할 수 있기 때문에, 앞으로는 IoT 기기들이 더욱 똑똑해지고 반응 속도도 빨라질 것입니다. 딥시크의 사례처럼 설치형 AI가 보편화된다면, AI 서비스는 더욱 저렴하고 신속해지며, 데이터 유출 가능성도 줄어들어 보안성 역시 강화될 것입니다. 온디바이스 AI는 결과적으로 AI 기술의 접근성을 높이고, 다양한 산업 분야에서 새로운 서비스 구조와 비즈니스 모델을 탄생시킬 수 있는 기회로 작용할 것입니다.

인터넷 없이도 사용할 수 있는 AI

지금까지 대부분의 인공지능(AI) 서비스는 인터넷 연결을 전제로 작동했습니다. 스마트폰에서 음성 명령을 내리거나, AI 번역 서비스를 이용할 때, 사용자의 요청은 네트워크를 통해 클라우드 서버로 전송되고, 서버에서 연산된 결과가 다시 기기로 전달되는 방식이었습니다. 이러한 클라우드 기반 AI는 뛰어난 성능을 제공하지만, 네트워크 연결이 필수적이며, 데이터 전송 과정에서 발생할 수 있는 보안 및 개인정보 보호 문제는 지속적인 우려로 제기되어 왔습니다.

이러한 한계를 보완하는 기술로 주목받고 있는 것이 바로 온디바이스 AI(On-Device AI)입니다. 온디바이스 AI는 클라우드 서버를 거치지 않고, AI 연산을 스마트폰, 태블릿, 노트북과 같은 사용자의 기기 내부에서 직접 수행합니다. 즉, 인터넷에 연결되지 않은 상태에서도 AI 기능이 작동할 수 있다는 점에서, 보다 자율적이고 안정적인 기술 구조를 가능하게 합니다.

이 기술이 보편화되면, 우리의 일상 속 다양한 스마트 기기들이 지금보다 훨씬 더 똑똑하고 민첩하게 작동할 수 있습니다. 예를 들어, 냉장고가 인터넷 연결 없이도 내부 온도와 식품 상태를 분석하고, 에어컨이 사용자의 생활 패턴을 학습해 스스로 온도를 조절할 수 있습니다. 공장에서는 생산 라인에 설치된 센서가 AI를 내장한 채 실시간으로 불량품을 감지하고 즉각적인 조치를 취하는 자동화 시스템이 구축될 수 있습니다. 이처럼 AI가 기기 내부에서 작동하면, 네트워크가 불안정하거나 단절된 환경에서도 안정적인 성능을 유지할 수 있다는 점에서 활용 영역이 크게 확장될 가능성이 있습니다.

또한, 온디바이스 AI는 데이터 보안 측면에서도 뚜렷한 강점을 가집니다. 클라우드 기반 AI는 개인이나 기업의 데이터를 외부 서버로 전송해 처리하기 때문에 정보 유출이나 해킹의 위험이 따르지만, 온디바이스 AI는 모든 연산을 기기 내부에서 처리하기 때문에 외부 유출 가능성이 현저히 낮아집니다.

AI, 누구나 활용할 수 있는 기술이 된다

지금까지 인공지능(AI)은 오픈AI, 구글, 마이크로소프트(MS)와 같은 일부 글로벌 대기업만이 다룰 수 있는 고난도의 기술로 여겨져 왔습니다. 그 이유는 AI 모델을 직접 개발하고 활용하려면 방대한 데이터를 저장하고 처리할 수 있는 초고성능 서버와 고가의 그래픽 처리 장치(GPU)가 필수적이었기 때문입니다. 이처럼 높은 초기 투자 비용은 중소기업이나 개인이 AI에 접근하기 어렵게 만드는 대표적인 진입 장벽이었습니다.

하지만 딥시크(DeepSeek)가 촉발한 변화는 AI 기술의 보급 속도를 획기적으로 앞당길 가능성을 보여줍니다. 대형 클라우드 서버 없이도 비교적 저렴한 하드웨어에서 AI를 실행할 수 있게 되면서, 이제는 중소기업이나 스타트업도 비용과 인프라 부담 없이 AI 기반 제품과 서비스를 개발할 수 있는 환경이 조성되고 있습니다. 이는 단순한 비용 절감 그 이상으로, 기술 자립성과 개발 유연성까지 함께 확보할 수 있다는 점에서 의미가 큽니다.

또한 AI가 보다 저렴한 비용으로 구동 가능해졌다는 것은, 다양한 사물인터넷(IoT) 기기에도 손쉽게 AI 기능을 내장할 수 있음을 의미합니다. 예를 들어, 냉장고가 사용자의 식품 소비 패턴을 분석해 맞춤형 식단을 제안하거나, 조명이 생활 습관을 학습해 자동으로 밝기와 색온도를 조절하는 기능을 탑재하는 것이 현실화되고 있습니다.

맞춤형 AI, 접근성을 낮추다

기존의 클라우드 기반 AI 서비스는 정해진 기능과 사용 방식에 따라 제공되었기 때문에, 사용자가 원하는 대로 모델을 조정하거나 수정하기가 어려웠습니다. 하지만 딥시크(DeepSeek)와 같은 오픈소스 기반 설치형 AI 모델이 공개되면서, 누구나 소스 코드를 직접 살펴보고 필요한 부분만 최적화할 수 있는 유연성이 확보되었습니다.

설치형 AI의 가장 큰 장점은, 개발자가 AI의 내부 구조에 직접 접근해 환경에 맞는 최적화를 수행할 수 있다는 점입니다. 기존 AI 서비스는 제공되는 기능 안에서만 활용할 수 있었지만,

이제는 산업별 요구사항이나 특정 업무 환경에 맞춰 AI 모델 자체를 수정·조정할 수 있는 '커스터마이징'이 가능해졌습니다. 이는 곧 AI 기술이 일부 대기업의 독점적 도구에서 벗어나, 보다 많은 기업과 개인이 손쉽게 접근하고 활용할 수 있는 기술로 확산되고 있음을 의미합니다.

특히 설치형 AI는 온디바이스 AI 기술과 결합될 때, 사물인터넷(IoT) 시장에 새로운 성장 모멘텀을 제공할 수 있습니다. 독립적으로 작동하는 AI가 IoT 기기 내부에 내장되면, 클라우드 의존도를 줄이면서도 현장 중심의 지능화된 서비스가 가능해지기 때문입니다. 이러한 변화를 이해하기 위해서는, 기존 사물인터넷 비즈니스 모델이 어떻게 작동해왔는지를 먼저 살펴볼 필요가 있습니다.

사물인터넷(IoT) 비즈니스모델

턱걸이 바에 센서를 부착해 운동량을 측정하는 것이 필요할까요? 샌드백에 센서를 넣어 펀치의 강도를 측정하는 건 어떨까요? 이런 질문을 받으면 '괜찮은데?'라는 긍정적인 반응과 '굳이 그렇게까지 해야 할까?'라는 의문이 엇갈릴 수 있습니다. 그렇다면 추운 겨울, 집에 들어가기 30분 전에 스마트폰으로 보일러를 켜는 것, 혼자 사는 집에 도착하기 직전 자동으로 조명이 켜지는 것에 대해서는 어떨까요? 정도의 차이만 있을 뿐, 사물인터넷(IoT)은 이미 우리의 생활 속 깊숙이 들어와 있습니다.

사물이 인터넷에 연결된다는 것은 단순한 통신 기능을 넘어서, 사용자 맞춤형 서비스로 확장될 수 있는 가능성을 의미합니다. 사람과 사람을 연결한 소셜미디어, 오프라인과 온라인을 연결한 O2O 서비스, 그리고 기계와 기계를 연결하는 IoT 기술까지. 이처럼 기술의 연결 범위가 확장되면서 시간과 공간의 제약을 줄이고, 완전히 새로운 사용자 경험과 비즈니스 기회를 창출하고 있습니다.

불과 20년 전만 해도 하드웨어 기업과 소프트웨어 기업은 서로 다른 시장에서 경쟁하며 각자의 영역을 지켜왔습니다. 하지만 아이폰의 등장을 기점으로, 고속 네트워크와 소셜 플랫폼의 발전은 업종 간 경계를 허물고 기술 융합을 가속화시켰습니다. 그 결과 웨어러블 디바이스, IoT, M2M(사물지능통신), O2O(Online to Offline) 등 다양한 기술이 사람과 사물, 그리고 사물 간 연결을 일상화하고 있습니다.

모든 것이 연결되는 환경에서는 단순한 제품 판매를 넘어, 데이터와 서비스 중심의 새로운 수익 모델이 등장하게 됩니다. 방대한 데이터가 기기와 기기 사이에서 실시간으로 오가고, 이를 기반으로 한 맞춤형 경험이 소비자에게 제공되면서, 기업은 전통적인 판매 수익 외에도 지속적인 데이터 기반 수익을 창출할 수 있습니다.

예를 들어 삼성전자가 출시한 '큐커'는 에어프라이어, 직화

그릴, 토스터, 전자레인지 기능을 통합한 올인원 주방가전입니다. 과거에는 이러한 제품을 판매하고 A/S를 제공하는 방식으로 수익을 얻었다면, 큐커는 식품기업과의 협업을 통해 서비스 중심의 새로운 비즈니스 모델을 구축했습니다.

소비자는 밀키트나 가정간편식(가간식)을 일정 금액 이상 정기 구매한다는 조건 하에, 큐커를 거의 무료로 받을 수 있습니다. 또한, 큐커 전용 식품의 포장지에 있는 QR코드를 스마트폰으로 스캔하면, 요리 정보가 자동으로 기기에 전송되어 조리 과정이 자동으로 설정됩니다. 사용자는 손쉽게 요리를 완성할 수 있고, 삼성전자는 소비자의 사용 데이터를 기반으로 맞춤형 식품 추천을 제공할 수 있습니다. 다이어트 식단을 자주 찾는 사용자에게는 저칼로리 식품을, 집에 머무는 시간이 많은 사용자에게는 간편식을 제안하는 식입니다.

이처럼 제품 판매를 넘어, 기기에서 발생하는 데이터를 기반으로 한 맞춤형 서비스와 연계 소비가 비즈니스 모델의 핵심이 되고 있습니다. IoT가 단순한 연결 기술을 넘어 지속적 수익을 창출하는 플랫폼으로 진화하고 있음을 보여주는 사례라 할 수 있습니다.

온디바이스 AI와 비즈니스 모델 전환

삼성전자의 큐커 사례는 사물인터넷(IoT)이 단순히 기기를 연결하는 기술을 넘어, 사용자의 일상에 밀착된 경험을 제공하고, 반복적인 소비를 유도하는 새로운 수익 모델로 발전하고 있음을 보여줍니다. 그러나 기존의 IoT 비즈니스 모델은 대부분 클라우드에 의존하고 있어, 비용·속도·보안 측면에서 한계를 안고 있습니다.

이러한 구조적 문제를 해결할 수 있는 대안 중 하나가 바로 설치형 AI를 기반으로 한 온디바이스 환경입니다. 설치형 AI는 데이터를 클라우드로 전송하지 않고, 기기 자체에서 AI 연산을 수행하도록 설계되어 있어, 네트워크 연결 없이도 독립적으로 작동할 수 있습니다. 이를 통해 기업은 서버 운영 비용을 절감할 수 있고, 소비자는 별도 요금 없이 AI 기능을 지속적으로 활용할 수 있는 구조가 만들어집니다.

또한, 클라우드 기반 IoT에서 자주 제기되는 개인정보 유출 우려 역시 완화됩니다. 클라우드 시스템은 사용자 데이터를 외부 서버로 전송하는 과정에서 보안 취약점이 발생할 수 있지만, 설치형 AI는 모든 데이터를 기기 내부에서 직접 분석·처리하기 때문에, 데이터 유출 가능성이 대폭 낮아집니다. 예를 들어, 스마트 헬스케어 기기가 사용자의 건강 데이터를 외부로 보내지 않고 기기 내에서 분석해 건강 솔루션을 제공한다면, 개인 정보 보호는 물론 실시간 반응성도 함께 확보할 수 있습니다.

설치형 AI는 맞춤형 서비스의 정밀도도 한층 높여줍니다. 클라우드 기반 AI는 대규모 데이터 분석에는 유리하지만, 개별 사용자의 특성을 반영한 실시간 피드백에는 한계가 있었습니다. 반면, 설치형 AI는 사용자의 행동 패턴과 선호도를 기기 내에서 지속적으로 학습할 수 있기 때문에, 보다 정교하고 개인화된 서비스를 제공합니다. 예를 들어, 사용자가 자주 요리하는 메뉴를 분석해 자동으로 최적의 조리 온도와 시간을 설정하거나, 자주 사용하는 재료에 맞춰 새로운 레시피를 추천하는 기능도 가능해집니다. 이는 단순한 편의성 향상을 넘어, 사용자 맞춤형 제안을 통한 추가 수익 창출로 이어질 수 있습니다.

물론, 설치형 AI가 등장했다고 해서 클라우드 AI가 완전히 대체되는 것은 아닙니다. 오히려 두 기술이 서로의 장점을 보완하는 하이브리드 모델이 IoT의 미래를 이끌게 될 것입니다. 설치형 AI는 실시간 데이터 처리와 즉각적인 사용자 반응에 특화되고, 클라우드 AI는 대규모 데이터 축적, 장기적 패턴 분석, 모델 업데이트 등 거시적 관점의 역할을 담당하게 될 것입니다. 이처럼 두 방식의 조화는 지능형 기기의 성능을 극대화하고, IoT 서비스의 확장성과 안정성을 동시에 확보할 수 있는 핵심 전략이 될 것입니다.

다양한 비즈니스 모델이 만들어진다!

　설치형 AI의 확산은 기업들에게 새로운 제품과 수익 모델을 설계할 수 있는 기회를 제공합니다. 기존 클라우드 기반 AI는 주로 구독형 과금 방식이었지만, 설치형 AI는 기기 구매 또는 일회성 라이선스만으로도 지속적인 사용이 가능하기 때문에, 다양한 패키지 상품과 맞춤형 솔루션 개발이 용이해집니다.

　예를 들어, 가정용 기기 제조사는 스마트 스피커, AI 카메라, 음성 비서를 통합한 'AI 홈팩' 형태의 패키지 상품을 출시할 수 있습니다. 사용자는 별도 요금 없이 다양한 AI 기능을 한 번에 사용할 수 있고, 데이터가 외부로 전송되지 않기 때문에 프라이버시 측면에서도 매력적인 선택이 됩니다.

　기업 시장에서도 활용 가능성은 큽니다. 제조 현장에서는 AI가 실시간으로 데이터를 분석해 품질 검사나 설비 고장을 예측하는 자동화 솔루션이 가능하며, 의료 분야에서는 환자 데이터를 외부로 보내지 않고 영상 분석이나 진단 보조를 수행하는 AI 솔루션이 등장할 수 있습니다.

또한, 소프트웨어 기업들도 오프라인 기반의 AI 교육 프로그램, 중소기업용 AI 비서, 현장 맞춤형 분석 도구 등 다양한 응용 프로그램을 개발할 수 있습니다. 설치형 AI는 단지 기술의 변화에 그치지 않고, AI를 상품화하고 수익 모델을 재설계할 수 있는 전략적 도구로서 기업에게 새로운 시장을 열어주고 있습니다.

IoT, 제조업의 서비스화

사물인터넷(IoT) 기술은 제조, 농업, 에너지, 운송 등 다양한 산업 분야에서 활용되고 있습니다. 대표적인 사례 중 하나는 필립스가 2012년부터 출시한 스마트 조명 '휴(hue)'입니다. 사용자는 스마트폰 앱을 통해 전구의 작동, 색상, 밝기, 음영 등을 조절할 수 있으며, 단순히 어둠을 밝히는 기능을 넘어 공간에 개인의 취향과 감성을 표현하는 수단으로 진화했습니다. 이는 침체된 조명 시장에서 '조명의 서비스화'를 이끌어낸 사례로, 제조업이 제품 판매를 넘어 경험 중심의 서비스 모델로 전환된 대표적 예입니다.

필립스는 B2B 영역에서도 IoT 기반 서비스 모델을 확장하고 있습니다. 네덜란드 스키폴 공항과의 계약을 통해, 공항은 LED 전등을 '구매'하지 않고, 매달 사용료를 지불하는 방식으로 이용합니다. 전등의 소유권과 설치·유지보수는 모두 필립스가 책임지며, 고객은 제품이 아닌 '조명 환경'을 서비스로 제공받는 구조입니다. 이는 제조업이 하드웨어 중심에서 벗어나 운영과 유지까지 아우르는 통합 서비스 모델로 나아가고 있음을 보여줍니다.

또 다른 사례로 브릿지스톤은 타이어에 내장된 센서를 통해 노면 상태를 파악하는 'CAIS' 기술을 개발해, 이를 일본 고속도로 관리업체 Nexco Engineering 홋카이도에 공급하고 있습니다. 단순한 타이어 판매에서 벗어나, 주행 중 수집되는 데이터를 활용한 운행 최적화 서비스로 전환하고 있는 것입니다. 제품 중심의 비즈니스에서, 데이터 기반의 유지보수 및 효율 개선 솔루션으로 확장하는 방향입니다.

이러한 변화는 인공지능(AI) 기술의 결합을 통해 한층 더 고도화될 수 있습니다. 지금까지는 센서가 수집한 데이터를 클라우드로 전송하고, 정해진 알고리즘에 따라 반응하는 수준이었다면, 앞으로는 AI가 실시간으로 데이터를 해석하고, 사용자 맞춤형 판단을 내리는 단계로 진화하고 있습니다. 예를 들어, AI가 사용자의 생체 리듬과 감정 상태를 분석해 조명의 색온도나 밝기를 자동 조절함으로써, 피로 회복이나 심리적 안정에 기여하는 정교한 서비스가 가능해집니다. 이는 더 이상 '전등을 파는 사업'이 아니라, 사용자의 생활 품질을 직접 관리하는 서비스 산업으로 확장되고 있는 것입니다.

앞으로의 IoT 서비스는 더 높은 수준의 개인화, 실시간 학습, 사전 예방적 유지보수 기능을 포함해, 사용자가 원하는 가치를 더 정확하게 예측하고 제공하는 방향으로 발전할 것입니다. 이러한 변화는 제조업의 패러다임 자체를 바꾸고 있습니다. 단순한 제품 판매에서 벗어나, 데이터와 AI를 기반으로 지속적인 가치를 창출하고 고객 만족을 극대화하는 '서비스 기반 제조업'으로 재편되는 흐름 속에서, AI는 핵심적인 역할을 하게 될 것입니다.

어떤 수익모델들이 가능해지는가?

온디바이스(On-Device) AI와 IoT가 결합되면, 기기 간 연결성과 자율성이 강화되면서 생태계(Ecosystem) 기반의 수익 모델이 현실화됩니다. 각 기기가 네트워크 상황에 상관없이 스스로 작동하고 판단할 수 있기 때문에, 여러 기기가 정보를 공유하고 유기적으로 협업하는 구조를 만들기 쉬워집니다.

예를 들어, 스마트홈 환경에서는 냉장고, 세탁기, 로봇청소기, 조명 등이 온디바이스 AI를 탑재해 서로의 데이터를 공유하며 작동할 수 있습니다. 로봇청소기가 청소를 시작하면 실내 공기질 변화에 맞춰 공기청정기가 자동으로 작동하고, 사람이 없는 방의 조명이 꺼지는 식입니다. 이런 생태계가 확장되면 기업은 제휴사로부터 생태계 사용료나 소프트웨어 라이선스 수수료를 통해 새로운 수익을 창출할 수 있습니다.

두 번째로는 고급 기능의 유료화 모델입니다. 기본 기능은 무료로 제공하되, 온디바이스 AI가 사용자의 행동 데이터를 학습해 맞춤형 기능을 제안하는 방식입니다. 예를 들어, 러닝머신이 심박수와 페달 회전수 데이터를 바탕으로 사용자 맞춤형 트레이닝 프로그램을 제공하고, 이를 유료 구독 형태로 운영할 수 있습니다. 기업은 기기 판매 외에도 반복적인 수익을 확보할 수 있습니다.

세 번째로는 개인화된 광고 및 중개수수료 모델입니다. 온디바이스 AI가 사용자 데이터를 로컬에서 분석해 외부 서버로 전송하지 않고도 개인 맞춤형 추천을 수행할 수 있기 때문에, 보안 우려를 줄이면서도 광고의 정밀도를 높일 수 있습니다. 예를 들어, 커피머신이 사용자의 소비 패턴을 학습해 특정 시간에 새로운 원두나 디저트를 추천하고, 구매가 이루어질 경우 제조사가 제휴사로부터 광고비나 판매 수수료를 받을 수 있습니다. 사용자는 자신에게 적합한 제안을 받는 경험을 통해 광고에 대한 만족도도 높일 수 있습니다.

이처럼 온디바이스 AI는 기기의 기능 고도화뿐 아니라, 서비스형 상품화와 지속 가능한 수익 모델 확장을 가능하게 하는 핵심 기술 기반으로 작용하고 있습니다.

온디바이스 기반의 초개인화와 생태계 확장

온디바이스 AI와 IoT의 결합은 초개인화된 서비스의 실현을 더욱 가속화할 것입니다. 예를 들어, 스마트 헬스케어 기기가 온디바이스 AI를 탑재하면, 사용자의 실시간 심박수나 수면 상태를 즉시 분석하고 개인 맞춤형 운동·식단 계획을 기기 내에서 직접 제안할 수 있습니다. 기존에는 이 같은 분석이 클라우드에서 이루어졌기 때문에 개인정보 노출 위험과 응답 지연의 문제가 있었지만, 온디바이스 AI는 빠른 반응과 함께 고도화된 피드백을 제공합니다.

또한, AI가 장기적인 건강 상태와 생활 습관을 지속적으로 학습함에 따라 개인 맞춤형 건강 코칭이 가능해지고, 이는 프리미엄 헬스케어 구독 서비스 같은 새로운 형태의 비즈니스 모델로 이어질 수 있습니다. 사용자 입장에서는 고도화된 개인 서비스를 누릴 수 있고, 기업은 지속적인 수익을 창출할 수 있는 기반을 마련하게 됩니다.

이러한 변화는 일상 속 다양한 기기 간 상호작용으로도 확장될 수 있습니다. 예를 들어, 온디바이스 AI가 탑재된 냉장고가 "우유가 곧 상할 것 같아요"라고 판단하면, 해당 정보는 스피커로 전달되어 "오늘 마시는 게 좋겠어요"라는 음성 알림으로 이어집니다. 사용자는 직접 조작하지 않아도, 기기 간 협업을 통해 더 편리하고 자연스러운 생활 환경을 경험하게 되는 것입니다.

이처럼 각 기기가 데이터를 스스로 해석하고 판단하며 상호
작용하는 분산형 AI 네트워크가 원활하게 작동하기 위해서는
기기 간의 호환성과 연결성 확보가 전제 조건입니다. 이를 실현
하기 위해서는 IoT 생태계의 표준화가 필수적이며, 현재 이 분
야에서 가장 주목받고 있는 프로토콜이 바로 '매터(Matter)'입니
다. 매터는 구글, 애플, 아마존 등 글로벌 IT 기업들이 공동 개
발한 스마트홈 기기 표준 프로토콜로, 브랜드나 제조사와 관계
없이 다양한 IoT 기기들이 하나의 생태계 내에서 자유롭게 연
결되고 작동할 수 있도록 지원합니다.

이러한 표준화는 소비자와 기업 모두에게 이점을 제공합니
다. 소비자는 다양한 브랜드의 IoT 기기를 자유롭게 조합해 자
신에게 맞는 스마트홈 환경을 구성할 수 있고, 기업은 기존 생태
계와의 호환성을 확보한 상태에서 새로운 제품과 서비스를 보
다 빠르게 시장에 선보일 수 있습니다. 나아가, 표준화된 플랫폼
을 통해 기업들은 보다 유연하게 새로운 서비스 모델을 도입하
고, 에코시스템 중심의 비즈니스 전략을 전개할 수 있게 됩니다.

하드웨어를 넘어, 소프트웨어가 수익을 만든다

온디바이스 AI가 확산되면, 수익의 중심축이 하드웨어에서
소프트웨어와 데이터 기반 서비스로 옮겨가게 됩니다. 기기는
기본적인 플랫폼 역할을 수행하고, 실제 수익은 소프트웨어 기

능 강화와 데이터 활용을 통해 발생하게 되는 구조입니다.

이러한 변화는 테슬라의 자율주행 모델에서 잘 드러납니다. 테슬라는 차량에 새로운 하드웨어를 추가하지 않고도 소프트웨어 업데이트만으로 자율주행 기능을 지속적으로 개선해 왔습니다. 도로에서 축적된 데이터를 기반으로 AI는 계속 학습하고, 소프트웨어는 점차 정교해지면서 완전 자율주행 서비스로 진화하고 있습니다.

테슬라는 기본 자율주행 기능은 무료로 제공하지만, 고급 기능인 FSD(완전 자율주행)는 구독 또는 일시 결제 모델로 운영합니다. 이처럼 기능을 계층화해 무료와 유료 서비스를 분리하고, 고도화된 기능을 지속적으로 판매하는 방식은 온디바이스 AI가 적용된 IoT 기기에도 충분히 확장 가능합니다. 예를 들어, 스마트워치에서 기본 건강 모니터링은 무료로 제공하되, AI가 학습한 데이터를 기반으로 맞춤형 운동 코칭 서비스를 유료로 제공하는 모델이 그것입니다.

기존 하드웨어 중심의 모델에서는 성능을 개선하려면 센서나 부품을 교체해야 하는 물리적 한계가 존재했지만, 온디바이스 AI는 소프트웨어 업데이트만으로 성능 향상이 가능하기 때문에 제조 원가와 감가상각 부담을 줄이고, 기기의 수명도 연장할 수 있습니다. 이는 기업에는 수익성 향상을, 소비자에게는 장기 사용의 효용을 제공하는 윈윈 구조를 만들어냅니다.

더 나아가, 온디바이스 AI와 IoT가 결합해 생태계가 형성되면 고객 락인 효과는 더욱 강력해집니다. 애플이 iOS 생태계를 통해 사용자 이탈을 막는 것처럼, 특정 브랜드의 스마트홈 기기, 로봇청소기, 공기청정기 등이 유기적으로 연결되어 있을 경우, 소비자는 다른 브랜드로 쉽게 전환하기 어려운 구조에 머무르게 됩니다.

결국 온디바이스 AI와 IoT가 결합된 환경에서의 핵심 수익원은 하드웨어 판매가 아니라, 소프트웨어와 데이터 기반의 반복적 수익 구조입니다. 기기는 생태계를 구성하는 시작점이며, 실질적인 수익은 구독 모델, 유료 기능, 맞춤형 서비스, 데이터 기반 광고 등에서 창출됩니다. 따라서 기업은 하드웨어와 소프트웨어를 함께 통제할 수 있는 역량이 필요하며, 하드웨어를 통해 기반을 마련하고, 소프트웨어로 지속적인 개선과 고급 기능을 제공함으로써 장기적인 경쟁 우위를 확보할 수 있습니다.

데이터 독점이 만드는 전략적 우위

온디바이스 AI와 IoT가 결합하면, 데이터 수집 방식과 활용 범위에서도 새로운 경쟁 우위가 만들어집니다. 특히 온디바이스 AI는 클라우드를 거치지 않고 기기 내부에서 데이터를 처리하기 때문에, 기기 제조사나 서비스 제공자가 고객의 실시간 행동 데이터와 사용 패턴을 독점적으로 확보할 수 있는 구조가 됩니다.

이렇게 축적된 독점적 데이터는 단순한 사용자 통계나 트렌드 분석을 넘어, 정교한 개인 맞춤형 서비스로 직결됩니다. 예를 들어, 특정 시간대에 심박수가 지속적으로 상승하면 건강 보조제를 제안하거나, 운동 패턴이 일정하게 반복될 경우 관련 스마트 기기를 추천할 수 있습니다. 이러한 서비스는 사용자 입장에서 불필요한 정보 대신 실질적으로 도움이 되는 제안으로 인식되며, 기업 입장에서는 고객 만족도 향상과 재구매 유도로 이어집니다.

이처럼 온디바이스 AI는 단순히 하드웨어를 판매하거나 구독형 서비스를 운영하는 데 그치지 않고, 기업이 독점적으로 확보한 데이터 자산을 기반으로 지속적인 부가가치를 창출할 수 있게 합니다. 고객 데이터에 대한 높은 이해도는 더 정밀한 서비스 개발로 이어지고, 이는 곧 브랜드 충성도와 고객 락인 효과로 연결됩니다.

결국, 온디바이스 AI는 데이터 독점을 통해 기업의 장기적인 경쟁 우위를 가능하게 하는 전략적 도구가 됩니다. 단기적 수익 창출을 넘어, 기업은 독점 데이터 기반의 맞춤형 서비스 제공을 통해 지속적인 고객 접점 유지와 수익성 개선이라는 두 마리 토끼를 잡을 수 있게 되는 것입니다.

06.
멀티모달 기술과
동영상 생성 AI,
그리고 메타버스

생성형 인공지능(Generative AI)은 메타버스(Metaverse) 시장에 직접적인 영향을 줄 수 있습니다. 메타버스는 텍스트, 이미지, 영상, 3D 오브젝트, 음성 등 다양한 형태(모달리티)의 데이터를 하나의 가상 공간에서 다루기 때문에, 이를 처리할 수 있는 멀티모달(Multimodal) 기술이 중요한 역할을 합니다.

　멀티모달 AI는 메타버스 내에서 콘텐츠 제작 방식의 혁신을 이끌 뿐만 아니라, 사용자 경험의 질적 향상을 가져올 것입니다. AI가 생성한 자연스러운 캐릭터와 대화, 세밀한 배경 설정, 고품질 오디오 효과 등이 더해지면서 메타버스는 단순한 가상 공간이 아닌 현실에 가까운 몰입형 세계로 진화할 것입니다. 이처럼 생성형 인공지능은 메타버스 산업의 성장을 가속화하고, 사용자 경험을 한 차원 높은 수준으로 끌어올리는 핵심 동력이 될 것입니다.

멀티모달 기술과 동영상 생성

인공지능(AI)이 텍스트를 생성하고 이미지를 만들어내는 단계를 넘어, 이제는 동영상을 직접 제작하는 시대가 열리고 있습니다. 과거에는 영상 콘텐츠를 제작하려면 기획, 촬영, 편집 등 복잡한 과정을 거쳐야 했고, 고가의 장비와 전문 기술이 필수적이었습니다. 그러나 최근 동영상 생성 AI 기술이 빠르게 발전하면서, 누구나 손쉽게 고품질의 영상 콘텐츠를 제작할 수 있는 환경이 마련되고 있습니다. 특히, 텍스트·이미지·음성·영상 데이터를 동시에 이해하고 처리할 수 있는 멀티모달 AI(Multimodal AI) 기술의 고도화는 영상 생성의 가능성을 한층 넓히고 있습니다. 이 기술을 통해 AI는 다양한 유형의 데이터를 결합하고 해석하여, 보다 자연스럽고 몰입감 있는 동영상을 자동으로 만들어낼 수 있게 되었습니다.

영상 생성 AI, 무엇이 더 어려운가?

동영상을 생성하는 것은 텍스트를 생성하거나 한 장의 이미지를 만드는 것보다 훨씬 더 복잡한 과정을 요구합니다. 영상은 시간 축(temporal dimension)을 기반으로 움직이는 콘텐츠이기 때문에, 각 프레임(이미지)을 자연스럽게 이어 붙이려면 매 순간의 상태를 정확히 예측하고, 그 변화가 부드럽게 연결되도록 설계해야 합니다. 이를 위해서는 고도의 계산 능력과 정교한 추론 과정이 필수적입니다.

영상 생성의 원리는 일종의 애니메이션 제작과 유사합니다. 예를 들어, AI가 걷는 캐릭터를 만들어야 한다고 가정해 보겠습니다. 첫 프레임에서는 한쪽 다리를 든 모습, 중간 프레임에서는 다리를 내딛는 동작, 마지막 프레임에서는 완전히 걸음을 마친 모습을 생성해야 합니다. 그러나 이 세 장의 프레임만으로는 움직임이 뚝뚝 끊어져 보일 수 있습니다. 따라서 각 프레임 사이의 미세한 움직임을 연결해 주는 중간 프레임(interpolated frames)이 추가되어야, 캐릭터의 동작이 자연스럽고 일관되게 표현됩니다.

게다가 동영상은 단순한 이미지의 연속이 아닙니다. 자막이나 내레이션 같은 텍스트, 대사·음악 등 음성, 시각적 배경과 동작(모션)까지 다양한 요소가 함께 어우러지는 복합 멀티모달 콘텐츠입니다. 따라서 영상 생성 AI가 현실감 있고 몰입도 높은 결과물을 만들어내기 위해서는, 단순한 이미지 생성 능력을 넘어서 텍스트, 오디오, 비주얼 요소가 유기적으로 조화를 이루는 기술적 통합이 반드시 뒷받침되어야 합니다.

멀티모달 AI가 영상 생성의 핵심인 이유

앞서 설명한 것처럼, 동영상은 다양한 정보 유형이 결합된 복합 콘텐츠입니다. 이처럼 텍스트, 이미지, 음성 등 서로 다른 데이터들을 동시에 이해하고 연결해야 하기 때문에, 멀티모달 AI(Multimodal AI) 기술은 영상 생성에 있어 핵심적인 역할을 합니다.

여기서 '모달(modal)'은 정보를 전달하는 방식, 즉 정보의 표현 수단을 의미합니다. 예를 들어, 텍스트는 문자를 통한 정보 전달 방식이고, 음성은 소리를 통해, 이미지는 시각적 요소를 통해 정보를 전달하는 모달입니다. 반면, '멀티모달(Multimodal)'은 이러한 서로 다른 여러 모달을 동시에 처리하고 융합하는 기술을 뜻합니다.

멀티모달 AI는 이러한 다양한 정보 유형을 통합적으로 분석하고 생성할 수 있기 때문에, 영상 속 대사와 캐릭터의 입 모양을 정확히 일치시키거나, 장면의 분위기에 어울리는 배경 음악과 효과음을 적절히 삽입하는 등 정교한 표현을 구현할 수 있습니다. 단일 모달 기반 AI로는 어려운 '콘텐츠 간의 타이밍과 맥락의 동기화'가 가능해지는 것입니다.

결과적으로, 동영상 생성에서 멀티모달 AI는 콘텐츠 구성 요소 간의 자연스러운 연결과 몰입감 있는 표현을 실현하는 데 반드시 필요한 기술적 기반입니다. 대본, 음향, 이미지, 영상 요소를 각각 따로 처리하는 방식으로는 구현하기 어려운 복합적이고 역동적인 콘텐츠 제작이, 멀티모달 AI를 통해 현실화되고 있는 것입니다.

멀티모달 AI, 어떻게 동영상을 생성하는가

멀티모달 AI 기반의 영상 생성 기술은 크게 세 가지 유형으로 나눌 수 있습니다. ① 텍스트 to 영상, ② 이미지 to 영상, ③ 오디오 to 영상 방식입니다. 물론 실제 활용 환경에서는 이 모든 요소가 융합되는 형태로 발전하고 있으며, 이 구분은 기술적 이해를 돕기 위한 설명입니다.

먼저, 텍스트 to 영상(Text-to-Video)은 사용자가 입력한 문장을 기반으로 AI가 장면과 동작을 자동 생성하는 기술입니다. 예를 들어, Runway Gen-2(runwayml.com)나 오픈AI의 Sora는 "해안가에서 노을을 감상하는 장면"과 같은 간단한 지시에 따라 배경과 개체의 움직임을 영상으로 구현해 줍니다. 이를 통해 광고 기획안, 프로토타입 영상 등을 빠르게 시각화할 수 있으며, 전문 편집 기술이 없는 개인이나 소규모 기업도 손쉽게 콘텐츠를 제작할 수 있습니다.

다음으로, 이미지 to 영상(Image-to-Video)은 정적인 이미지를 동적인 영상으로 변환하는 기술입니다. 예를 들어, D-ID(www.d-id.com)는 인물 사진에 입 모양과 표정의 움직임을 합성해 실제 사람이 말하는 듯한 영상을 자동으로 생성합니다. 이를 통해 촬영 없이도 인터뷰 영상이나 설명 콘텐츠를 효율적으로 제작할 수 있어, 교육·홍보·마케팅 분야에서 폭넓게 활용되고 있습니다.

마지막으로, 오디오 to 영상(Audio-to-Video)은 음악이나 음성을 입력하면, AI가 이를 분석해 리듬과 분위기에 맞는 시각적 장면을 자동 생성하는 방식입니다. 이 기술은 오디오북·팟캐스트의 영상화, 혹은 음악 기반 미디어 아트 구현 등에서 주목받고 있습니다.

콘텐츠 제작의 경계를 허물다

생성형 영상 기술은 단순한 자동화 도구를 넘어, 콘텐츠 제작의 방식 자체를 변화시키고 있습니다. 기업(B2B)에서는 마케팅, 뉴스, 교육, 이커머스 등 다양한 영역에서 빠르게 콘텐츠를 제작할 수 있게 되었고, 개인(B2C)에게는 유튜브, 틱톡, 블로그 등에서 영상 제작의 진입장벽을 낮춰 크리에이터 이코노미의 확산을 가속화할 것으로 기대됩니다.

B2B 관점에서 영상 생성 AI는 크게 네 가지 분야에서 활용도가 높습니다.

첫째, 마케팅 및 광고에서는 텍스트 기반으로 광고 영상 시안을 빠르게 제작하고, 짧은 시간 내 여러 버전의 콘텐츠를 실험할 수 있습니다. 과거에는 기획·촬영·편집까지 수주에서 수개월이 걸렸다면, 이제는 AI가 몇 분 만에 영상 기획안을 시각화해 시간과 비용을 크게 줄일 수 있습니다.

둘째, 이커머스 및 제품 홍보 영역에서는 제품 설명 영상을 자동 생성하는 기술이 주목받고 있습니다. 예를 들어 브이캣(Vcat)은 쇼핑몰 판매자가 제품 설명 텍스트나 URL만 입력하면, 제품 이미지와 주요 특징을 반영한 영상 콘텐츠를 자동 제작해 줍니다. 앞으로는 카페24 같은 이커머스 플랫폼 자체에 AI 영상 생성 기능이 통합되어 기본 제공되는 형태로 진화할 가능성이 큽니다.

셋째, 교육 및 이러닝 분야에서는 AI가 강의 콘텐츠를 자동 생성하고, 음성·시각자료·자막 등을 포함한 다국어 영상 콘텐츠로도 확장할 수 있습니다. 이는 강사 한 명이 다양한 언어 사용자에게 교육 콘텐츠를 제공할 수 있는 기회를 넓히고, 학습자의 접근성도 크게 향상시킵니다.

넷째, 뉴스 및 미디어 콘텐츠 자동화 분야에서도 영상 AI의 효과는 뚜렷합니다. 스포츠 요약, 주식 리포트, 날씨 정보 등 정형화된 데이터를 바탕으로 기사를 자동 요약하고 영상화하는 작업이 가능해졌습니다. 여기에 사용자의 관심사를 분석해 개인 맞춤형 콘텐츠를 자동 제공하는 기능이 더해지면, 더욱 정교한 미디어 퍼블리싱 전략이 실현될 수 있습니다.

이러한 변화는 개인 창작자에게도 새로운 기회를 열어줍니다. 영상 편집 기술이 없어도 AI의 도움으로 누구나 크리에이터가 될 수 있는 환경이 마련되고 있으며, 이는 콘텐츠 대중화를 가속화하고 크리에이터 이코노미의 확장으로 이어질 것입니다.

소라(Sora), 기대와 현실 사이

AI 기반 동영상 생성 시장에서 현재 가장 큰 주목을 받는 서비스는 오픈AI의 소라(Sora)입니다. 챗GPT, DALL·E 등 다양한 생성형 모델을 보유한 오픈AI는 방대한 학습 데이터와 고도화된 멀티모달 기술력을 바탕으로, 텍스트 입력만으로 고해상도 영상을 생성할 수 있는 소라를 선보였습니다.

그러나 기술의 발전에도 불구하고, 프롬프트 작성은 여전히 쉽지 않은 영역입니다. 아무리 뛰어난 AI라 해도 사용자가 원하는 결과물을 얻기 위해서는 일정 수준의 경험과 시행착오가 필요합니다. 실제로 많은 사용자가 기대했던 영상이 바로 나오지 않아, 수차례의 미세 조정과 반복 입력을 거치는 경우가 많습니다. 영상 생성 AI는 단순한 텍스트 생성보다 변수도 많고 제어 포인트도 복잡하기 때문에, 프롬프트 설계 능력이 결과 품질을 좌우하게 됩니다.

이처럼 반복 작업이 필요한 구조는 비용 부담으로 이어지기도 합니다. 현재 소라는 챗GPT 유료 사용자에게 한정된 횟수 내에서만 제공되고 있으며, 고해상도(1080p) 영상이나 더 많은 생성 횟수를 원할 경우 월 200달러 수준의 프로 플랜을 이용해야 합니다. 일반 사용자 입장에서는 접근성이 낮을 수 있고, 영상의 길이와 해상도 제한 역시 아직은 실험적 도구로서의 한계를 보여줍니다.

그럼에도 불구하고, 소라가 주목받는 이유는 분명합니다. 기존의 영상 제작은 촬영팀 구성, 장비 대여, 스튜디오 대관, 편집 등 인력과 비용이 많이 소요되는 과정이었습니다. 반면 소라는 이러한 전통적 제작 과정을 압축해, 빠른 시간 안에 고품질 결과물을 생성할 수 있도록 해줍니다. 아직은 완전한 대체보다는 파일럿 영상이나 프로토타입 제작 도구로 주로 활용되고 있지만, 기술이 정교해질수록 영상 제작의 패러다임을 근본적으로 바꿀 가능성이 큽니다.

런웨이(Runway), 애니메이션 제작의 도구

런웨이(Runway)는 애니메이션과 가상 캐릭터 생성에 특화된 AI 기반 영상 생성 도구로, 전통적인 영상 편집 툴과는 다른 접근 방식을 제공합니다. 별도의 촬영 없이도 다양한 표현이 가능하다는 점에서, 기존의 에프터 이펙트나 프리미어 프로 같은 편집 중심 소프트웨어와 차별화된 기능성을 갖추고 있습니다.

특히 주목할 만한 기능은 멀티 모션 브러시(Multi Motion Brush)입니다. 이 기능은 영상 속 여러 개체의 움직임을 동시에 제어할 수 있어, 2D·3D 애니메이션이나 모션 캡처 작업을 획기적으로 단축시켜줍니다. 실제 사용자들 사이에서도 "전문 애니메이터가 아니더라도 모션 캡처 수준의 캐릭터 움직임을 구현할 수 있었다"는 긍정적인 평가가 이어지고 있습니다.

다만, 런웨이의 고급 기능을 효과적으로 활용하기 위해서는 일정 수준의 학습 곡선이 존재합니다. 특히 캐릭터 편집, 특수 효과, 합성 작업처럼 세부 메뉴가 많은 영역은 처음 접하는 사용자에게는 다소 진입장벽이 높게 느껴질 수 있습니다. 다양한 기능이 제공되지만, "무엇부터 어떻게 시작해야 할지 모르겠다"는 반응도 일부 사용자층에서 확인되고 있습니다.

비용 또한 고려할 요소입니다. 런웨이는 무료 요금제를 운영하고 있지만, 영상 길이·해상도·기능 사용량 등에 제약이 있어, 실질적인 테스트에는 한계가 있습니다. 고해상도 출력이나 다양한 기능을 충분히 활용하려면 유료 플랜이 필요합니다. 그러나 전문 편집 툴 대비 특수 효과 작업 시간과 인력을 절감할 수 있다는 점에서, 영상 제작 전문가들에게는 비용 대비 효용이 높은 도구로 평가되고 있습니다.

인비디오(InVideo), 누구나 영상 제작자가 되는 도구

기존의 AI 영상 생성 도구들이 짧은 영상 중심의 기능에 초점을 맞춰온 것과 달리, 인비디오(InVideo)는 전체 길이의 영상 제작과 편집이 가능하다는 점에서 차별화된 접근을 보여줍니다. 특히, 템플릿 기반의 영상 제작 방식을 제공해 초보자도 손쉽게 활용할 수 있는 구조를 갖추고 있으며, AI가 자동으로 스토리를 구성해주는 기능 역시 큰 강점으로 꼽힙니다.

사용자가 텍스트 프롬프트를 입력하면, 인비디오는 해당 주제에 맞는 영상 서사를 자동 생성하고, 배경 음악과 내레이션까지 포함된 완성형 콘텐츠를 제공합니다. 이는 콘텐츠 제작 경험이 부족한 일반 사용자에게도 손쉬운 영상 제작의 길을 열어주는 구조입니다.

가장 핵심적인 특징은 다양한 템플릿을 기반으로 한 영상 구성입니다. 인비디오는 유튜브 쇼츠, 롱폼 콘텐츠, 프레젠테이션, 광고 영상 등 다양한 목적에 맞춘 템플릿을 미리 제공하며, 사용자는 이를 선택해 텍스트나 이미지만 간단히 수정하면 곧바로 완성도 높은 영상을 제작할 수 있습니다. 기존 영상 편집 도구와 달리, 복잡한 타임라인 편집 없이 클릭 몇 번으로 영상이 완성되는 구조는 초보자에게 특히 유리합니다.

또한, 인비디오는 보이스 클론(Voice Clone) 기능도 지원합니다. 사용자가 자신의 목소리를 짧게 녹음해 업로드하면, AI가

이를 학습해 본인의 목소리로 내레이션을 자동 생성해 줍니다. 이를 통해 직접 녹음하지 않고도 자연스러운 더빙이 가능하며, 특히 유튜버나 강사처럼 반복적으로 콘텐츠를 제작하는 사용자에게 제작 시간과 노력을 줄여주는 유용한 기능이 됩니다.

다만, 인비디오 역시 무료 요금제에는 기능과 해상도 제한이 있습니다. 고화질 영상 제작이나 고급 기능 사용을 위해서는 유료 플랜이 필요하지만, 제작 효율성과 진입장벽을 낮추는 접근 방식 덕분에 많은 사용자에게 높은 만족도를 제공하고 있습니다.

원하는 장면을 직접 조립하는 영상 생성기

피카 AI(Pika AI)는 사용자가 원하는 요소를 사전에 설정할 수 있는 '인그리디언트(Ingredient)' 기능으로 주목받고 있는 동영상 생성 서비스입니다. 기존의 AI 영상 생성 도구들이 대부분 텍스트 프롬프트 기반으로 작동했던 것과 달리, 피카 AI는 배경, 인물의 의상, 소품 등 구체적인 구성 요소를 직접 지정할 수 있어 사용자가 원하는 결과물을 보다 정밀하게 얻을 수 있도록 돕습니다.

예를 들어, "바닷가에서 노란 드레스를 입은 사람이 걷는 영상"을 만들고자 할 때, 기존 서비스인 소라(Sora)나 런웨이(Runway)는 프롬프트의 해석 방식에 따라 결과가 달라지고, 원하는 장면을 예측하기 어려운 경우가 많았습니다. 하지만 피카 AI 는 "배경은 바닷가, 옷은 노란 드레스"와 같이 요소별로 명확하게 지정할 수 있어 의도한 콘셉트에 맞춘 영상 제작이 가능합니다. 이러한 기능은 브랜드 홍보나 이벤트 영상, 특정 테마가 요구되는 콘텐츠 제작에서 높은 활용도를 보여줍니다.

물론 한계도 존재합니다. 일부 영상에서는 해상도가 낮거나 세부 표현이 부자연스럽게 구현되는 경우가 있으며, 특히 얼굴 디테일이 흐릿하거나 표정이 부정확한 장면이 자주 발생합니다. 또한 빠른 동작이나 복잡한 액션이 포함된 영상은 아직 기술적으로 구현이 어렵습니다.

그럼에도 불구하고 피카 AI는 사용자가 결과물을 보다 능동적으로 제어할 수 있다는 점에서, 사용자 주도형 영상 생성 플랫폼의 새로운 방향성을 제시하고 있습니다.

가상 인물 영상을 만들어주는 D-ID

D-ID는 한 장의 이미지로 실제 사람처럼 말하고 움직이는 가상의 인물(AI 아바타)을 생성하는 영상 제작 서비스입니다. 기존 영상 제작 방식과 비교하면 시간과 비용을 획기적으로 절감할 수 있으며, 사용 방법도 간단해 광고, 홍보, 교육 콘텐츠 등 다양한 분야에서 활용도가 높습니다. 특히 직접 촬영이 어려운 상황에서도 실제감 있는 영상 콘텐츠를 손쉽게 제작할 수 있다는

점이 강점입니다.

이 서비스는 AI 아바타 기술을 기반으로, 정적인 이미지에 생동감을 불어넣는 방식으로 작동합니다. 사용자는 인물 사진과 텍스트를 입력하면, D-ID가 입 모양, 표정, 음성을 자동으로 생성해 마치 인물이 직접 말하는 듯한 영상을 만들어냅니다. 실제로 글로벌 패션 브랜드 발렌시아가(Balenciaga)는 D-ID를 활용한 광고 캠페인을 선보이며 주목을 받았고, 제품 설명, 브랜드 소개, 기업 홍보 영상 등 다양한 B2B 활용 사례가 이어지고 있습니다.

또한, D-ID는 온라인 강의나 교육 콘텐츠 제작에도 효과적으로 활용되고 있습니다. 강사가 직접 녹화하지 않아도 AI 아바타가 강의 내용을 전달할 수 있어, 비용과 시간 측면에서 효율적이라는 평가를 받고 있습니다.

하지만 기술적 한계와 윤리적 쟁점도 존재합니다. D-ID는 기본적으로 정적인 이미지를 기반으로 하기 때문에 움직임이 일정한 틀 안에서 반복되고, 자연스러운 표정 변화나 감정 표현에는 한계가 있습니다. 복잡한 동작이나 자유로운 몸짓 표현이 필요한 콘텐츠에는 다소 어색하게 느껴질 수 있습니다.

무엇보다, 실제 인물처럼 보이는 아바타가 말을 하는 방식은 딥페이크(Deepfake)와 유사한 윤리적 우려를 불러일으킬 수 있습니다. 이로 인해 일부 플랫폼에서는 AI 생성 영상의 사용을 제한하거나, 영상 내 출처 표시를 의무화하는 움직임도 나타나고 있습니다. 따라서 D-ID를 활용한 영상 제작 시에는 윤리적 기준과 투명한 사용 목적을 명확히 설정하는 것이 필요합니다.

픽사(Pixar)와 월트디즈니(Walt Disney)는 수십 년에 걸쳐 막대한 자금을 투입하며 애니메이션 및 영상 제작 시장을 선도해 왔습니다. 그러나 최근 인공지능(AI) 기반의 동영상 생성 기술이 빠르게 발전하고 있음에도, 두 회사는 아직 이 분야에서 뚜렷한 성과를 보여주지 못하고 있습니다. 이는 AI 기반 동영상 생성 기술이 기존의 애니메이션 제작 방식과 근본적으로 다른 접근을 요구하기 때문이며, 동시에 현시점의 기술이 여전히 극복해야 할 한계를 안고 있기 때문이기도 합니다.

기술 진보만으로는 부족하다

동영상 생성 AI가 기존 영상 제작 시장을 대체하고, 더 나아가 완전히 새로운 시장을 창출하기 위해서는 여러 요소가 동시에 갖춰져야 합니다. 무엇보다 영상 품질과 자연스러운 표현 능력이 일정 수준 이상으로 올라와야 합니다. 아직까지는 캐릭터의 표정, 배경 요소의 정교함, 장면 전환의 매끄러움 등에서 완성도가 떨어지는 부분이 적지 않습니다.

특히 영화나 드라마처럼 고도의 스토리텔링과 예술성이 요구되는 콘텐츠에서는 AI 기술이 당장 기존 제작 방식을 완전히 대체하기 어려운 상황입니다. 현재의 AI는 방대한 데이터를 기반으로 패턴을 학습하고 재조합하는 데 강점이 있지만, 완전히 새로운 시도나 독창적인 감정 표현을 구현하는 데에는 인간의 창의성과 감성을 따라잡기 어렵습니다. 예를 들어, SF 영화처럼 복잡한 세계관을 시각적으로 구현하거나, 감정선의 미묘한 흐름을 잡아내는 작업은 여전히 인간의 예술적 통찰이 필수적입니다.

또한, 기술이 뛰어나다고 해서 자동으로 시장이 형성되는 것은 아닙니다. AI가 실질적인 영향력을 갖기 위해서는 가치사슬 전반(기획자, 제작자, 유통자, 소비자 등)의 참여와 협력이 필요합니다. 즉, 기술만으로는 생태계가 구축되지 않으며, 다양한 참여자들이 함께 작동하는 협력 구조가 마련돼야 합니다. 이처럼 생태계가 활성화되면 실제 활용 사례가 늘어나고, 축적된 데이터는 다시 기술 발전으로 이어지는 선순환 구조를 만들어낼 수 있습니다.

실제로 동영상 생성 AI는 짧은 광고 영상이나 소셜 미디어 콘텐츠 등, 간단한 구성의 콘텐츠 제작에 있어서는 빠르게 자리를 잡아가고 있습니다. 카메라, 조명, 스튜디오, 전문 편집 인력 없이도 텍스트 입력만으로 수 분 안에 결과물을 얻을 수 있는 구조는 제작 시간과 비용을 획기적으로 절감해 줍니다. 하지만 이러한 자동화는 보조 도구의 역할에 가깝고, 여전히 많은 영역에서 사람의 후반 작업이 필요한 현실입니다.

무엇보다 저작권과 윤리 문제는 동영상 생성 AI가 본격적으로 상용화되기 위해 반드시 해결해야 할 과제입니다. AI가 특정 인물이나 스타일을 모방하는 경우, 원작자의 권리를 침해할 가능성이 있으며, 실존 인물의 얼굴을 무단으로 활용한 합성 영상이 잘못 사용되는 사례도 이미 세계 각지에서 보고되고 있습니다.

이처럼 동영상 생성 AI는 빠르게 진화하고 있지만, 기술의 완성도와 윤리적 기준, 그리고 산업 전반의 협력 생태계라는 세 축이 함께 구축될 때 비로소 새로운 영상 산업의 지형이 본격적으로 열릴 수 있을 것입니다.

새로운 창작 방식의 가능성

물론 동영상 생성 AI가 보여주는 잠재력은 부인하기 어렵습니다. 이미 주요 빅테크 기업들은 관련 기술에 막대한 투자를 아끼지 않고 있으며, 학계와 스타트업을 중심으로도 정교한 알고리즘에 대한 연구와 실험이 활발히 진행되고 있습니다. 특히 딥러닝 기법과 자연어 처리 기술의 고도화는 영상, 텍스트, 음성 간의 경계를 허물고, 멀티모달 기반의 콘텐츠 생성을 가능하게 만들고 있습니다.

앞으로는 AI가 단순히 영상을 '대신 제작'하는 도구를 넘어, 인간 창작자와의 협업을 통해 새로운 영상 장르를 만들어내는 시도가 본격화될 가능성이 큽니다. 예를 들어, 영화감독이 구상한 예술적 비전을 AI가 보조하여 저해상도 콘셉트 아트만으로도 시나리오에 맞는 다양한 영상 시퀀스를 빠르게 시각화할 수 있습니다. 또 실사 촬영으로 구현하기 어려운 장면을 AI가 보완하거나, 제한된 예산과 시간 내에서 시각적 실험을 반복적으로 시도할 수 있는 환경이 조성될 수도 있습니다.

이처럼 AI가 창작자의 기술적·물리적 한계를 보완해 준다면, 인간은 보다 스토리와 감정 표현이라는 창의적 본질에 집중할 수 있게 될 것입니다.

물론 동영상 생성 AI가 지금 당장 독립적인 창작 주체로서 모든 제작을 책임질 수는 없습니다. 그러나 그 발전 속도와 기술 융합의 범위를 감안할 때, 머지않아 콘텐츠 제작 현장에서 핵심적인 창작 파트너로 자리 잡을 가능성이 큽니다. 인간의 독창성과 감성을 완전히 대체할 수는 없더라도, 보조 도구로서의 위상은 점점 더 공고해질 것입니다.

동영상 생성 AI와 메타버스의 융합

그동안 '아직은 시기상조'라는 평가를 받아왔던 메타버스가, 최근 동영상 생성 AI와의 결합을 통해 새로운 가능성의 문을 열고 있습니다. 지금까지 메타버스 구축은 그래픽 아티스트와 프로그래머의 협업을 통해 하나하나 수작업으로 이루어졌습니다. 배경 세계를 설계하고, 아바타를 만들고, 음향 효과를 삽입하는 데에는 많은 시간과 인력이 필요했으며, 이는 플랫폼 확장성의 제약 요인이기도 했습니다.

하지만 초거대 언어모델(LLM)과 멀티모달 AI 기술이 접목되면, 메타버스는 '직접 구축하는 공간'에서 '명령으로 생성하는 공간'으로 패러다임이 전환될 가능성이 있습니다. 예를 들어, 사용자가 "중세 판타지 세계관에서 신비로운 성과 숲, 그리고 무기를 구현해 줘"라고 지시하면, AI가 고퀄리티의 그래픽과 분위기에 어울리는 사운드까지 포함된 세계를 자동 생성해 주는 것입니다. 아바타 역시 텍스트 기반의 명령만으로 외모, 의상, 동작까지 자동 설정된 캐릭터로 구현될 수 있습니다.

이러한 변화는 메타버스 개발의 속도를 비약적으로 끌어올리고, 그 결과 플랫폼의 다양화와 개인화를 동시에 실현할 수 있게 만듭니다. 메타버스가 특정 기업이나 개발자만의 영역이 아니라, 개인 창작자나 일반 사용자도 쉽게 접근할 수 있는 열린 공간으로 진화할 수 있는 기반이 마련되는 셈입니다.

물론 메타버스는 그래픽이나 영상 기술만으로 완성되는 것은 아닙니다. 상호작용성, 지속성, 커뮤니티 형성 등 다양한 요소가 함께 작동해야 비로소 '생활 속 메타버스'가 실현됩니다. 따라서 아직은 완성형 메타버스를 논하기에 시기상조일 수 있지만, 기술이 꾸준히 진화하고 있다는 점을 고려하면 머지않아 실질적인 메타버스 환경이 현실로 등장할 가능성은 충분합니다.

무엇보다 AI가 인간의 뇌처럼 스스로 학습하며 진화해 나간다는 점에서, 미래의 확장성은 거의 무한대에 가깝다고 볼 수 있습니다. 지금은 기술 초기 단계로, 아직은 '복제' 수준에 불과하다는 비판도 존재하지만, 학습 데이터가 쌓이고 이를 활용하려는 시장과 인력이 늘어나면 지금까지 보지 못한 창의적 콘텐츠가 등장할 가능성도 더욱 커질 것입니다.

메타버스 구현을 위한 변동비를 낮춘다

동영상 생성 AI는 메타버스의 콘텐츠 제작 방식뿐 아니라 비용 구조에도 근본적인 변화를 일으킬 수 있는 요소입니다. 지금까지 메타버스 콘텐츠를 제작하려면 그래픽 디자이너, 개발자, 기획자 등 다양한 인력이 투입되어야 했고, 그에 따라 콘텐츠를 확장할수록 비용도 선형적으로—때로는 지수적으로—증가하는 구조였습니다.

하지만 최신 생성형 AI 기술이 접목되면, 콘텐츠 제작 과정에서 사람이 직접 개입하는 비율이 급격히 줄어들게 됩니다. 특히 동영상 생성 AI를 포함한 멀티모달 기술이 발전하면서, 수많은 이용자가 각기 다른 세계관이나 콘셉트를 요청하더라도 AI가 즉시 다양한 버전의 콘텐츠를 자동 생성할 수 있습니다.

이러한 변화는 결국 변동비의 급격한 절감을 가능케 합니다. 기존에는 이용자 수가 늘어날수록 디자인과 개발 인력을 계속 투입해야 했기 때문에 비용이 빠르게 증가했지만, AI 자동화 시스템이 구축되면 동일한 인프라 내에서 더 많은 사용자 요구를 동시에 처리할 수 있습니다. 즉, AI가 탑재된 플랫폼이라면 신규 이용자 1명을 추가로 수용할 때 발생하는 비용은 과거보다 훨씬 낮게 유지됩니다.

더불어 메타버스 이용자들이 단순히 '정해진 세계'를 소비하는 것이 아니라, AI에게 자신만의 콘셉트나 디자인을 요청해 실시간으로 반영된 환경을 경험할 수 있다면, 사용자 만족도는 더욱 높아질 것입니다. 예를 들어, 게임 캐릭터를 커스터마이징하듯이 배경, 오브젝트, 스토리 라인까지 사용자의 취향에 맞게 AI가 조정해 준다면, 메타버스는 훨씬 더 개인화된 공간으로 확장될 수 있습니다. 이는 결과적으로 고객 경험(CX)을 극대화하는 방향으로 이어지게 됩니다.

물론 이러한 고도화된 개인화 서비스가 안정적으로 구현되기 위해서는 플랫폼 차원의 인프라 지원, 예를 들어 고성능

GPU 클러스터, 대규모 서버, 그리고 AI 모델의 유지·관리 시스템 등이 뒷받침되어야 합니다. 초기에는 이에 따른 고정비가 존재하겠지만, 콘텐츠 생성에 필요한 인적 자원의 투입이 줄어드는 만큼 장기적으로는 콘텐츠 단가(변동비)가 현저히 낮아지는 효과를 기대할 수 있습니다.

무엇보다도, 과거에는 수주 단위로 제작해야 했던 복잡한 콘텐츠도 이제는 AI의 도움으로 단시간 내에 대량으로 생성 가능해졌기 때문에, 메타버스의 시장 확장성은 이전과는 비교할 수 없을 정도로 커질 가능성이 있습니다.

메타버스의 한계와 AI로 인한 전환 가능성

기존 메타버스 비즈니스 모델이 실패한 핵심 요인은 기술적 미성숙과 부족한 사용자 경험에 있었습니다. 3D 모델링, 아바타 디자인, 상호작용 구현 등 복잡한 개발 과정에 막대한 시간과 비용이 들었으며, 그에 비해 사용자에게 제공되는 몰입감은 낮았습니다. 그래픽 품질이 기대에 못 미치고 캐릭터의 움직임이나 상호작용이 어색해, 사용자 이탈도 잦았습니다.

하지만 최근 멀티모달 AI 기술의 발전은 이러한 한계를 빠르게 극복하고 있습니다. 사용자가 텍스트로 프롬프트만 입력하면, AI가 실시간으로 고해상도 배경과 자연스러운 캐릭터, 음향 효과까지 자동으로 생성해 줍니다. 콘텐츠 제작 비용도 과거 대비 큰 폭으로 낮아져, 대기업뿐만 아니라 소규모 창작자나 스타트업도 메타버스 콘텐츠 제작에 손쉽게 참여할 수 있는 여건이 마련되고 있습니다.

또한, AI는 사용자 명령에 실시간으로 반응하면서 환경을 조정하고, 맞춤형 경험을 제공하는 데에도 강점을 보이고 있습니다. 이는 메타버스의 몰입도와 활용도를 동시에 끌어올리는 요소로 작용합니다.

물론 과제는 여전히 남아 있습니다. AI의 콘텐츠 생성 수준은 빠르게 발전하고 있지만, 감정 표현이나 복잡한 상호작용 구현에서는 아직 부족함이 있습니다. 더불어, 사용자 경험이 개선되더라도 이를 수익으로 연결하는 방식은 아직 뚜렷하지 않으며, 실시간 운영에 필요한 인프라 비용 역시 무시할 수 없습니다.

결국 메타버스가 본격적으로 확산되기 위해서는 기술적 완성도와 더불어 지속가능한 수익 모델, 효율적인 인프라 구조, 몰입도 높은 사용자 경험이라는 세 가지 요소가 균형을 이루어야 할 것입니다. AI의 발전이 이 전환점에 얼마나 기여할 수 있을지가 향후 시장의 성패를 가를 중요한 관건이 될 것입니다.

생태계가 만들어져야 한다

메타버스가 진정으로 성공하려면, 단순히 개별 기술이 발전하는 것만으로는 부족합니다. 메타버스는 그래픽 엔진, 네트워크 인프라, 인공지능(AI), 블록체인 기반 자산 관리, 결제 시스템, 콘텐츠 제작 도구 등 다양한 기술 요소가 유기적으로 연결되어 하나의 생태계를 형성해야 비로소 완성됩니다.

현재 메타버스 관련 기술은 각 영역에서 빠르게 발전하고 있지만, 이들 기술이 유기적으로 통합되고 조화를 이루는 과정에서는 여전히 많은 과제가 존재합니다. 기술 간의 호환성 부족, 통신 지연, 보안 문제 등은 메타버스 구현의 실질적인 걸림돌이 되고 있습니다.

또한, 메타버스 생태계가 제대로 작동하기 위해서는 기술뿐 아니라 다양한 이해관계자들의 긴밀한 협력도 필수적입니다. 플랫폼 기업은 안정적인 서버 환경과 고성능 GPU 클러스터 등 핵심 인프라를 제공해야 하며, 콘텐츠 제작자는 AI 기반 제작 도구를 활용해 빠르고 고품질의 콘텐츠를 공급할 수 있어야 합니다.

사용자는 자신만의 아바타를 만들고, 가상 자산을 생성하거나 자유롭게 거래할 수 있는 환경을 필요로 하며, 인프라 제공자는 이러한 모든 활동이 원활하게 이루어질 수 있도록 통신망, 보안 체계, 데이터 처리 환경을 안정적으로 뒷받침해야 합니다.

결국 메타버스의 성패는 단일 기술의 성능이 아니라, 복합적인 기술 요소들이 하나의 생태계 안에서 얼마나 효과적으로 통합되고, 참여자 간 협업이 얼마나 매끄럽게 이루어지는가에 달려 있습니다. 이를 위한 기술적 기반과 산업적 합의, 그리고 실질적인 사용자 경험 개선이 함께 따라야만 메타버스는 다음 단계로 진화할 수 있을 것입니다.

윤리와 규제가 뒷받침되어야 할 기술

동영상 생성 AI의 발전은 콘텐츠 제작의 장벽을 크게 낮췄지만, 그만큼 해결해야 할 윤리적·법적 문제도 함께 떠오르고 있습니다. 대표적으로 저작권 침해, 딥페이크 악용, 개인정보 및 초상권 침해, 법적 기준의 부재 등이 지속적으로 제기되고 있습니다.

우선, AI가 생성한 콘텐츠의 저작권 문제가 있습니다. AI는 기존의 영상, 이미지, 음성 데이터를 학습해 새로운 콘텐츠를 만들어내는데, 이 과정에서 원본 창작자의 스타일이나 표현을 유사하게 재현할 수 있어 창작물의 독창성과 소유권이 모호해지는 경우가 많습니다. 아직까지는 "AI가 만든 콘텐츠의 법적 권리는 누구에게 있는가?"에 대한 명확한 합의가 이뤄지지 않았으며, 각국은 이를 둘러싼 논의를 이어가고 있습니다.

딥페이크 기술의 악용 우려도 여전합니다. 실제 인물의 얼굴이나 목소리를 정교하게 합성할 수 있는 기술이 대중화되면서, 허위 정보 유포나 사기, 정치적 조작에 사용될 가능성도 커지고 있습니다. 이에 따라 유럽연합(EU)과 미국 등에서는 AI 생성 콘텐츠에 '출처 명시'를 의무화하는 법안을 논의 중이며, 국내에서도 유사한 규제 도입이 검토되고 있습니다.

또한, AI가 단 한 장의 사진만으로도 사람의 얼굴과 목소리를 영상으로 구현할 수 있게 되면서, 개인정보 보호와 초상권 침해 문제도 점차 심각해지고 있습니다. 특히 일반인도 본인 동의 없이 얼굴이 사용되는 사례가 늘어날 경우, 사회적 신뢰와 법적 보호 장치에 대한 요구가 더욱 커질 수밖에 없습니다.

이처럼 기술이 빠르게 발전하는 만큼, 그에 걸맞은 윤리적 기준과 법적 규제도 시급히 정비되어야 합니다. AI 기술이 창작과 산업에 긍정적인 영향을 주기 위해서는 '무엇이 가능한가'뿐 아니라 '무엇이 허용되어야 하는가'에 대한 사회적 합의가 함께 마련되어야 합니다. AI를 활용하는 기업과 개인 모두 기술의 책임 있는 사용에 대한 인식을 가져야 하며, 기술과 법이 균형 있게 발전하는 환경 조성이 필요합니다.

07.
텍스트와 이미지를
생성하는 범용 AI

텍스트 생성 AI는 멀티모달 기술의 발전과 함께 범용 AI로 빠르게 진화하고 있습니다. 이제는 단순히 텍스트를 생성하는 데 그치지 않고, 이미지를 만들거나 음성을 해석해 시각화하는 등 복합적인 작업까지 수행할 수 있게 되었습니다. 그러나 중요한 것은 기술 그 자체가 아니라, 이를 어떻게 활용하느냐입니다.

AI가 뛰어난 성능을 발휘하게 하려면 단순히 질문을 던지는 것만으로는 부족합니다. 문제를 정확히 정의하고, 그에 대한 맥락 정보를 명확하게 제시하는 것이 필수적입니다. 원하는 답변을 얻기 위해서는 AI가 상황과 목적을 제대로 이해할 수 있도록 질문의 구조를 정교하게 설계해야 합니다. 이때 마크다운(Markdown) 방식을 활용하면 질문의 계층과 흐름을 명확히 정리할 수 있어, AI가 사용자의 의도를 보다 정확하게 파악하는 데 도움이 됩니다.

범용 AI와의 협업은 결국 사용자의 기획력과 질문 역량에서 갈립니다. 질문을 하기 전에 문제의 본질을 명확히 이해하고, AI가 이를 정확하게 해석할 수 있도록 맥락을 구체화한다면 더욱 정밀하고 창의적인 결과를 도출할 수 있습니다.

텍스트를 생성하는 인공지능 서비스

텍스트는 인간이 가장 오래전부터 사용해 온 가장 기본적인 정보 전달 수단입니다. 사람은 생각을 정리하고, 정보를 공유하며, 논리를 전개할 때 텍스트를 중심으로 의사를 표현해 왔습니다. 인공지능 역시 텍스트를 가장 직관적이고 효율적인 소통 방식으로 활용하고 있습니다.

생성형 AI는 텍스트를 통해 인간의 언어를 이해하고 응답할 수 있을 뿐만 아니라, 새로운 콘텐츠를 창출할 수 있는 능력까지 갖추고 있습니다. 챗GPT, 클로드(Claude), 제미나이(Gemini)와 같은 범용 AI는 방대한 언어 데이터를 학습해 다양한 문맥 속에서도 자연스러운 대화를 이어가며, 뉴스 기사, 보고서, 마케팅 카피 등 여러 형태의 글쓰기에 폭넓게 활용되고 있습니다. 특히 사용자의 입력을 바탕으로 맥락을 파악하고, 적절한 어조와 스타일을 반영해 콘텐츠를 생성하는 능력은 비즈니스 환경과 일상생활 모두에서 점점 더 중요한 역할을 하고 있습니다.

여전히 강력한 텍스트 중심 AI

기업들이 AI를 도입하는 가장 큰 이유는 업무의 효율성을 높이고, 생산성을 향상시키기 위해서입니다. AI가 음성을 분석하고, 이미지를 이해하며, 영상을 생성하는 기술은 이미 실용화 단계에 진입했지만, 비즈니스 환경에서는 여전히 텍스트 중심의 AI가 가장 널리 사용되고 있습니다.

예를 들어, AI가 화상 회의 내용을 분석한다고 가정해 보겠습니다. 이때 AI는 단순히 내용을 저장하는 데 그치지 않고, 핵심 논의 사항을 요약하고 주요 내용을 정리해 텍스트 리포트로 제공해야 합니다. 이는 기업이 정보를 기록하고 공유하는 방식이 여전히 텍스트 중심으로 이루어지고 있기 때문입니다. 고객 문의를 처리하는 AI 챗봇 역시 대부분 텍스트를 기반으로 작동하며, 사내 커뮤니케이션, 문서 작성, 리포트 정리 등 실무 전반에서 텍스트 기반 AI는 핵심적인 역할을 맡고 있습니다.

AI 기술이 발전하면서, 텍스트뿐만 아니라 이미지, 영상, 음성 등 다양한 형태의 데이터를 동시에 처리할 수 있는 멀티모달 AI도 등장하고 있습니다. 그러나 이처럼 기술이 확장되더라도, 정보를 정리하고 전달하며 사람과 소통하는 주요 수단으로서 텍스트의 중요성은 쉽게 대체되지 않을 것입니다. 특히 비즈니스 환경에서는 정제된 정보의 공유와 기록이 중요한 만큼, 텍스트 중심 AI의 역할은 앞으로도 지속적으로 확대될 가능성이 높습니다.

버티컬 AI와 범용 AI, 선택의 기준

업무 현장에서 글쓰기를 지원하는 생성형 AI는 크게 특정 분야에 특화된 버티컬 AI 에이전트와, 폭넓은 주제와 문서 유형에 대응할 수 있는 범용 AI로 나눌 수 있습니다.

버티컬 AI 에이전트는 특정 산업이나 업무 영역에 특화된 전문 지식, 문체, 형식 등을 별도로 학습한 AI로, 해당 분야에서 더 정확하고 효율적인 결과물을 제공합니다. 예를 들어, 마케팅과 카피라이팅에 특화된 재스퍼(Jasper)나 라이트소닉(Writesonic), 학술 논문 작성과 교정에 집중한 라이트풀(Writefull), 페이퍼팔(Paperpal) 등이 대표적인 사례입니다.

반면, 챗GPT(ChatGPT), 클로드(Claude), 제미나이(Gemini) 등으로 대표되는 범용 AI는 다양한 주제와 글쓰기 스타일에 폭넓게 대응할 수 있는 장점을 갖고 있습니다. 방대한 텍스트 데이터를 학습했기 때문에 뉴스 기사, SNS 콘텐츠, 기술 보고서, 스토리텔링 등 여러 글쓰기 목적에 유연하게 활용할 수 있습니다. 다만, 특정 산업 영역에서 요구되는 용어나 포맷이 엄격히 정해져 있는 경우에는 범용 AI보다 버티컬 AI가 더 적합할 수 있습니다.

결국 어떤 글을, 어떤 맥락에서 작성하려는지에 따라 도구의 선택 기준은 달라집니다. 전문성이 중요한 경우에는 버티컬 AI가 강점을 보이며, 다양한 글쓰기 목적과 스타일을 유연하게 다루어야 할 때는 범용 AI가 더욱 효과적인 선택이 될 수 있습니다.

챗GPT, 가장 널리 활용되는 글쓰기 도구

챗GPT는 현재 가장 많은 사용자가 활용하고 있는 대표적인 범용 AI 기반 글쓰기 도구입니다. 뉴스 기사, 보고서, 마케팅 카피, 창작 스토리 등 다양한 문서 유형을 빠르고 효과적으로 생성할 수 있어, 활용도가 높습니다. 특히 오픈AI에서 제공하는 GPT-4o 모델은 텍스트의 문맥 이해와 스타일 조정 능력이 뛰어나, 사용자가 원하는 글의 구조와 어조에 맞춰 자연스러운 문장을 생성하는 데 강점을 보입니다.

챗GPT의 대표적인 기능 중 하나는 'GPTs'입니다. 사용자는 자신의 목적에 맞춰 맞춤형 GPT를 직접 생성하거나, 다른 사용자가 만들어 놓은 GPT를 선택해 활용할 수 있습니다. 예를 들어, 뉴스 기사 작성을 돕는 GPT, 블로그 콘텐츠 최적화용 GPT, 스토리텔링에 특화된 GPT 등 목적별로 다양하게 활용할 수 있어, 글쓰기 결과물을 보다 정밀하고 일관성 있게 다듬는 데 도움이 됩니다.

또한 GPT-4o with Canvas는 초안 작성과 문서 수정 과정에서 강력한 기능을 제공합니다. 사용자는 작성 중인 텍스트를 문단 단위로 쉽게 비교하고 수정할 수 있으며, 여러 버전의 초안을 동시에 확인하면서 최적의 표현을 선택할 수 있습니다. 이를 통해 글의 흐름을 체계적으로 정리하고, 구조와 완성도를 높이는 데 실질적인 도움을 받을 수 있습니다.

챗GPT는 단순히 문장을 생성하는 수준을 넘어서, 콘텐츠 기획과 편집, 수정까지 아우르는 종합적 글쓰기 도구로 진화하고 있습니다. 특히 초안의 완성도를 빠르게 높여야 하는 업무 환경에서는, 챗GPT가 강력한 협업 파트너로 자리매김하고 있습니다.

자연스러운 대화에 강한 AI, 클로드

클로드는 앤트로픽(Anthropic)에서 개발한 대형 언어 모델로, 챗GPT와 유사한 범용 AI 서비스입니다. 그러나 클로드는 특히 자연스럽고 부드러운 대화체 생성 능력에서 강점을 보입니다. 부드럽고 친근한 말투가 필요한 콘텐츠를 제작할 때 효과적이며, 일상 대화, SNS 홍보 문구, 고객 후기, 블로그 포스팅과 같이 감성적 요소가 중요한 글을 자연스럽고 따뜻하게 다듬는 데에 특화되어 있습니다.

예를 들어, 고객 후기나 리뷰를 자연스럽게 풀어내야 할 때 클로드는 마치 실제 사용자가 경험을 공유하는 듯한 흐름으로 문장을 구성합니다. 또한, '마치 카페에서 손님과 편하게 이야기하듯' 따뜻하고 친근한 분위기를 원하는 블로그 글을 작성할 때도 효과적입니다.

작업 중에 "조금 더 밝은 어조로 수정해 줘" 또는 "조금 더 친근한 말투로 바꿔 줘"와 같은 요청을 하면, 클로드는 문장 전체의 톤과 흐름을 유연하게 조정해 딱딱한 표현을 자연스럽게 완화해 줍니다. 이러한 특성 덕분에, 클로드는 특히 사람 중심의 소통이 중요한 콘텐츠 제작 환경에서 유용한 도구로 활용되고 있습니다.

정보 탐색에 강한 AI, 제미나이

구글의 생성형 AI인 제미나이(Gemini)는 구글 검색과의 밀접한 연동이 가장 큰 특징입니다. 이를 통해 사용자는 복잡한 주제나 방대한 정보를 탐색할 때 더욱 신속하고 정확하게 자료를 확보할 수 있습니다.

제미나이는 단순히 텍스트를 생성하는 것을 넘어, 사용자의 질문에 대해 관련 기사나 연구 자료 등의 출처를 함께 제시함으로써 조사 과정을 효율적으로 돕습니다. 예를 들어, '최근 디지털 마케팅 동향'이나 '스타트업의 해외 진출 사례'처럼 다양한 정보가 필요한 주제를 탐색하며 글을 작성할 때 특히 유용합니다. AI가 제공하는 자료를 기반으로 개념을 정리하고, 출처를 참고해 추가적인 통찰을 얻을 수 있기 때문에 트렌드 분석이나 보고서 작성 등에서 강력한 도구로 활용됩니다.

구글은 검색 기술을 기반으로 인터넷 시대를 이끌어온 대표적인 기업이자, AI의 핵심 기술 중 하나인 트랜스포머(Transformer) 모델을 개발한 주체이기도 합니다. 수십 년간 축적한 방대한 데이터와 강력한 인프라, 풍부한 자금력, 그리고 Google Workspace와 클라우드 서비스 등 종합적 생태계를 보유한 구글은 오늘날 가장 강력한 AI 기업 중 하나로 평가받고 있습니다.

다만, 생성형 AI의 발전은 구글에게도 새로운 과제를 안겨주고 있습니다. 특히 기존의 검색 광고(Search Ads) 수익 모델이 AI 기반 응답 서비스에 의해 잠식당할 가능성이 제기되면서, 이른바 '카니발라이제이션(Cannibalization)' 이슈가 부상하고 있습니다. 생성형 AI가 사용자의 질문에 직접적인 답변을 제공하게 되면, 검색 결과 클릭률이 감소하고 광고 수익에도 영향을 줄 수 있기 때문입니다.

최신 정보에 강한 AI, 퍼플렉시티

퍼플렉시티(Perplexity)는 최신 정보를 실시간으로 검색하고, 출처와 함께 답변을 제공하는 생성형 AI입니다. 사용자가 질문을 입력하면, 해당 주제와 관련된 기사, 정부 문서 등 객관적인 근거 자료를 인용해 직접적인 답변을 생성해 줍니다. 이러한 방식은 생성형 AI에서 자주 문제가 되는 잘못된 정보 생성(할루시네이션)을 크게 줄이는 데 효과적입니다.

예를 들어, '2026년에 달라지는 세금 제도'와 같은 최신 이슈를 검색하면 퍼플렉시티는 관련 기사나 정부 자료를 링크 형태로 함께 제공하여 사용자가 출처를 직접 확인할 수 있도록 돕습니다. 이를 통해 정보의 신뢰도를 스스로 검증할 수 있는 여지를 제공하며, 특히 시의성과 정확성이 중요한 업무에서 유용하게 활용될 수 있습니다.

다만, 검색 결과가 많아질수록 핵심 정보를 선별하고 맥락을 정리하는 작업은 사용자에게 남아 있는 과제입니다. 퍼플렉시티가 제시한 링크는 직접 열람하고 검토해야 하며, 중복되거나 불필요한 정보는 걸러내고, 부족한 부분은 추가적인 검색이나 편집을 통해 보완하는 태도가 중요합니다.

이러한 능동적인 활용 습관을 갖추면 퍼플렉시티의 실시간 정보 검색 기능을 더욱 효과적으로 사용할 수 있으며, AI가 제공하는 정보에 대한 비판적 사고와 선택적 활용 역량 역시 함께 강화할 수 있습니다.

국내 사용자에 최적화된 조합형 AI, 뤼튼

뤼튼(Wrtn)은 챗GPT처럼 자체 언어 모델을 보유하고 있지는 않지만, 여러 개의 AI 시스템과 기술을 유기적으로 결합해 특정 분야에서 더욱 강력하고 실용적인 결과를 제공하는 데 초점을 맞춘 서비스입니다. 뤼튼은 이러한 방식을 '컴파운드 AI(Compound AI)'라고 정의합니다.

컴파운드 AI란 서로 다른 AI 모델의 장점을 조합해 보다 정교하고 정확한 결과를 도출하는 방식입니다. 예를 들어, 한 모델은 자연어 이해에 강하고 다른 모델은 창의적인 문장 생성에 뛰어난 경우, 이 둘을 결합함으로써 보다 자연스럽고 완성도 높은 글을 만들어낼 수 있습니다.

이러한 다중 AI 모델의 결합은 API(Application Programming Interface)를 통해 구현됩니다. API는 서로 다른 소프트웨어나 서비스가 정보를 주고받으며 상호작용할 수 있게 해주는 인터페이스입니다. 예를 들어, 네이버나 구글이 날씨 정보를 제공할 때 직접 기상 데이터를 수집하지 않고, 기상청의 API를 통해 실시간 데이터를 받아오는 구조와 유사합니다. 뤼튼은 다양한 검증된 AI 모델의 기능을 API로 받아와, 자사 서비스에 맞게 재구성하고 최적화하여 사용자에게 제공합니다.

뤼튼의 가장 큰 특징은 특정 목적에 최적화된 템플릿을 제공한다는 점입니다. 블로그 글 작성, 면접 준비, 레포트 작성, SNS

게시물, 상세페이지, 카피라이팅 등 다양한 실무 상황에서 바로 활용할 수 있는 템플릿이 마련되어 있어, 생성형 AI에 익숙하지 않은 사용자라도 손쉽게 글을 시작하고 구성할 수 있습니다. 예를 들어 '블로그' 템플릿을 선택하면, AI가 포스트에 필요한 기본 형식과 내용을 먼저 구성해 주고, 사용자는 그 위에 세부 정보를 추가하거나 수정하면 됩니다.

또한 뤼튼은 풍부한 한국어 데이터를 학습한 모델들을 조합해 사용하기 때문에 문장의 흐름이 자연스럽고 맥락에 잘 맞는 결과를 제공합니다. 이 덕분에 국내 사용자들은 해외 기반 AI보다 더 친숙하고 현실적인 표현을 가진 결과물을 얻을 수 있으며, 일상적인 업무나 콘텐츠 제작 환경에서 즉시 활용하기 용이한 플랫폼으로 평가받고 있습니다.

텍스트 생성 AI, 어떻게 활용해야 할까?

AI를 활용해 글을 작성할 때는 하나의 도구에 전적으로 의존하기보다, 여러 생성형 AI 서비스의 결과물을 비교·검토하는 방식이 훨씬 효과적입니다. 특히 통계 자료나 시장 분석처럼 정확성이 중요한 분야에서는 챗GPT, 클로드, 제미나이, 퍼플렉시티 등 다양한 도구에서 제공하는 정보를 종합적으로 살펴보고, 출처와 신뢰도를 함께 평가하는 것이 필요합니다. 어떤 도구는 개략적인 요약을 빠르게 제공하는 데 강점을 보이고, 다른 도구는 최신 데이터를 보다 정확하게 반영하는 등 각각의 기능적 특성이 다르기 때문입니다.

좋은 질문이 좋은 답을 이끈다

AI 글쓰기 도구가 점점 발전하고 있지만, 더 중요한 것은 어떤 질문을 던지고, 어떤 과정을 통해 답을 구하느냐입니다. '어떤 AI를 써야 할까?'를 고민하기에 앞서, 먼저 해결해야 할 문제를 명확히 정의하고, 그것을 어떤 구조로 풀어나갈지를 스스로 정리하는 것이 선행되어야 합니다.

생성형 인공지능이 아무리 똑똑하더라도, 사용자가 직면한 문제를 제대로 이해하지 못하면 정확한 답을 제공하기 어렵습니다. 특히 챗GPT와 같은 도구를 사용할 때는, 단순히 질문을 던지기 전에 문제의 본질을 먼저 파악하는 과정이 필수입니다. 문제 정의 없이 답을 구하려는 것은 마치 목적지를 정하지 않고 여행을 떠나는 것과 같고, 방향이 잘못되면 아무리 훌륭한 해결책도 의미를 잃을 수 있습니다.

문제 해결의 시작은 문제를 구체적으로 파악하는 것에서 출발합니다. 예를 들어, 동네 카페의 매출이 갑자기 감소했다면, 그 원인을 제대로 분석하지 않은 채 무작정 '매출을 늘리는 방법'을 묻는 것은 적절한 접근이 아닐 수 있습니다. 대신, '왜 매출이 줄었을까?', '어느 시점에서, 어떤 고객층에서 변화가 있었을까?'처럼 문제의 원인을 먼저 탐색하는 질문을 던져야 보다 실질적이고 효과적인 해결책을 찾을 수 있습니다.

문제 정의는 상황 파악에서 시작된다

문제를 제대로 정의하려면 먼저 현 상황을 정확히 파악하는 것이 출발점입니다. 예를 들어, 한 카페의 매출이 감소했다면 우선 그 배경을 면밀히 살펴야 합니다. 주변에 새로운 경쟁 카페가 생겼는지, 서비스나 제품의 품질에 변화가 있었는지 등을 조사하여 문제의 단서를 찾아야 합니다.

다음 단계는 문제를 구체화하는 것입니다. 단순히 "매출이 줄었다"는 현상에 그치지 않고, 언제부터 감소했는지, 특정 메뉴의 판매가 부진했는지, 고객 불만이 증가했는지와 같은 구체적인 정황을 파악해야 합니다. 이처럼 다양한 관찰을 통해 문제의 성격을 보다 명확하게 정의할 수 있습니다.

그다음에는 문제가 어떤 영향을 미치는지 분석해야 합니다. 예를 들어, 고객 감소로 인해 고정 비용 부담이 늘어나거나 브랜드 이미지가 약화되는 등의 파급 효과를 검토해야 합니다. 이러한 분석은 문제 해결의 우선순위를 결정하는 데 중요한 기준이 됩니다.

이후에는 지금까지 파악한 정보를 바탕으로 문제의 원인에 대한 가설을 설정해야 합니다. 경쟁 카페의 등장, 내부 운영상의 문제, 외부 환경 변화 등 다양한 가능성을 열어두고, 가장 개연성 있는 원인을 추측하는 것이 중요합니다. 명확한 가정이 세워지면 이후의 조사와 해결책 모색 과정에 방향성과 일관성을 부여할 수 있습니다.

마지막으로, 도출된 문제 요소들 중에서 가장 큰 영향을 미치는 핵심 문제를 찾아내고, 이를 중심으로 해결의 우선순위를 설정해야 합니다. 모든 문제를 동시에 해결하려 하기보다, 가장 시급하고 중요한 이슈에 집중하는 전략적 접근이 필요합니다. 이러한 단계별 사고 과정은 복잡한 문제를 구조적으로 정리하고, 현실적인 해결의 실마리를 찾는 데 효과적인 방법이 됩니다.

목적은 속도가 아니라 완성도다

AI 기반 글쓰기 도구를 사용할 때 많은 이들이 기대하는 것은 '쉽게 쓸 수 있다'와 '빨리 끝낼 수 있다'는 점입니다. 하지만 속도에만 집중하다 보면 초안이 미완성되거나 문장이 어색해지는 경우가 많습니다. 그 결과, 다시 수정해야 할 부분이 늘어나면서 오히려 전체적인 생산성이 떨어질 수 있습니다.

중요한 것은 단순히 빠르게 작업을 끝내는 것이 아니라, 더 나은 결과물을 만들어내는 데 목적을 두는 것입니다. 작업 시간이 AI 덕분에 단축되었다면, 바로 제출하기보다는 문서의 오류나 미흡한 부분을 꼼꼼히 검토하는 습관을 들이는 것이 좋습니다. 전체적인 논리의 흐름과 구성도 다시 점검해 보면, AI가 제시한 아이디어를 토대로 문서의 완성도를 높일 수 있을 뿐 아니라, 예상치 못했던 새로운 통찰을 얻는 계기가 되기도 합니다.

대부분은 문서를 완성한 후 결과물만 확인하고 마무리하지만, 더 중요한 것은 그 과정에서 내가 무엇을 새롭게 깨달았는가입니다. 생성형 인공지능은 언어나 국가의 장벽 없이 원하는 정보를 생성해 줍니다. 덕분에 기존에는 지리적, 언어적 한계로 접근하기 어려웠던 정보에 손쉽게 다가갈 수 있고, 이는 곧 지식과 관점의 확장으로 이어질 수 있습니다.

생성형 인공지능은 단지 글을 빠르게 써주는 도구가 아닙니다. 사고를 확장하고, 학습을 촉진하는 도구로 활용할 때 진정한 가치가 드러납니다. 아무리 결과물이 뛰어나더라도, 사용자인 내가 그 내용을 충분히 이해하고 내 것으로 만들지 못한다면, 기대한 만큼의 의미를 얻기는 어렵습니다.

생성된 문서 자체보다 더 중요한 것은, 그 과정을 통해 내가 얼마나 성장했는지를 되돌아보는 일입니다.

질문도 구조화가 필요하다, 마크다운의 활용

그렇다면 이렇게 명확히 정의된 문제를 생성형 인공지능에게 질문해 해결책을 구하고자 할 때, 어떤 방식으로 질문을 구성하는 것이 좋을까요? 이때는 마크다운(Markdown)을 활용하면 질문을 보다 명확하고 구조적으로 전달할 수 있습니다.

빈 노트에 글을 쓴다고 상상해 보세요. 중요한 부분에는 밑줄을 긋고, 색을 칠하거나, 별표를 넣기도 합니다. 이렇게 나만의 방식으로 내용을 정리하고 강조하는 것처럼, 컴퓨터 환경에서도 글을 쓸 때는 제목, 소제목, 단락, 굵은 글씨, 기울임 글씨

등으로 문서의 구조를 표현하게 됩니다. 이러한 표현 방식이 바로 마크업(Markup)입니다.

대표적인 마크업 언어로는 HTML이 있습니다. HTML은 웹 페이지를 만들 때 사용하는 언어로, 〈title〉, 〈p〉, 〈img〉 같은 태그를 사용해 제목, 문단, 이미지 등을 정의합니다. 웹 브라우저는 이 태그들을 해석해 화면에 정보를 보여주지요. 물론 일반 사용자들이 HTML 태그를 직접 입력할 일은 많지 않습니다. 대부분은 워드프로세서나 웹 에디터가 마크업 과정을 자동화해 주기 때문입니다.

이와 달리 마크다운(Markdown)은 마크업보다 훨씬 간단한 문법으로 정보를 구조화할 수 있도록 만든 형식입니다. 예를 들어, # 제목, ## 중제목, ### 소제목처럼 간단한 기호만으로도 정보의 계층을 표현할 수 있습니다. 이렇게 계층 구조를 명확하게 설정하면, 글을 시각적으로 정돈되게 만들 수 있을 뿐 아니라, AI가 질문의 맥락과 정보 구조를 보다 정확하게 이해하고 처리하는 데 큰 도움이 됩니다.

질문을 잘 하기 위한 질문부터 시작하자

생성형 인공지능에게서 더 정확하고 유용한 답변을 얻으려면, 맥락 정보를 제공하고, 페르소나를 설정하며, 원하는 답변의 예시를 제시하라는 조언을 자주 접하게 됩니다. 하지만 특정 주제에 대한 이해도가 낮다면, 어떤 정보를 제공해야 할지조차 막막한 경우가 많습니다.

예를 들어, 마케팅 전략을 세우려는데 기본 개념이나 용어조차 익숙하지 않다면, 어디서부터 질문을 시작해야 할지 감이 오지 않을 수 있습니다. 이럴 때 유용한 접근 방식이 바로 '질문을 잘 하기 위한 질문'을 먼저 던지는 것입니다.

예를 들어, "이 주제를 이해하려면 어떤 배경지식이 필요한가?", "질문을 정리하려면 어떤 항목을 포함해야 하나?"처럼 질문 설계를 위한 가이드를 AI에게 요청해볼 수 있습니다. AI는 기본 틀이나 단계별 흐름을 제안해 주고, 사용자는 그중 필요한 부분을 골라 자신만의 질문을 점차 구체화해 나갈 수 있습니다.

꼭 전문적인 지식이 없어도, "내가 무엇을 알고 있고, 무엇이 막막한가", "문제를 통해 얻고 싶은 목표는 무엇인가" 같은 기초적인 질문들만 정리해도 출발점이 됩니다. 막히는 부분이 있다면, "맥락 정보를 어떻게 나눠서 정리하면 좋을까?"처럼 역으로 질문하며 단계별로 내용을 채워나가는 것도 좋은 방법입니다.

마크다운을 활용한 AI 질문 습관

생성형 인공지능에게 마크다운을 활용해 효과적으로 질문하려면 몇 가지 습관을 들이는 것이 도움이 됩니다. 우선, 질문을 던지기 전에 자신이 무엇을 알고 싶고 어떤 정보가 필요한지 먼저 정리하는 습관이 필요합니다. 질문의 목적과 맥락을 명확히 하고, 논리적인 순서에 따라 구성된 질문은 AI가 보다 정확하고 구체적인 답변을 제공하는 데 유리합니다.

또한, 질문은 간결하고 명확하게 표현하는 것이 좋습니다. 장황한 설명보다는 핵심 키워드와 필요한 정보 위주로 작성하면 AI가 질문의 요점을 빠르게 파악할 수 있습니다. 여기에 마크다운 문법을 활용하면 질문을 보다 체계적으로 정리할 수 있습니다. 제목이나 소제목, 목록, 강조 등 마크다운 형식은 글의 구조를 명확히 보여주며, AI가 맥락을 보다 정확하게 이해하고 응답할 수 있게 도와줍니다.

질문을 구성할 때는 복잡한 내용을 한 번에 묻기보다 단계별로 나누어 접근하는 것이 효과적입니다. 기본적인 질문을 먼저 던지고, 그에 대한 AI의 답변을 바탕으로 추가 질문을 이어가는 방식이 주제를 점차 심화시키는 데 유리합니다.

무엇보다 중요한 것은 AI의 답변을 그대로 수용하기보다는 꼼꼼히 검토하고, 부족하거나 모호한 부분이 있다면 다시 질문을 던져보는 습관입니다. 이렇게 이전의 질문과 답변을 참고해 후속 질문을 만들고, 필요한 부분을 보완하면서 대화를 이어가면 원하는 정보에 점점 가까이 다가갈 수 있습니다.

멀티모달 기술과 이미지 생성 AI

기존의 생성형 인공지능은 주로 텍스트 생성에 특화되어 있었지만, 최근에는 멀티모달(Multi-modal) 기술의 발전으로 인해 텍스트뿐만 아니라 이미지, 음성, 영상 등 다양한 형태의 데이터를 동시에 처리하고 생성하는 방향으로 진화하고 있습니다.

예를 들어, 챗GPT-4o는 텍스트 입력을 통해 이미지를 생성하거나, 이미지 파일을 분석해 그 내용을 텍스트로 설명할 수 있는 기능을 제공합니다. 구글의 제미나이(Gemini) 역시 이미지를 인식하고 설명할 수 있을 뿐 아니라, 텍스트에서 이미지를 생성하는 멀티모달 역량을 갖추고 있습니다.

한편, 미드저니(Midjourney)나 스테이블 디퓨전(Stable Diffusion)처럼 이미지 생성에 특화된 모델들도 활발히 사용되고 있습니다. 이들 모델은 주로 텍스트 프롬프트를 기반으로 이미지를 생성하는데, 이러한 방식 덕분에 기존 텍스트 생성 AI와의 경계가 점차 모호해지고 있습니다.

이미지 생성 AI 서비스로는 오픈AI의 달리(DALL·E), 마이크로소프트의 빙 이미지 크리에이터, 미드저니 등이 대표적이며, 이들은 새로운 이미지를 창작하는 데 중점을 둔 서비스입니다. 반면, 기존에 만들어진 템플릿을 기반으로 디자인 작업을 지원하는 도구로는 캔바(Canva)와 미리캔버스가 있습니다. 이들 플랫폼은 직관적인 인터페이스와 사용하기 쉬운 템플릿을 통해 디자인 경험이 없는 사용자도 손쉽게 시각 콘텐츠를 제작할 수 있도록 돕고 있습니다.

목적에 따라 선택해야 한다

생성형 이미지 서비스 중에서는 오픈AI의 달리(DALL·E)와 미드저니(Midjourney)가 가장 널리 사용되고 있습니다. 마이크로소프트에서 제공하는 빙 이미지 크리에이터(Bing Image Creator) 역시 오픈AI의 달리 엔진을 기반으로 작동하기 때문에, 본질적으로 같은 기술을 활용합니다.

한편, 이미지 제작 도구 중 가장 많은 사용자를 확보하고 있는 서비스는 캔바(Canva)입니다. 캔바는 템플릿 기반의 직관적인 디자인 시스템을 제공하며, 디자인 경험이 없는 사용자도 손쉽게 콘텐츠를 제작할 수 있어 높은 인기를 끌고 있습니다.

이처럼 생성형 이미지 서비스와 템플릿 기반 디자인 도구는 용도에 따라 선택의 기준이 달라집니다.

예를 들어, 특정한 분위기나 독창적인 스타일의 이미지를 처음부터 만들어야 하는 경우라면 달리나 미드저니 같은 생성형 AI 도구가 적합합니다. 반면, 짧은 시간 안에 간단한 마케팅 자료나 소셜 미디어 콘텐츠, 발표 자료 등을 제작해야 한다면, 이미 구성된 템플릿을 활용할 수 있는 캔바가 더 효율적일 수 있습니다.

결국 이 두 가지 유형의 서비스는 상호보완적인 역할을 하며, 작업의 성격과 목적에 따라 적절히 선택하면 시간과 노력을 줄이면서도 품질 높은 결과물을 만들 수 있습니다.

최근에는 생성형 이미지 기술의 발전과 함께 스테이블 디퓨전(Stable Diffusion)을 포함한 다양한 모델이 등장하고 있습니다. 이들 서비스는 공통적으로 텍스트 프롬프트를 기반으로 이미지를 생성하는데, 어떤 문장을 입력하느냐에 따라 결과물이 크게 달라집니다. 이를 프롬프트 엔지니어링(prompt engineering)이라고 하며, 키워드 선택과 표현 방식에 따라 이미지의 품질이 좌우됩니다. 그러나 이 과정이 익숙하지 않거나 시간이 부족한 환경에서는 오히려 효율이 떨어질 수 있습니다.

또한, 생성된 이미지의 퀄리티가 실무에서 요구하는 수준에 미치지 못하는 경우도 있습니다. 예를 들어, 브랜드 아이덴티티를 정확히 반영해야 하거나, 사진처럼 사실적인 디테일이 필요한 프로젝트에서는 생성형 이미지의 결과물이 다소 부족하게 느껴질 수 있습니다.

무엇보다 일반적인 기업 환경에서는 이미지를 처음부터 창작해야 하는 상황이 자주 발생하지 않을 수도 있습니다. 회의 자료나 내부 보고서 등에서는 통계 차트, 아이콘, 간단한 배경 이미지 정도로 충분한 경우가 많기 때문입니다.

실제로 만드는 사람은 소수다

이미지 생성 AI가 기술적으로 빠르게 발전하고 있음에도 불구하고, 그 활용 범위가 시장 전체로 확장되는 데에는 일정한 한계가 존재합니다. 이는 흔히 '1:9:90 법칙'으로 설명할 수 있습니다. 전체 사용자 중 콘텐츠를 직접 생산하는 사람은 약 1%에 불과하며, 9%는 댓글이나 공유 등으로 반응하고, 나머지 90%는 단순히 콘텐츠를 소비하는 데 그친다는 원칙입니다. 생성형 인공지능 시대에도 이 법칙은 크게 달라지지 않을 가능성이 큽니다.

기술이 발전해 누구나 쉽게 콘텐츠를 제작할 수 있는 환경이 마련되었지만, 실제로 창작 활동에 참여하는 사용자의 비율은 극히 제한적입니다. 콘텐츠를 만든다는 것은 단순히 도구를 사용하는 차원을 넘어, 시간과 의지, 그리고 독창적인 아이디어가 함께 요구되는 일이기 때문입니다. 아무리 고도화된 생성형 AI 도구가 등장하더라도, 창작은 여전히 노력이 필요한 행위입니다.

예를 들어, 미드저니로 이미지를 생성하는 것은 흥미로운 체험이 될 수 있지만, 이를 위해 사용법을 익히고 유료 구독까지 감수할 사용자는 일부에 불과합니다. 기술의 장점만으로는 사용자 확산을 이끌어내기 어렵고, 결국 도구의 효용성을 넘어선 경험적 가치를 제공해야 할 필요가 있습니다.

서비스 제공자 입장에서는 단순한 이미지 생성 기능을 넘어, 실제 창작 과정에서 사용자가 겪는 어려움까지 포괄하는 지원을 고민해야 합니다. 기술이 할 수 있는 일에만 집중하기보다, 사용자의 현실적 필요와 경험을 고려한다면 보다 실질적인 가치를 제공하는 서비스로 발전할 수 있습니다.

누구나 시각화하는 시대

이미지 생성 AI에 대한 관심이 높아지는 또 다른 이유는 전문 디자이너가 아니더라도 창의적인 시각 자료를 손쉽게 만들 수 있기 때문입니다. 몇 줄의 프롬프트만으로 고품질 이미지를 생성할 수 있다면, 비즈니스 현장에서 아이디어 전달과 의사소통이 훨씬 효율적이 될 수 있습니다. 이는 특히 혁신적인 제품이나 서비스 개발 과정에서 유용하게 활용될 수 있습니다. 초기 단계에서 시각적 프로토타입이나 개념 디자인을 빠르게 제작해 아이디어를 구체화하고, 논의의 출발점으로 삼기 수월하기 때문입니다.

이처럼 이미지 생성 AI는 텍스트보다 더 강한 시각적 인상을 남기며, 언어로 설명하기 어려운 복잡한 개념을 직관적으로 전달하고 구체화하는 도구로서 그 가치가 점점 더 부각되고 있습니다. 이러한 이유로 많은 기업과 개인이 이미지 생성 AI에 주목하고 있으며, 앞으로는 더욱 다양하고 혁신적인 활용 사례가 등장할 것으로 기대됩니다.

향후에는 더 사용하기 쉬운 인터페이스와 고해상도 이미지를 빠르게 생성할 수 있는 AI 에이전트가 등장할 가능성도 큽니다. 문서 작업 과정에서 AI가 자동으로 시각 자료를 추천하거나, 기획안의 내용을 분석해 적합한 이미지를 실시간으로 생성해 주는 방식으로 업무 환경에 자연스럽게 통합될 수 있습니다.

이러한 흐름이 현실화되면, '디자인 인력이 없어서 자료가 허술하다'는 문제를 상당 부분 해소할 수 있게 됩니다. 개인이나 소규모 조직도 생성형 이미지를 적극적으로 활용해 더 완성도 높은 콘텐츠를 제작할 수 있으며, 디자인의 진입 장벽은 점점 더 낮아질 것입니다.

프롬프트로 그려내는 상상, DALL·E

이미지 생성 AI는 사용자의 텍스트 입력(프롬프트)을 해석해 새로운 이미지를 자동으로 생성하는 기술입니다. 대표적인 서비스로는 오픈AI(OpenAI)의 달리(DALL·E)가 있으며, 이 도구는 프롬프트의 구체성과 명확성에 따라 생성되는 이미지의 품질이 크게 달라집니다.

예를 들어, 단순히 "고양이"라고 입력하면 일반적인 고양이 이미지가 생성되지만, "창문가에 앉아 햇빛을 즐기는 고양이, 따뜻한 색조, 디지털 아트 스타일"처럼 디테일과 스타일을 함께 명시하면 훨씬 목적에 부합하는 이미지를 얻을 수 있습니다.

특히 최근에는 오픈AI의 최신 멀티모달 모델인 GPT-4o에 DALL·E 기능이 통합되어 제공되면서, 사용자가 챗GPT 인터페이스 내에서 직접 이미지 생성을 수행하고, 대화 중에 실시간으로 스타일이나 구성을 수정 요청할 수 있게 되었습니다. DALL·E는 이제 GPT-4o 안에 포함되어, 대화하면서 프롬프트를 조금씩 수정하고, 원하는 이미지를 점점 더 정교하게 만들어 갈 수 있게 되었습니다.

하지만 DALL·E가 GPT 안에서만 사용되는 것은 아닙니다. DALL·E는 여전히 독립된 기술과 브랜드로도 계속 운영되고 있습니다. 예를 들면, 개발자들이 직접 사용할 수 있는 API, 마이크로소프트의 빙 이미지 크리에이터(Bing Image Creator), 애저(Azure) 클라우드 서비스 등에서는 GPT와는 별도로 DALL·E 기능을 제공하고 있습니다. 이처럼 DALL·E는 GPT와 연결되어 대화형으로 활용되기도 하고, 별도의 서비스로도 다양하게 사용되고 있는 것입니다.

DALL·E는 하나의 이미지 생성 기술이지만, GPT 안에서는 대화형 창작 도구로 편리하게 쓰이고, 다른 플랫폼에서는 API 형태로 다양한 기능을 제공하면서 기술적 유연성과 확장성을 함께 갖추고 있다고 볼 수 있습니다. 사용자 입장에서는 목적에 따라 더 쉽게 사용할 수 있는 환경이 넓어지고 있는 셈입니다.

정교한 이미지 제작, 미드저니

챗GPT에서 제공하는 달리(DALL·E)를 활용하면 원하는 이미지를 손쉽게 생성할 수 있지만, 프롬프트 작성 방식에 따라 결과물의 스타일이나 디테일이 달라지고, 매번 동일한 스타일을 유지하기는 어렵다는 한계가 있습니다.

보다 전문적인 이미지 생성 도구로는 미드저니(Midjourney)가 있습니다. 미드저니는 스타일, 캐릭터, 무드보드 등 다양한 레퍼런스를 반영한 이미지 생성이 가능해 더 일관된 결과를 얻을 수 있습니다. 다만, 본격적으로 활용하려면 월 10~120달러의 구독 비용이 필요하고, 디스코드(Discord)라는 플랫폼을 통해야 한다는 점은 초보 사용자에게 다소 낯설게 느껴질 수 있습니다.

대부분의 생성형 AI는 멀티모달 기능을 제공하기 때문에, 원하는 이미지나 스타일의 예시를 직접 업로드하고 프롬프트 생성을 요청하는 방식으로 활용도를 높일 수 있습니다. 예를 들어, 챗GPT에 이미지를 올리고 분석을 요청한 뒤, 그 결과를 바탕으로 기본 프롬프트를 구성하고 점차 구체화해 나가는 방식입니다. 이후 스타일, 캐릭터, 톤 등을 구상해 무드보드를 완성하고, 이를 미드저니에 적용하면 더 정교한 이미지를 얻을 수 있습니다.

중요한 것은 단순히 "고양이 이미지를 만들어 달라"는 요청에 그치지 않고, 원하는 분위기, 배경, 색감, 디테일 등을 프롬프트에 구체적으로 서술하는 과정입니다. 예를 들어, "동화풍의 고양이 일러스트"나 "현대적인 느낌의 3D 캐릭터"처럼 스타일과 콘셉트를 명확히 제시하면, AI가 제안한 결과물에서 점차 자신이 원하는 이미지에 가까운 방향으로 다듬어 나갈 수 있습니다.

생성된 이미지가 만족스럽지 않다면, 포토샵이나 일러스트레이터 같은 그래픽 툴을 활용해 후속 작업을 진행할 수도 있습니다. 색감 보정, 배경 조정, 요소 추가 등은 AI 결과물을 더 완성도 있게 발전시켜 주며, 이러한 반복과 수정의 과정 자체가 학습이며 피드백의 순환 구조로 작용합니다.

결국 미드저니에서 이미지를 제작하는 과정은 단순한 출력이 아니라, 사용자의 기획력과 AI와의 협업을 통한 점진적 개선의 흐름이라고 볼 수 있습니다. 이때 챗GPT 같은 AI를 프롬프트 작성 보조 도구로 활용하면, 복잡한 구문이나 스타일 표현도 훨씬 자유롭고 유연하게 구성할 수 있습니다. 무드보드 구성,

레퍼런스 수집, 편집 도구와의 연계까지 단계별로 적용하면, 하나의 아이디어가 풍부한 시각 자료로 발전할 수 있는 가능성이 더욱 커집니다.

템플릿 기반 디자인 도구의 강점

달리나 미드저니를 활용해 이미지를 생성하는 일은 흥미로운 경험이 될 수 있습니다. 하지만 프롬프트 사용법을 익히고, 별도의 구독료를 지불하면서까지 이미지를 제작해야 할 상황은 현실적으로 그리 많지 않습니다. 특히 시각 자료가 급하게 필요하거나 반복적으로 제작되는 경우에는, 처음부터 이미지를 생성하는 것보다 기존 템플릿을 수정하는 방식이 훨씬 간단하고 효율적일 수 있습니다.

이러한 측면에서 캔바(Canva) 같은 서비스는 더 현실적인 대안으로 주목받고 있습니다. 캔바는 고급 이미지 생성보다는 기존 템플릿을 활용해 빠르게 디자인을 완성하고자 하는 사용자에게 최적화된 도구입니다.

콘텐츠 제작은 참여 방식에 따라 일정한 패턴을 보입니다. 콘텐츠를 직접 창작하는 사람은 소수이고, 일부는 이를 공유하거나 반응하며, 대다수는 소비자에 머뭅니다. 많은 사용자들은 AI를 통해 새로운 이미지를 만드는 것보다는, 수정 가능한 기존 자료를 활용하는 방식에 더 익숙하고 편리함을 느끼는 경향이 있습니다.

예를 들어, 블로그 썸네일이나 SNS 광고 배너처럼 급하게 제작해야 하는 반복적인 디자인 작업의 경우, 캔바의 방대한 템플릿과 직관적인 편집 기능만으로도 충분히 만족스러운 결과물을 얻을 수 있습니다.

최근 캔바는 AI 기반 디자인 보조 기능을 도입해, 사용자가 입력한 요구사항에 따라 맞춤형 그래픽 요소나 이미지를 자동으로 제안하고 생성하는 기능을 제공하고 있습니다. 기존의 템플릿 편집 기능과 AI 기능이 결합되면서, 사용자는 완성도 높은 디자인을 더욱 빠르고 쉽게 제작할 수 있게 되었습니다.

템플릿을 선택한 후에는 AI의 제안을 기반으로 색상, 폰트, 레이아웃 등 세부 요소를 간편하게 조정할 수 있습니다. 이때 AI는 사용자의 목적과 스타일을 파악해 적절한 그래픽 요소를 추천하고, 사용자는 이를 반영해 더 일관된 시각 자료를 손쉽게 완성할 수 있습니다.

캔바의 가장 큰 강점은 복잡한 디자인 기술 없이도 전문가 수준의 결과물을 제작할 수 있다는 점입니다. 특히 소규모 기업이나 1인 콘텐츠 제작자처럼 디자인 전문 인력이 부족한 환경에서는, 시간과 비용을 절약하면서도 전문적인 시각 자료를 안정적으로 제작할 수 있는 유용한 도구가 됩니다.

더불어, 캔바의 AI는 사용자의 선호도와 과거 디자인 패턴을 학습해 점차 개인화된 추천 기능을 강화하고 있으며, 이를 통해 전체적인 디자인 효율성을 더욱 높이고 있습니다.

전문가를 위한 어도비 파이어플라이

어도비(Adobe)에서 선보인 파이어플라이(Firefly)는 디자이너와 크리에이터에 특화된 이미지 생성 AI 서비스입니다. 어도비는 포토샵(Photoshop)과 일러스트레이터(Illustrator) 등 대표적인 디자인 툴에서 축적해온 노하우를 AI에 접목해, 전문적인 그래픽 작업 환경에서도 차별화된 사용 경험을 제공하고 있습니다.

파이어플라이는 포토샵이나 일러스트레이터와 긴밀히 연동되어 있어, AI가 생성한 이미지를 바로 불러와 후속 편집할 수 있습니다. 덕분에 디자이너는 익숙한 작업 환경을 유지한 채 AI의 생성 능력을 자연스럽게 활용할 수 있으며, 이는 파이어플라이의 가장 큰 강점 중 하나입니다. 그래픽 분야에서 오랜 기간 시장을 선도해 온 어도비의 기술력이 바탕이 되기 때문에, 생성되는 이미지의 퀄리티 또한 높은 편입니다.

또한, 어도비는 저작권 문제에 민감한 기업 환경을 고려해, 파이어플라이로 생성한 이미지의 상업적 활용에 대한 명확한 가이드라인을 제시하고 있습니다. 이러한 정책 덕분에 파이어플라이는 기업용 이미지 생성 도구로서 비교적 안전하고 신뢰할 수 있는 선택지로 인식되고 있습니다.

파이어플라이는 단순히 새로운 이미지를 생성하는 데 그치지 않고, 텍스처, 패턴, 스타일 등 다양한 그래픽 요소를 제안하고, 디자이너가 이를 편집·보정해 완성도를 높일 수 있도록 돕습니다. 어도비가 오랜 기간 다듬어온 크리에이티브 워크플로의 경험이 AI 기능 속에 자연스럽게 녹아들어 있다는 점에서, 파이어플라이는 단순한 생성형 도구를 넘어선 전문 작업 환경 속 협업 파트너로 자리잡고 있습니다.

개방성과 유연성의 강점, 스테이블 디퓨전

스테이블 디퓨전(Stable Diffusion)은 대표적인 오픈소스 이미지 생성 모델로, 누구나 모델을 다운로드해 로컬 환경에서 실행하거나 다양한 웹 서비스에서 활용할 수 있습니다. 전 세계 개발자들이 자유롭게 모델을 개선하고 변형하면서, 플러그인, 확장 기능, 튜토리얼 등 풍부한 오픈소스 생태계가 활발하게 형성되고 있습니다.

예를 들어, 포토샵용 플러그인이나 블렌더(Blender) 같은 3D 제작 툴용 확장 모듈이 활발히 개발되고 있어, 다양한 창작 도구와 AI 이미지 생성 기능을 결합해 활용할 수 있는 환경이 빠르게 확장되고 있습니다.

스테이블 디퓨전은 클라우드 기반이 아닌 로컬에서 실행할 수 있다는 점도 큰 장점입니다. 네트워크 연결이 불안정한 환경이나 보안이 중요한 기업 내부망에서도 원활하게 작동하며, 민감한 데이터나 독점 콘텐츠를 외부 서버로 전송하지 않고 작업할 수 있어 개인정보 보호와 기밀 유지 측면에서도 유리합니다.

또한 이 모델은 프롬프트 엔지니어링의 중요성이 특히 강조되는 도구로 알려져 있습니다. 무드, 스타일, 채도, 구도 등 프롬프트를 얼마나 구체적으로 설계하느냐에 따라 생성되는 이미지의 완성도가 크게 달라집니다.

이러한 특성 덕분에 일반 사용자는 다양한 스타일을 손쉽게 실험할 수 있으며, 전문 크리에이터는 자신만의 프롬프트 기술을 활용해 독창적인 예술적 표현을 시도할 수 있는 유연한 플랫폼으로 활용할 수 있습니다.

구글의 이미지 생성 실험, image-fx의 가능성

구글이 실험 중인 이미지 생성 기술인 image-fx는 방대한 데이터와 뛰어난 AI 연구 역량을 기반으로 고품질의 이미지를 생성하는 것을 목표로 합니다. 오픈AI의 달리(DALL·E)가 종종 얼굴이나 손의 표현에서 부자연스러운 결과를 내는 반면, image-fx는 더 자연스럽고 정교한 이미지를 만들어내는 기술력으로 주목받고 있습니다.

이 기술은 단순한 텍스트 프롬프트 기반 생성뿐 아니라, 기존 이미지를 참고해 스타일을 변형하거나, 음성 정보를 시각화하는 등 다양한 멀티모달 확장 기능도 지원할 것으로 기대되고 있습니다.

무엇보다 구글은 검색 분야에서 독보적인 강점을 보유한 기업이기 때문에, image-fx가 과거의 이미지 데이터나 웹 검색 결과를 학습 기반으로 참고해 보다 정확하고 풍부한 이미지 시안을 제공할 수 있을 것으로 보입니다.

산업 전반을 바꾸는 파급력

이미지 생성 AI는 디자인, 마케팅 등 다양한 산업 분야에 혁신적인 변화를 불러올 잠재력을 지니고 있습니다.

먼저 디자인 분야에서는 시안 제작과 반복적인 수정 작업의 속도가 획기적으로 개선되고 있습니다. 로고, 제품 패키지, 광고 배너 등 다양한 시각 요소를 AI로 빠르게 생성함으로써 작업 시간을 단축하고, 더 많은 아이디어를 실험해볼 수 있는 환경이 마련되고 있습니다.

마케팅 및 광고 영역에서도 이미지 생성 AI는 큰 변화를 만들어내고 있습니다. 간단한 프롬프트 입력만으로도 캠페인 이미지나 SNS용 비주얼 콘텐츠를 신속하게 제작할 수 있으며, AI가 소비자 선호나 최신 트렌드를 분석해 맞춤형 이미지를 제안함으로써 개인화된 콘텐츠 기획이 가능해지고 있습니다.

엔터테인먼트 및 미디어 산업에서는 영화, 애니메이션, 게임 개발의 초기 단계에서 콘셉트 아트를 빠르게 생성해 제작 효율을 높일 수 있습니다. 웹툰 작가나 일러스트레이터처럼 시각 콘텐츠를 직접 제작하는 창작자도, AI를 통해 배경이나 소품, 캐릭터 디자인의 초기 아이디어를 도출한 뒤 수작업으로 보완하는 하이브리드 방식을 적극 활용하고 있습니다.

전자상거래와 쇼핑 플랫폼에서는 이미지 생성 AI를 통해 제품 촬영 없이 가상의 상품 이미지를 생성하거나, 사용자의 체형이나 취향에 맞춘 가상 착용 이미지를 제공하는 방식으로 더 빠르고 개인화된 쇼핑 경험을 제공할 수 있게 되었습니다.

또한 건축 및 인테리어 분야에서도 AI는 새로운 기회를 제시합니다. 간단한 도면이나 키워드 기반의 설명만으로 다양한 스타일과 자재가 반영된 콘셉트 이미지를 자동으로 생성할 수 있어, 디자이너와 고객 간의 시각적 소통을 한층 원활하게 만들고 있습니다.

이처럼 이미지 생성 AI는 단순한 디자인 자동화 도구를 넘어, 산업 전반의 창의적 사고를 확장하고 시각화 역량을 강화하는 동반자로 진화하고 있습니다. 앞으로 이 기술이 다양한 분야에서 어떻게 융합되고, 또 어떤 방식으로 실질적인 가치를 창출해 나갈지 주목할 만합니다.

08.
AI가 가장 먼저
활용되고 있는 영역은?

인공지능(AI)은 다양한 가능성과 잠재력을 인정받고 있지만, 이를 기업 전반에 걸쳐 확장 적용하는 과정에서는 여전히 적지 않은 장애물이 존재합니다. 보안 체계가 미비할 경우 핵심 정보가 외부로 유출될 수 있으며, 익숙한 방식을 고수하는 조직 문화는 새로운 기술의 도입을 가로막는 요인이 됩니다. 또한, 중구난방으로 축적된 데이터를 표준화하지 못하면, 아무리 성능이 뛰어난 AI라 하더라도 기대한 만큼의 성과를 내는 데에는 분명한 한계가 따릅니다.

이처럼 전사적인 AI 노입을 주저하는 기업들도, 비교적 위험 부담이 적고 빠른 결과를 얻을 수 있는 분야부터 시도해볼 수 있습니다. 대표적인 예가 마케팅과 업무 자동화입니다. 고객 데이터를 분석해 맞춤형 프로모션을 설계하거나, 반복적인 업무 처리·고객 응대·콘텐츠 생성 등의 분야에 AI를 적용함으로써 효율성을 높일 수 있습니다. 이와 같은 초기 성공 사례가 누적되면, 점차 다른 부서와 영역으로 AI 활용 범위를 확대하는 데에도 자연스럽게 탄력이 붙게 됩니다.

AI의 도입은 기술 그 자체보다 조직의 준비 상태에 달려 있습니다. 이미 많은 기업들이 보안 체계, 내부 문화, 데이터 품질 등으로 인해 도입에 어려움을 겪고 있지만, 이러한 장애 요인들은 이제 널리 알려진 문제입니다. 중요한 것은 각 기업이 어떤 기준으로, 어떤 분야부터 AI를 도입할지를 전략적으로 판단하는 것입니다.

예를 들어, 고객 접점이 많고 데이터 기반 의사결정이 활발한 조직이라면 마케팅 자동화부터 시작하는 것이 적합할 수 있습니다. 반면, 반복 작업이 많은 부서는 생성형 AI를 통한 콘텐츠 제작이나 문서 자동화가 더 빠른 효과를 낼 수 있습니다. AI 도입의 출발점은 '기술 가능성'이 아니라, '현실적 우선순위'와 '내부 수용력'에 대한 진단에서 시작해야 합니다. 이를 통해 AI

는 단기 성과와 장기 혁신을 동시에 추구하는 실질적 도구가 될 수 있습니다.

AI 스튜디오, 마케팅을 바꾸는 도구

기업은 지금, 비용을 절감하면서도 차별화된 전략으로 고객 만족을 높여야 하는 시대에 놓여 있습니다. 이러한 과제에 대한 해법 중 하나가 바로 AI를 활용한 마케팅, 그중에서도 콘텐츠를 자동으로 생성·편집·관리할 수 있는 'AI 스튜디오'에 대한 관심이 빠르게 높아지고 있습니다.

AI 스튜디오는 단순한 이미지 편집 툴을 넘어, 가상 모델 생성, 다국어 더빙, 배경 및 제품 이미지 자동 합성 등 콘텐츠 제작의 전 과정을 통합 제공하는 플랫폼으로 진화하고 있습니다. 과거에는 콘텐츠 제작이 전문 인력과 장비에 의존하는 고비용 구조였다면, 이제는 누구나 손쉽게 AI 스튜디오를 통해 콘텐츠를 기획하고 제작할 수 있는 환경이 열리고 있습니다.

이러한 변화는 단순히 제작의 효율성을 높이는 데서 그치지 않고, 콘텐츠 산업의 구조 자체를 변화시키고 있습니다. 대형 기획사나 외부 대행사에 의존했던 작업들이 내부에서 빠르게 처리될 수 있게 되었고, 이는 마케팅 활동의 많은 부분이 저비용·고속 대응 체계로 전환되고 있음을 의미합니다.

특히 AI 스튜디오의 가장 큰 장점은 전문적인 기술 없이도 일정 수준 이상의 결과물을 빠르게 생성할 수 있다는 점입니다. 과거에는 촬영 현장을 세팅하고, 조명과 모델을 섭외하며 여러 단계를 거쳐야 했던 콘텐츠 제작이, 이제는 템플릿과 프롬프트만으로 고품질 이미지를 단시간에 생성할 수 있는 수준에 이르렀습니다.

그 결과, 마케팅 캠페인 역시 더 빠르고 유연하게 기획·실행될 수 있습니다. 이전에는 '스토리보드 작성 → 모델 섭외 → 촬영 → 편집' 등 일련의 과정을 순차적으로 밟아야 했다면, 이제는 AI를 통해 다양한 시안을 한 번에 시도하고, 짧은 시간 안에 빠르게 실행할 수 있는 체계로 전환되고 있습니다.

하지만 이렇게 제작의 장벽이 낮아진 만큼, 이제는 '무엇을 만들 것인가'보다 '왜 만들고, 어떻게 차별화할 것인가'에 대한 고민이 더 중요해지고 있습니다. 누구나 일정 수준의 콘텐츠를 만들 수 있는 시대가 되었기에, 브랜드 메시지와 타깃 전략 등 기획 역량이 더 중요해지고 있는 것입니다.

결국 콘텐츠의 성과는 브랜드의 톤앤매너와 소비자에게 전달하려는 메시지의 명확성에 달려 있습니다. 완성도 높은 콘텐츠를 만드는 것만으로는 충분하지 않으며, 강렬한 크리에이티브와 차별화된 전달 방식이 뒷받침되어야 합니다. AI 스튜디오가 콘텐츠 제작을 단순화하는 데는 분명한 강점이 있지만, 소비자를 사로잡을 전략을 설계하는 일은 여전히 기획자의 몫입니다.

콘텐츠 자동화 마케팅 전략

AI 스튜디오는 처음에는 인플루언서와 크리에이터를 중심으로 빠르게 확산되었습니다. 이들은 빠른 대응이 필수적인 콘텐츠 제작 환경에서, AI 스튜디오를 활용해 이미지를 생성하고, 영상·음성을 자동 편집하는 작업을 효율적으로 자동화해왔습니다. 덕분에 짧은 시간 안에 고품질 콘텐츠를 제작하고, 팔로워와의 실시간 소통을 강화하며 빠르게 성장할 수 있었습니다.

최근에는 기업들도 AI 스튜디오의 가능성을 인식하며 이를 마케팅 전략의 핵심 도구로 적극 활용하기 시작했습니다. 특히 콘텐츠 자동화와 메시지 생성은 마케팅 부서 입장에서 매력적인 기능입니다. 마케팅은 고객과의 상호작용이 많고, 성과 측정이 명확해 AI 적용 효과가 빠르게 나타나는 분야이기 때문입니다. AI 스튜디오를 통해 제품 설명, 광고 문구, 프로모션 배너 등을 신속하게 제작할 수 있으며, 고객 반응 데이터를 기반으로 실시간 성과를 개선하는 운영 방식도 가능해졌습니다.

실제로 다양한 산업군에서 AI 스튜디오의 활용도가 점점 높아지고 있습니다. 예를 들어, 패션 브랜드는 시즌별 룩북을 제작할 때 모델의 얼굴, 의상, 배경 등을 자동 생성해 콘텐츠 제작 속도를 높이고 있습니다. 식품 기업은 제품 이미지에 다양한 배경과 조명을 적용해 소비자의 주목도를 높이며, 호텔이나 여행사는 고객의 취향에 맞춘 프로모션 이미지를 자동 생성해 마케팅 성과를 극대화하고 있습니다.

현대백화점과 네이버의 협업 사례는 AI를 마케팅 전략에 정밀하게 접목한 대표적인 예입니다. 두 기업은 고객 데이터를 기반으로 학습된 AI 기반 콘텐츠 생성 도구 '루이스(Louis)'를 도입해, 브랜드의 톤앤매너를 유지하면서도 맞춤형 마케팅 메시지를 자동으로 작성하는 시스템을 구축했습니다.

루이스는 단순한 챗봇이 아니라, 제품 소개, 프로모션 문구, 고객 대상 캠페인 메시지 등 다양한 마케팅 카피를 자동 생성하는 AI 카피라이터입니다. 고객의 구매 이력과 선호도를 바탕으로 적절한 문장 톤과 키워드를 제안하며, 브랜드 일관성을 해치지 않으면서도 개인화된 커뮤니케이션을 가능하게 합니다. 그 결과, 고객 만족도와 브랜드 충성도는 물론, 실질적인 매출 증대 효과도 함께 기대할 수 있게 되었습니다.

틱톡, 마케팅을 위한 AI 스튜디오 실험

AI 스튜디오에 적극적으로 투자하고 있는 대표적인 플랫폼 기업 중 하나가 틱톡(TikTok)입니다. 틱톡은 짧은 영상 콘텐츠인 숏폼(Short-form)으로 전 세계 사용자들의 관심을 사로잡았으며, 최근에는 '심포니 크리에이티브 스튜디오(Symphony Creative Studio)'를 통해 AI 기반 더빙 기능을 선보였습니다. 이 기능은 10개 이상의 언어로 음성을 자동 변환할 수 있어, 브랜드나 인플루언서가 언어 장벽 없이 글로벌 소비자와 소통할 수 있는 환경을 제공합니다. 이를 통해 틱톡은 마케팅의 글로벌화에 한층 속도를 더하고 있습니다.

틱톡은 이외에도 맞춤형 아바타 생성 및 가상 인플루언서 제작 기능을 지원하며, AI 기술을 시각적 차별화 요소로 활용하고 있습니다. 숏폼 콘텐츠는 짧은 시간 내 시청자의 시선을 사로잡아야 하기 때문에, 독특하고 신선한 비주얼 요소가 중요합니다. AI 기반 아바타나 가상 인플루언서는 참신한 콘텐츠 연출을 가능하게 하는 도구로, 브랜드 메시지를 효과적으로 담아낸 콘텐츠는 빠르게 확산되는 틱톡 특유의 구조와 결합해 높은 파급력을 기대할 수 있습니다.

또한 틱톡은 게티이미지(Getty Images) 및 브이캣(ViCat) 등 주요 콘텐츠 제공업체와의 협업을 통해, 광고 제작의 진입 장벽을 낮추고 자동화 수준을 높이고 있습니다. 예를 들어, 브이캣의 솔루션을 활용하면 상품 페이지의 URL만 입력해도 영상과 광고 소재가 자동 생성되며, 게티이미지와의 연계를 통해 고품질의 비주얼 콘텐츠를 기반으로 광고 성과를 극대화할 수 있습니다. 이처럼 틱톡은 콘텐츠 기획부터 소재 선정, 최종 제작까지의 과정을 AI 중심으로 통합해, 플랫폼 내에서 마케팅 전반을 빠르고 효율적으로 실행할 수 있는 체계를 구축하고 있습니다.

이미지와 영상 제작 AI 솔루션들

이미지와 영상을 자동으로 생성해 주는 AI 솔루션은 매우 다양하게 등장하고 있습니다. 그중에서도 주목할 만한 서비스로는 브이캣(Vcat), 포투(Photou), 캐럿(Carrot) 등이 있습니다. 이들 도구는 각각의 방식으로 콘텐츠 제작의 효율성과 속도를 끌어올리며, 마케팅 자동화의 실질적인 해법으로 부상하고 있습니다.

브이캣은 상품 페이지의 URL만 입력하면 관련 이미지를 분석하고, 그에 맞는 영상 컷과 이미지 소재를 자동으로 생성·편집해 주는 AI 서비스입니다. 예를 들어, 온라인 쇼핑몰에서 판매 중인 상품 링크만 있어도 브이캣은 해당 상품의 핵심 정보와 스펙을 추출하고, 이를 바탕으로 배너 이미지, 영상 자막, 주요 문구 등을 자동 생성합니다. 여기에 브랜드 로고나 컬러만 입히면, 별도의 디자인 작업 없이도 완성도 높은 광고 콘텐츠를 빠르게 제작할 수 있습니다.

포투(Photou)는 주어진 상품 이미지를 AI가 학습해, 마치 전문 스튜디오에서 촬영한 듯한 모델 컷을 자동 생성하는 서비스입니다. 실제 모델이나 촬영 없이도 고품질의 화보 스타일 이미지를 제작할 수 있어, 패션 커머스 업계, 특히 신상 업데이트가 빠른 동대문 기반 쇼핑몰에서 큰 주목을 받고 있습니다. 포투는 이미지 생성뿐 아니라, SNS 게시 자동화, 상품 설명 문구 생성 기능까지 제공해, 마케팅 전반을 자동화하는 방향으로 발전하고 있습니다. 아직 일부 개선이 필요한 영역도 있지만, 효율성과 콘텐츠 차별화를 동시에 추구할 수 있는 솔루션으로 평가받고 있습니다.

캐럿(Carrot)은 사진 생성에 특화된 AI 솔루션으로, 사용자가 선호하는 템플릿과 스타일을 선택하면 다양한 무드와 분위기의 이미지를 자동 생성해 줍니다. 소셜미디어용 레트로 감성부터 브랜드 광고용 프리미엄 스타일까지 폭넓은 시각적 콘셉트를 제공하며, 디자인 경험이 없는 사용자도 손쉽게 고품질 콘텐츠를 제작할 수 있습니다. 특히 브랜드 이미지와 일관된 톤앤매너를 유지하면서도 시각적 다양성을 확보해야 하는 소규모 마케팅 팀에게 실용적인 도구로 활용될 수 있습니다.

모바일로 확장되는 AI 기반 스트리밍의 진화

네이버는 '프리즘 라이브 스튜디오'에 3D 아바타 실시간 송출 기능인 '버튜버(VTuber)' 기능을 도입했습니다. 프리즘 라이브 스튜디오는 PC와 모바일에서 모두 사용 가능한 멀티 플랫폼으로, 이제는 모바일에서도 3D 아바타 라이브 방송이 가능해져 접근성이 크게 향상되었습니다.

버튜버는 가상현실 모델(VRM) 기술을 기반으로 하며, 기존처럼 고사양 장비 없이도 모바일 디바이스만으로 실시간 방송이 가능하다는 점에서 콘텐츠 제작의 진입 장벽을 낮춘 사례로 평가받고 있습니다.

AI 기반 스트리밍 서비스의 확산은 마케팅 전략에도 새로운 가능성을 열고 있습니다. 브랜드 캐릭터나 상징물을 활용한 실시간 방송을 통해 소비자와의 직접 소통이 가능해지고, 브랜드 친밀도와 아이덴티티를 강화할 수 있습니다.

또한, 실시간 반응 분석과 콘텐츠 조정이 가능해져 참여율과 도달률은 물론, 마케팅 효율성까지 높일 수 있는 수단으로 주목받고 있습니다. 모바일 기반이라는 특성 덕분에, 언제 어디서나 콘텐츠를 제작하고 소비할 수 있는 유연한 마케팅 환경이 구축되고 있습니다.

콘텐츠 제작의 중심이 바뀌고 있다

AI 스튜디오의 자동화와 효율성 강화는 콘텐츠 제작 과정을 획기적으로 단순화하고 있습니다. 덕분에 기획자와 크리에이터는 기술적 작업에 소모되는 시간과 에너지를 줄이고, 핵심 아이디어 발굴과 콘셉트 기획에 더 집중할 수 있게 되었습니다. 다시 말해, AI 스튜디오를 통해 저비용으로 고효율의 콘텐츠 제작이 가능해진 것입니다.

이제는 전문 대행사를 거치지 않고도 적은 예산으로 다양한 버전의 콘텐츠를 빠르게 생성할 수 있는 환경이 마련되었습니다. 이는 특히 예산이 제한된 스타트업이나 소상공인에게도 실질적인 기회를 제공합니다. 고품질 시안을 저비용으로 확보할

수 있다는 점에서, 마케팅 활동의 범위와 속도 모두 크게 확장
될 수 있습니다.

또한, AI 스튜디오가 제공하는 템플릿, 프롬프트, 가상 모델
등의 도구를 활용하면 다수의 콘텐츠 시안을 동시에 시도해볼
수 있습니다. 마케터나 크리에이터는 이러한 시안을 빠르게 비
교·검토하고, 소비자 반응에 따라 실시간으로 수정하거나 보완
할 수 있습니다. 이 과정은 새로운 크리에이티브 방향을 탐색하
고, 콘텐츠 성과를 극대화하는 데 효과적입니다.

AI 스튜디오의 전략적 가치

AI 스튜디오는 단순히 콘텐츠 제작의 효율을 높이는 수준을
넘어, 콘텐츠 생산의 지형 자체를 재편하고 있습니다. 기존에는
비용, 시간, 인력의 제약으로 인해 실험적인 콘텐츠 제작이 쉽
지 않았지만, AI 스튜디오가 제작 장벽을 낮추면서 소규모 팬덤
이나 서브컬처를 겨냥한 콘텐츠도 활발히 등장하고 있습니다.

브랜드 입장에서는 새로운 타깃 군을 정밀하게 공략하고, 다
양한 콘셉트를 짧은 주기로 테스트할 수 있는 기회가 열리고 있
는 셈입니다. 특히 짧은 숏폼 영상부터 인터랙티브 콘텐츠까지
다양한 형식의 실험을 손쉽게 시도할 수 있다는 점은 콘텐츠 전
략 측면에서 큰 전환점이 되고 있습니다.

더불어, AR(증강현실)·VR(가상현실) 등 몰입형 콘텐츠 역시 AI 스

튜디오와의 결합을 통해 과거보다 훨씬 빠르고 저렴하게 구현할 수 있습니다. 이는 단순한 기술 구현을 넘어, 브랜드 차별화와 사용자 경험 강화라는 실질적 성과로 이어질 수 있습니다.

AI 스튜디오가 촬영, 편집, 번역, 자막 등 반복적인 제작 작업을 자동화해줌에 따라, 마케터와 크리에이터는 소모적인 작업에서 벗어나 보다 전략적인 업무에 집중할 수 있습니다. 소비자 인사이트 분석, 신제품 기획, 브랜드 전략 수립 등 고부가가치 영역에 더 많은 자원을 투입할 수 있는 환경이 마련되고 있는 것입니다.

이제 마케팅 환경은 "누가 구현할 것인가?"보다 "무엇을 구현할 것인가?"가 더 중요한 시대로 전환되고 있습니다. AI 스튜디오는 예산의 효율화와 창의적 협업 구조를 동시에 가능케 하며, 이는 조직의 창의력, 실행력, 그리고 혁신 속도를 끌어올리는 중요한 열쇠가 되고 있습니다.

AI 스튜디오에 대응하는 조직 전략

AI 스튜디오를 효과적으로 활용하기 위한 첫 번째 과제는 조직 구조와 업무 프로세스의 재정비입니다. 반복적인 작업—예를 들어 배너 제작, 영상 편집 등—은 AI에 맡기고, 팀원들은 브랜드 전략이나 메시지 설계 등 핵심 기획 업무에 집중할 수 있도록 역할 분담을 조정해야 합니다. 또한 기획·마케팅 실무자에게 AI 도구 사용 권한(계정/라이선스)을 부여해, 시안 생성부터 검토까지를 내부에서 신속하게 수행할 수 있는 체계를 마련하는 것이 중요합니다.

디지털 협업 환경 구축도 함께 이루어져야 합니다. 예를 들어 노션(Notion) 같은 협업 툴과 AI 스튜디오를 연계해, 시안이 생성되는 즉시 팀원들이 피드백하고 개선 방향을 논의할 수 있어야 합니다. 이를 통해 의사결정 속도는 물론 브랜드 일관성도 함께 확보할 수 있습니다.

또한 사내 교육과 가이드라인 정비도 필수적입니다. AI 스튜디오 사용법은 물론, 프롬프트 작성법, 저작권·데이터 보안 이슈까지 포함한 교육 체계를 갖춰야 합니다. 단순한 기능 습득을 넘어서, 프롬프트별 결과물 분석과 공유를 통한 노하우 축적, 브랜드 메시지 매뉴얼을 통한 콘텐츠 정체성 유지 역시 중요한 과제가 됩니다. 마지막으로, AI 콘텐츠 활용과 관련된 윤리 및 법적 기준도 내부 규정으로 명확히 문서화해 두어야 합니다.

AI 기술은 빠르게 진화하고 있으며, 이에 대응하기 위해서는 지속적인 학습과 내부 역량 축적이 필요합니다. 새로운 기능이나 서비스가 출시될 때마다 사내 테스트 프로젝트를 운영하고, 그 성과와 실패 사례를 체계적으로 기록해 지식 자산으로 축적해야 합니다. 아울러 최신 트렌드를 모니터링하고, 기술 변화를 선제적으로 진단할 전문가를 두는 것도 효과적인 대응 전략이 될 수 있습니다.

AI 스튜디오의 확산, 그 이면의 과제들

AI 스튜디오가 빠르게 확산되고 있지만, 동시에 해결해야 할 여러 과제들도 함께 드러나고 있습니다. 그중 하나는 콘텐츠 저작권 문제입니다. 현재 AI 스튜디오에서 생성된 콘텐츠의 저작권이 개발사에 귀속되는지, 혹은 제작자에게 있는지에 대한 명확한 기준이 없습니다. 일부 AI 개발사는 저작권이 자신들에게 있다고 주장하는 반면, 제작자가 창작의 주체임을 강조하는 입장도 존재합니다. 하지만 관련 법적 근거와 판례가 부족해, 기술의 발전 속도에 비해 제도와 정책이 뒤처지고 있는 상황입니다.

특히 광고용 콘텐츠는 상업적 가치가 크기 때문에, 권리 귀속 문제는 더욱 민감하게 작용합니다. 콘텐츠가 브랜드 이미지나 초상권과 얽힐 경우, 법적 분쟁 가능성도 커질 수 있습니다. 따라서 업계 차원에서 명확한 가이드라인을 마련하고, 공신력 있는 협회나 기관을 통한 사회적 합의 도출이 시급한 과제입니다.

또한 개인정보 및 제품 정보 유출에 대한 우려도 존재합니다. 대부분의 AI 서비스는 사용자 데이터가 학습에 활용되지 않도록 설정할 수 있지만, 실제로는 텍스트, 이미지, 음성 데이터가 서버에 일시적으로 저장될 수 있으며, 이 과정에서 비공개 정보가 외부로 유출될 가능성도 배제할 수 없습니다. 경쟁사가 이를 악용하거나 기밀이 노출될 경우, 기업 입장에서는 심각한 손실로 이어질 수 있습니다. 따라서 계약서에 데이터 보안 조항을 명확히 명시하고, AI 스튜디오 제공사와의 데이터 처리 정책을 사전 합의하는 절차가 필수적입니다.

기술적 한계 역시 존재합니다. 현재의 AI는 물리적 촬영에서 느껴지는 질감이나 현장감을 완벽하게 재현하기는 어렵고, 동일한 프롬프트를 입력하더라도 사용된 훈련 데이터나 모델 버전에 따라 결과물이 달라질 수 있습니다. 이에 따라 브랜드 일관성을 유지하려면, 프롬프트 작성 기준을 세밀하게 조정하고, 생성된 콘텐츠의 스타일을 일관되게 관리하는 노력이 병행되어야 합니다.

AI를 가장 적극적으로 활용하는 산업군

인공지능을 가장 적극적으로 활용하고 있는 산업군은 단연 이커머스 분야입니다. 이커머스에서는 소비자의 구매 이력, 상품 검색 패턴, 장바구니 정보, 클릭한 광고 등 방대한 데이터를 실시간으로 수집할 수 있습니다. 이렇게 축적된 데이터를 AI가 분석하고 예측함으로써, 과거에는 상상하기 어려웠던 정교한 개인화(Personalization)가 가능해졌습니다.

예를 들어, 어떤 고객에게는 평소 검색했던 상품과 유사한 제품을 추천하고, 다른 고객에게는 추가 구매 가능성이 높은 보완 제품을 제안하는 방식입니다. 기업 입장에서는 소비자가 관심 가질 만한 상품만 노출하므로 광고 효율이 높아지고, 소비자는 불필요한 프로모션에 덜 노출되기 때문에 피로감이 줄어듭니다. 결과적으로 전환율과 고객 만족도를 동시에 높일 수 있는 효과를 기대할 수 있습니다.

또한 AI를 활용한 고객 세분화(Customer Segmentation) 전략은 통합 마케팅에서도 큰 장점을 발휘합니다. AI가 고객을 체계적으로 분류하면, 각 그룹의 특성과 행동 패턴을 더 명확히 파악할 수 있어, 세밀한 마케팅 전략 수립이 가능해집니다. 예컨대 특정 세그먼트를 대상으로만 맞춤형 이벤트나 쿠폰을 제공하면, 마케팅 비용을 보다 효율적으로 집행하고 고객 충성도를 강화할 수 있습니다.

개인화에서 대화형 쇼핑으로

이러한 개인화 전략이 한 단계 더 진화한 형태가 바로 '챗핑 (Chatping)'입니다. 챗핑은 채팅(Chatting)과 쇼핑(Shopping)의 합성어로, 대화형 AI 기술을 통해 사용자의 의도와 상황을 파악하고 그에 맞는 제품을 맞춤형으로 추천하는 서비스입니다. 최근 이커머스 기업들이 챗핑을 적극 도입하면서, 쇼핑 경험은 더욱 정밀하고 효율적인 방향으로 변화하고 있습니다.

네이버는 하이퍼클로바X 기반의 '클로바포애드(CLOVA for AD)' 광고 상품을 운영하고 있으며, 네이버 쇼핑을 '플러스 스토어'로 개편하면서 AI 기반 개인 맞춤형 추천 시스템을 적용하고 있습니다. 예를 들어, 사용자가 네이버 검색창에 '출산'을 입력하면, AI는 '국민 출산템', '출산 준비 방법'과 같은 구체적이고

실용적인 질문을 제시합니다. 이어서 '출산 준비 필수품 톱 7'
과 같은 정보를 수치화된 데이터와 함께 제공해, 유모차나 속싸
개처럼 제품명을 정확히 모르는 사용자도 필요한 정보를 쉽게
파악할 수 있도록 지원합니다.

기존 검색 방식은 키워드를 입력한 뒤 정보를 선별하고 정
리하는 사용자 주도형 구조였다면, 챗핑은 자연어 기반의 질문
에 AI가 즉각적으로 의미 있는 정보를 제공하면서 이 과정을 획
기적으로 간소화합니다. 사용자 입장에서는 복잡한 검색 과정
을 생략한 채 대화하듯 필요한 정보를 얻을 수 있으며, AI는 대
화 중 이어지는 추가 질문을 분석해 숨은 니즈까지 파악할 수
있습니다.

이러한 변화는 단순한 기술적 진보를 넘어, 쇼핑 경험 자체
를 개인 중심으로 재구성하는 흐름으로 이어지고 있습니다. AI
는 사용자의 선호도, 상황, 목적 등을 종합적으로 분석해 더 정
교한 추천을 제공하고, 결과적으로 소비자는 더욱 개인화되고
효율적인 쇼핑 경험을 누릴 수 있게 됩니다.

물론, AI 추천이 특정 브랜드나 상품에 편향될 가능성은 여
전히 존재합니다. 그러나 이는 다양한 데이터 학습과 알고리즘
의 지속적인 개선을 통해 점차 해결될 수 있습니다. AI 기술이
더욱 정교해지고 공정성을 확보해 나가면, 챗핑은 사용자 중심
의 신뢰할 수 있는 쇼핑 방식으로 자리 잡을 것입니다.

검색과 쇼핑을 아우른 네이버

챗핑이 주목받는 가운데, 네이버는 검색과 쇼핑이라는 두 핵심 영역을 동시에 운영하는 플랫폼으로서 강점을 보이고 있습니다. 구글이나 메타가 광고에, 아마존이 유통과 클라우드에 집중하는 것과 달리, 네이버는 검색 데이터와 쇼핑 데이터를 통합적으로 확보하고 분석할 수 있는 구조를 갖추고 있습니다. 이러한 기반은 사용자 의도에 맞는 제품 추천과 정밀한 쇼핑 경험 설계에 유리한 환경을 제공합니다.

네이버는 하이퍼클로바X 기반의 '클로바 포 애드(CLOVA for AD)'와 '플러스 스토어'를 통해 대화형 쇼핑 경험을 구체화하고 있습니다. 사용자가 검색창에 특정 키워드를 입력하면, 관련 브랜드의 브랜드챗으로 연결되는 확장형 대화 서비스가 제공되며, 실제로 나이키와의 협업에서는 러닝화 추천, 운동 가이드 등 브랜드 맞춤형 정보 제공 사례로 활용되고 있습니다. 이는 마치 실제 매장에서 상담을 받는 듯한 몰입형 쇼핑 경험을 구현합니다.

또한 네이버는 콘텐츠 기반 검색 환경을 활용해 사용자에게 신뢰도 높은 정보 탐색 경험을 제공합니다. 예를 들어 '캠핑의자'를 검색하면, 상품 정보뿐 아니라 블로그 후기, 리뷰 영상 등 다양한 사용자 생성 콘텐츠(UGC)를 함께 제공해 구매 결정을 돕습니다. 이후에는 네이버 ID와 페이를 통한 간편 구매로 전환까지 이어지는 구조를 갖추고 있어 검색-탐색-구매의 전 과정을 일관되게 설계하고 있습니다.

아울러 네이버는 사용자 행동 데이터를 기반으로 맞춤형 혜택과 쿠폰을 자동 추천합니다. 검색 키워드, 관심사, 구매 이력, 지역, 라이프스타일 등을 분석해, 개인별로 최적화된 프로모션을 제공함으로써 사용자 만족도를 높이고 있습니다.

정교한 챗핑 경험을 위한 데이터 전략

챗핑의 핵심은 AI가 학습할 수 있는 양질의 데이터를 어떻게 구축하느냐에 달려 있습니다. AI는 방대한 데이터를 기반으로 작동하므로, 기업은 자사 웹사이트, 앱, 커뮤니티, 리뷰 플랫폼 등 다양한 채널에서 데이터를 체계적으로 수집·정리해야 합니다. 예를 들어, 네이버는 방대한 콘텐츠 생태계를 통해 검색 데이터를 축적하고 이를 개인 맞춤형 쇼핑 추천에 활용하고 있습니다. 기업들도 소비자 접점을 다각화해 데이터를 확보하고, 이를 AI 학습 자료로 전환하는 체계를 마련해야 합니다.

AI가 제품과 서비스를 정확히 이해하려면, 제품 설명, 키워드, 이미지, 가격 등 메타데이터를 일관되게 정리해야 하며, 사용자 리뷰나 평점 등 피드백 정보도 AI 학습에 포함시켜야 합니다. 제품이 실제 사용되는 구체적인 상황이나 이미지 제공은 AI의 맥락 이해도를 높여 추천의 정밀도를 향상시키는 데 유용합니다.

이미지 기반 검색도 챗핑을 진화시키는 요소입니다. 예를 들어, 퍼플렉시티의 '스텝 투 쇼핑' 기능은 소비자가 이미지를 통해 직관적으로 제품을 탐색하고 구매할 수 있도록 지원합니다. 이처럼 시각 정보가 포함된 데이터는 소비자에게 보다 자연스럽고 몰입감 있는 쇼핑 경험을 제공할 수 있습니다.

AI 추천이 구매로 이어지려면, 정교하게 설계된 커머스 생태계가 뒷받침되어야 합니다. 간편 결제 시스템, 콘텐츠와의 유기적 연계, 개인 맞춤형 프로모션 제공은 전환율을 높이고 사용자 경험을 강화하는 핵심 요소입니다. 퍼플렉시티의 원클릭 결제 기능은 구매 장벽을 낮추는 대표적 사례로 볼 수 있습니다.

기업은 AI 플랫폼과의 협력을 통해 자사 제품 데이터를 최적화하여 플랫폼이 효과적으로 학습하고 추천할 수 있는 환경을 조성해야 합니다. 네이버의 클로바포애드, 구글의 AI 오버뷰 등은 AI 광고와의 통합을 통해 소비자 접점을 확대한 사례입니다. 이 과정에서 데이터의 투명성과 공정성을 확보하는 것은 소비자 신뢰를 유지하는 데 핵심입니다.

나아가, 소비자와의 상호작용을 통해 얻은 데이터를 제품 개선에 반영하는 것이 중요합니다. 대화형 AI는 단순한 자동화 기술을 넘어 기업과 소비자의 소통 방식을 근본적으로 변화시키고 있으며, 이를 통해 기업은 소비자 경험을 차별화하고 경쟁 우위를 확보할 수 있습니다.

결국 챗핑의 성과는 데이터의 질과 시스템의 완성도에 달려 있습니다. 기업은 지속적으로 AI 학습 환경을 고도화하고, 상호작용에서 얻은 인사이트를 통해 더 나은 쇼핑 경험을 설계해 나가야 합니다.

AI 기반 유저 테일러링

AI 기술의 발전은 커머스와 리테일 분야에 새로운 가능성을 열고 있습니다. 그중에서도 '유저 테일러링(User Tailoring)', 즉 사용자 맞춤화 전략은 소비자 경험을 개인화된 방식으로 재구성한다는 점에서 주목받고 있습니다. 이는 소비자의 취향, 행동, 필요에 맞춰 제품이나 콘텐츠를 제공하는 방식으로, 최근 이커머스 업계에서 빠르게 확산되고 있습니다.

예를 들어, 네이버는 기존의 '쇼핑 탭'을 '플러스 스토어'로 전면 개편하고 AI 기술을 전면에 도입했으며, 아마존은 AI 쇼핑 어시스턴트 '루퍼스(Rufus)', 월마트는 오프라인 매장에 AI 시스템을 적용해 구매 패턴 분석과 맞춤형 프로모션 강화를 시도하고 있습니다. 이처럼 전통적인 가격 비교 중심의 쇼핑 구조는 점차 소비자 최적화 중심으로 전환되고 있습니다.

특히 네이버는 국내 사용자에게 가장 체감도가 높은 유저 테일러링 사례라 할 수 있습니다. '플러스 스토어'는 단순한 상품 나열에서 벗어나, 상품, 가격, 혜택 정보를 사용자별로 개인화하여 한눈에 제공하는 것이 특징입니다. 사용자의 검색 이력, 선호 브랜드, 민감하게 반응하는 혜택 유형 등을 분석해 최적의 아이템을 추천합니다. 이는 마치 '맞춤형 스토어'에 방문하는 듯한 경험을 제공하며, 탐색 과정의 효율성을 크게 향상시킵니다.

이러한 전략은 네이버에 축적된 방대한 검색·쇼핑 데이터와 고도화된 AI 분석 기술이 결합된 결과입니다. 사용자가 스마트스토어에서 구매했던 기록이나 검색 키워드 이력, 즐겨 찾는 브랜드 등 다양한 행동 데이터가 AI의 추천 시스템에 반영됩니다. 소상공인이나 브랜드 사업자 역시 네이버의 AI 기반 툴을 활용해 마케팅 전략을 정교화할 수 있게 됩니다. 예를 들어, 쿠폰 배치, 리뷰 노출, 할인 정보 제공 방식 등을 고객군에 따라 조절함으로써 운영 효율성과 타겟팅 효과를 높일 수 있습니다.

개인화된 쇼핑 환경이 정교해지면 광고 전략 또한 함께 진화합니다. 기존 네이버 쇼핑 광고는 키워드 기반으로, 사용자가 '노트북 가방'을 검색하면 관련 광고가 노출되는 방식이었습니다. 그러나 이 방식은 사용자의 관심은 포착할 수 있어도, 실제 구매 의도까지는 파악하기 어려운 한계가 있었습니다.

AI 기반 추천이 도입되면, 광고 노출이 키워드에만 의존하지 않고, 구매 이력, 취향, 사이트 체류 시간, 행동 패턴 등 복합 데이터를 반영하게 됩니다. 이로 인해 광고 노출의 정밀도는 높아지고, 전환율도 함께 개선될 가능성이 큽니다. 결과적으로 광고주와 플랫폼 모두에게 성과 중심의 광고 생태계가 형성될 수 있습니다.

글로벌 리테일 기업의 AI 개인화 전략

AI 기반 개인화 전략은 아마존과 월마트 같은 글로벌 리테일 기업에서도 핵심 경쟁력으로 자리 잡고 있습니다. 이들은 방대한 고객 데이터를 바탕으로, 더욱 정교하고 실질적인 쇼핑 경험을 제공하며 시장을 선도하고 있습니다.

아마존은 세계 최대 이커머스 플랫폼으로, 강력한 데이터 분석 역량과 AI 기술을 바탕으로 개인화 전략을 고도화하고 있습니다. 특히 AI 쇼핑 도우미 '루퍼스(Rufus)'는 고객이 자연어로 질문하면 제품 카탈로그, 리뷰, 웹사이트 정보, 커뮤니티 Q&A 등 다양한 출처의 정보를 종합해 응답합니다. 기존의 단순한 연관 상품 추천을 넘어, 구매 시 고려할 요소, 경쟁 제품과의 차이, 최신 트렌드 등도 함께 안내한다는 점에서 한 단계 진화한 형태입니다.

예를 들어, 사용자가 "이 가방의 내구성은 어느 정도인가요?"라고 묻는다면, 루퍼스는 제품의 소재, 제조 방식, 실제 사용자 리뷰를 기반으로 한 피드백을 통합해 응답합니다. 단순한 정보 제공을 넘어서, 제품의 특장점과 유의사항까지 포함된 응답을 제공해 구매 결정을 돕습니다. "지난번 내가 구매했던 운동화와 유사한 제품을 추천해 줄 수 있나요?"와 같은 질문에도, 주문 이력과 취향 데이터를 반영해 세밀하게 대응할 수 있습니다.

월마트는 오프라인과 온라인을 아우르는 AI 기반 옴니채널 전략을 강화하고 있습니다. 고객의 오프라인 구매 경험과 온라인 활동 데이터를 통합 관리함으로써, 카테고리별 관심도, 구매 빈도, 매장 선호도 등을 분석해 맞춤형 혜택을 제공합니다. 예컨대, 고객이 자주 찾는 매장 위치나 상품 재구매 주기를 분석해 매장 픽업과 배송 옵션을 개인화하거나, 온라인에서 먼저 추천 상품을 제시하는 방식으로 사용자 경험을 최적화합니다.

이러한 전략은 고객과의 장기적 관계를 강화하는 데에도 효과적입니다. AI가 소비자의 취향과 구매 패턴을 학습함으로써 보다 개인화된 서비스 제공이 가능해지고, 이는 곧 고객 충성도(로열티) 향상으로 이어집니다.

월마트는 이처럼 온·오프라인의 쇼핑 경험을 유기적으로 연결함으로써, 매출 증대와 브랜드 가치 제고라는 실질적 성과를 기대하고 있습니다.

정밀 타겟팅의 진화, 광고 전략의 AI화

AI 기반 개인화 전략은 단순한 추천 시스템을 넘어, 광고 타겟팅과 전환 전략의 중심 축으로 자리 잡고 있습니다. 특히 메타(인스타그램, 페이스북)는 오랜 기간 지역, 성별, 나이, 관심사 등 다양한 조건을 기반으로 정밀 타겟팅 광고를 운영해 왔습니다. 그러나 이 플랫폼은 소셜 네트워크 중심으로 소비자가 구매를 목적으로 방문하지 않는다는 한계가 있으며, 그로 인해 광고 전환율이 기대에 못 미치는 경우도 적지 않습니다.

반면, 네이버는 검색과 쇼핑이 자연스럽게 연결된 플랫폼 구조를 바탕으로 AI 기반 정밀 타겟팅을 고도화하고 있습니다. 기존의 키워드 중심 광고에서 벗어나, 사용자의 구매 이력, 체류 시간, 관심 제품에 대한 탐색 패턴 등 다차원 데이터를 통합 분석해 정교한 프로파일링이 가능해졌습니다.

이러한 개인화된 광고 전략은 광고주 입장에서도 전환율 향상으로 이어지며, 사용자에게는 필요 없는 정보를 배제해 광고 피로도를 줄이고 브랜드에 대한 긍정적 인식을 높이는 효과를 제공합니다. 과거처럼 동일한 광고를 무작위로 노출하는 방식은 오히려 소비자의 반감을 유발할 수 있었지만, AI 분석을 기반으로 한 광고는 실제 관심사와 구매 가능성에 근거한 맞춤형 제안으로 전환됩니다.

또한 광고 피로도를 효과적으로 관리하는 전략은 광고 성과를 높이는 데 핵심 요소입니다. 예를 들어, 메타는 사용자가 특정 광고를 반복적으로 숨기면 해당 광고의 품질이 낮다고 판단하고, 이로 인해 광고 효율이 저하되거나 광고비가 상승하는 구조로 작동합니다. 네이버 역시 AI 분석을 통해 과도한 반복 노출을 피하고, 사용자의 반응 이력을 반영해 광고 콘텐츠를 조정하는 방향으로 진화하고 있습니다.

개인화된 광고와 커머스 환경이 유기적으로 연결되면, 광고-상품 탐색-결제-프로모션 제공까지 전 과정이 AI 기반으로 최적화됩니다. 예를 들어, 사용자가 상품 상세페이지를 확인한 후 이탈한 경우, AI는 이를 감지하고 적절한 타이밍에 맞춤형 프로모션을 제시할 수 있습니다. "고민 중인 상품, 지금 10% 할인 중입니다"라는 메시지는 관심 유지와 구매 유도를 동시에 만족시키는 방식입니다.

AI는 반복적인 소비자 반응을 학습하며, 쇼핑 시간대, 선호 브랜드, 반응률이 높은 혜택 유형을 분석해 최적의 타이밍에 최적의 제안을 수행할 수 있는 방향으로 점점 정교화되고 있습니다.

이러한 AI 기반 유저 테일러링은 광고주에게는 높은 구매 전환율을, 플랫폼에는 광고 단가 상승과 광고주 유입 증가라는 선순환 효과를 가져옵니다. 단순 노출 기반 과금에서 벗어나, 장바구니 담기나 실제 구매 전환 등 성과 지표 중심의 광고 과금 방식으로 확장될 가능성도 커지고 있습니다. 이는 광고 수익의 질적 전환으로 이어지며, 네이버 같은 플랫폼 기업의 성장 동력이 될 수 있습니다.

다만, 개인화가 고도화될수록 반드시 함께 고려해야 할 요소가 있습니다. 바로 데이터 주권과 개인정보 보호입니다. AI가 정밀하게 작동하려면 더 많은 사용자 데이터를 수집·분석해야 하지만, 이 과정이 불투명하거나 일방적으로 진행되면 사용자 신뢰를 잃을 수 있습니다.

따라서 기업은 투명한 데이터 수집 기준과 명확한 활용 목적, 안전한 데이터 처리 체계를 마련해야 합니다. 이를 통해 개인화의 편의성과 프라이버시 보호 사이에서 균형을 유지할 수 있으며, 장기적으로는 소비자 신뢰 기반의 AI 활용 생태계를 구축할 수 있습니다.

유저 테일러링 시대, 자사몰의 전략적 전환

AI 기반 유저 테일러링이 본격화되면서 플랫폼 간 경쟁이 더욱 치열해지고 있습니다. 이에 따라 기업들은 단순히 외부 플랫폼에 의존하는 것을 넘어, 자체적인 AI 역량 강화와 데이터 기반 마케팅 전략을 내재화하는 방향으로 움직이고 있습니다.

특히 고객 데이터의 주도권이 플랫폼에 집중되는 구조 속에서, 기업이 자체 데이터 분석 역량과 고객 접점의 통제권을 확보하려는 시도는 경쟁력 확보의 핵심 과제가 되고 있습니다.

현실적으로는 네이버, 쿠팡 등 플랫폼 생태계를 완전히 배제한 매출 구조 전환은 쉽지 않지만, 자사몰의 전략적 역할은 점점 더 중요해지고 있습니다. 유저 테일러링이 활성화될수록, 고객 데이터를 얼마나 세밀하게 수집하고 정밀하게 분석할 수 있느냐가 맞춤형 마케팅의 출발점이 되기 때문입니다.

자사몰은 고객의 구매 이력, 검색 패턴, 체류 시간, 리뷰 반응 등 다양한 행동 데이터를 통합적으로 수집할 수 있습니다. 이는 플랫폼에서 제공하는 제한적 거래 데이터와는 달리, 전환 전후의 고객 여정을 정밀하게 분석할 수 있는 기반이 됩니다. 이러한 데이터를 바탕으로, "이런 상품도 좋아하실 것 같습니다"와 같은 맞춤형 추천, 관심도 높은 고객군 대상의 정교한 프로모션 기획, 구매 이탈 포인트 개선 등의 전략적 실행이 가능해집니다.

　또한, 구글 애널리틱스 등 로그 분석 도구와 연동된 자사몰 운영은 채널별 유입 효과, 이탈 페이지, 상품별 클릭률 등 실시간 인사이트를 제공합니다. 여기에 AI 기반 분석 기능을 접목하면, 고객의 선호 브랜드, 가격 민감도, 콘텐츠 반응도 등을 예측해 보다 정교한 추천 모델을 구현할 수 있습니다. 이런 방식은 광고 효율성 제고는 물론, 재구매율 향상과 장기 고객 전환에도 기여할 수 있습니다.

　무엇보다 자사몰 기반 데이터 분석은 상품 운영 전략의 최적화로 이어집니다. 판매량과 고객 반응을 기준으로 성과가 높은 상품과 부진한 상품을 분류하고, 고객 문의나 리뷰 데이터를 AI가 자동 분석함으로써 재고 조정, 마케팅 예산 배분, 신제품 기획의 실패 확률을 줄일 수 있습니다. 예를 들어, 특정 카테고리에서 만족도가 높고 전환율이 높은 제품에는 마케팅 자원을 집중적으로 배치하고, 판매 부진 품목은 가격 조정이나 크리에이티브 보강을 통해 재활성화 전략을 수립할 수 있습니다.

결국, 유저 테일러링 시대에 자사몰은 단순한 판매 채널을 넘어, 고객 경험 설계와 데이터 기반 의사결정의 중심축으로 자리잡고 있습니다.

기업이 장기적으로 독자적인 경쟁 우위를 확보하기 위해서는, 자사몰을 통한 데이터 통제력과 AI 기반 개인화 역량을 체계적으로 강화해 나가야 합니다.

브랜드 스토리가 차별화의 핵심이 된다

AI를 활용한 유저 테일러링이 고도화되면서, 제품의 기능적 우수성만으로는 경쟁력을 확보하기 점점 어려워지고 있습니다. 소비자들은 이미 자신에게 맞는 제품과 혜택을 제공받는 것을 '기본값'으로 인식하고 있으며, 그 이상의 감성적 요소와 스토리적 맥락에 주목하고 있습니다.

이러한 환경에서 기업이 반드시 고려해야 할 전략은, 개인화된 메시지 속에서도 브랜드 정체성을 어떻게 일관되게 유지할 것인가입니다. 아무리 정교한 맞춤형 광고와 추천이 제공되더라도, 브랜드 고유의 감성과 철학이 담기지 않으면 소비자의 공감을 이끌어내기 어렵습니다.

이때 핵심이 되는 요소가 바로 브랜드 스토리입니다. 단순히 "이 제품은 당신에게 적합합니다"라는 메시지를 넘어서, "이 제품은 왜 만들어졌고, 어떤 가치를 담고 있는가"에 대한 설득력 있는 내러티브를 전달하는 것이 필요합니다. 창업자의 비전, 독특한 생산 과정, 기업의 사회적 가치나 문화적 맥락 등은 소비자가 브랜드의 철학에 공감하고 애착을 형성할 수 있게 하는 정서적 자산이 됩니다.

이는 특히 AI 기반 추천 시스템이 보편화되는 시점에서 더욱 중요해집니다. 기능 중심의 개인화는 경쟁사도 동일하게 구현할 수 있지만, 브랜드 고유의 스토리와 감성은 복제하기 어렵기 때문입니다. 결과적으로, 브랜드 스토리를 통해 소비자의 감정과 인식을 장기적으로 관리할 수 있으며, 이는 브랜드 스위칭을 방지하고 고객 충성도를 높이는 핵심 요인으로 작용하게 됩니다.

개인화 전략의 정교함과 브랜드 스토리의 일관성이 결합될 때, 소비자는 비로소 "이 브랜드는 나를 잘 이해하고 있다"는 인식을 갖게 됩니다. 예를 들어, 특정 고객에게 프로모션 메시지를 보낼 때도, 브랜드의 톤앤매너와 가치가 일관되게 유지된다면 단순한 혜택 제공을 넘어 브랜드와의 감정적 연결을 강화하는 경험으로 작용할 수 있습니다.

결국, 유저 테일러링 전략이 성과로 이어지기 위해서는 고객 맞춤형 메시지를 어떻게 브랜드 철학과 연결짓는가가 관건입니다. 브랜드가 다양한 채널과 접점에서 일관된 스토리와 정체성을 유지할 수 있다면, AI가 제공하는 정밀한 추천이 기능적 설득을 넘어서 감성적 설득으로 확장될 수 있습니다.

이커머스, '경험 산업'으로 전환 중

이커머스는 AI 기술을 가장 빠르고 깊이 있게 흡수한 산업이지만, 지금 이 시점에서 주목해야 할 흐름은 단순한 기술 도입을 넘어, 소비자 경험 전반을 설계하는 산업으로의 전환입니다. 검색·추천·광고·결제·물류에 이르기까지 AI는 이커머스의 거의 모든 접점을 혁신해 왔고, 이제는 '얼마나 효율적으로 팔 것인가'보다 '어떻게 경험을 설계할 것인가'에 방점이 옮겨지고 있습니다.

특히 유저 테일러링의 고도화는 이커머스를 더 이상 단순한 유통 플랫폼이 아닌, 디지털 경험 플랫폼으로 바꾸어 놓고 있습니다. 고객은 AI가 제공하는 상품보다, 자신이 어떻게 이해되고 있는지를 더 민감하게 인식합니다. 이는 곧 이커머스 기업이 기술력뿐만 아니라 브랜드 감도, 메시지 전달력, 콘텐츠 큐레이션 능력까지 갖추어야 하는 이유가 됩니다.

AI가 정보와 선택지를 정교하게 제공하는 시대에는, 무엇을 팔 것인지보다 어떻게 공감시킬 것인지가 차별화 요소로 부상합니다. 이커머스는 이제 가격과 속도의 경쟁을 넘어, 개인화된 연결과 감성적 설득을 중심으로 재편되고 있습니다. AI는 그 과정을 자동화하는 도구이자, 브랜드와 소비자 간의 관계를 유기적으로 매개하는 전략 자산으로 기능하게 됩니다.

결국, AI를 가장 먼저 도입한 산업이자 가장 치열하게 실험하고 있는 이커머스는, 기술의 미래를 가장 먼저 보여주는 '전략적 실험장'입니다. 앞으로 어떤 기업이 이 실험장을 경쟁의 무대가 아닌 고객 경험 혁신의 장으로 전환시킬 수 있을지, 그 역량이 이커머스 산업의 다음 국면을 결정지을 것입니다.

09.
AI가 만드는
크리에이터 이코노미

AI가 콘텐츠 제작, 큐레이션, 마케팅을 자동화하고 대규모로 확장할 수 있게 되면서, 창작자(크리에이터)가 활약할 수 있는 생태계를 '크리에이터 이코노미(Creator Economy)'라고 부릅니다. 최근 AI 기술의 빠른 발전으로 크리에이터들은 이전보다 훨씬 적은 리소스로도 매력적인 콘텐츠를 제작하고, 이를 다양한 플랫폼에 신속하게 배포할 수 있게 되었습니다. 그 결과, 개인 창작자가 만들어내는 경제적 가치와 사회적 영향력이 더욱 커지고 있으며, 기업과 브랜드 역시 AI를 활용해 큐레이션, 홍보, 운영을 간소화함으로써 새로운 비즈니스 기회를 창출하고 있습니다.

AI는 단순히 콘텐츠를 빠르게 생산하는 도구에 그치지 않고, 기획부터 제작, 배포, 분석에 이르는 전 과정을 혁신하며 새로운 창작의 장을 열고 있습니다. 대규모 플랫폼, 소규모 크리에이터, 그리고 이를 활용해 성과를 창출하는 기업 모두가 상생하는(win-win) 환경이 조성되면서, 크리에이터 이코노미는 앞으로 더욱 성장할 것으로 기대됩니다.

AI가 만드는 크리에이터 이코노미

AI 서비스에 대한 구독이 증가할수록 소비자는 점차 '구독 피로도'를 느끼게 되며, 일정 시점이 되면 이미 사용 중인 서비스만으로도 충분하다고 판단해 추가 지출을 꺼리는 경향이 나타납니다. 특히 챗GPT, 미드저니, Canva처럼 여러 개의 AI 서비스를 이미 구독하고 있는 경우, 새로운 AI 서비스에 대한 추가 비용 지출에는 더욱 신중해질 수 있습니다.

또한, 특정 분야에 특화된 버티컬 서비스의 경우 매일 사용할 만큼 필수적이지 않은 경우가 많아, 필요할 때만 일시적으로 결제하려는 소비자 행태가 나타납니다. 이런 경우 고정적인 고액 구독료를 받기는 어렵고, 월 단위로 구독을 유지하더라도 장기적으로는 이탈률이 높아질 가능성이 큽니다.

B2B와 B2C, AI 서비스 모델의 현실과 과제

AI 서비스(또는 AI 에이전트)는 목표로 하는 고객군이 B2B인지 B2C인지에 따라 비즈니스 모델이 크게 달라집니다. 기업(B2B) 고객을 주요 대상으로 하는 경우, 특정 산업이나 업무 분야에서 매일 활용되는 솔루션일 가능성이 높아, 월간 또는 연간 단위의 구독이 꾸준히 유지되는 경향이 있습니다. 예를 들어, 기업용 CRM이나 데이터 분석 도구는 업무 효율을 직접적으로 높이는 데 기여하므로, 한 번 도입되면 해지가 쉽지 않고, 높은 재방문율과 충성도를 기대할 수 있습니다.

반면, 개인 사용자(B2C)를 겨냥한 AI 서비스는 사용자의 관심도와 활용 빈도에 따라 구독 유지 여부가 크게 달라집니다. 이미 다양한 온라인 서비스를 구독 중인 개인의 경우, 추가 비용 지출에 부담을 느낄 수 있으며, 해당 서비스가 일상적으로 꼭 필요한 도구가 아니라면 필요할 때만 일시적으로 사용하고 곧바로 구독을 해지하는 경우가 많습니다. 이러한 특성으로 인해 B2C 서비스는 안정적인 수익 구조를 구축하기가 상대적으로 어렵습니다.

또한 B2C 시장에서는 챗GPT나 제미나이(Gemini)와 같은 범용 AI 모델의 영향력도 간과할 수 없습니다. 일부 개인이 유료 서비스를 이용한다고 해도, 범용 AI 모델이 상당수 기능을 무료로 제공하고 있기 때문에, 특화된 AI 에이전트가 명확한 차별성을 갖추지 못하면 유료 고객을 확보하기가 쉽지 않습니다. 범용 AI 서비스도 일정 수준의 문제 해결 능력을 갖추고 있어, 차별화 포인트가 뚜렷하지 않을 경우 고객이 느끼는 필요성은 더욱 낮아질 수밖에 없습니다.

이러한 이유로 당분간은 콘텐츠를 적극적으로 생산하는 인플루언서들이 생성형 인공지능 서비스와 AI 에이전트의 주요 사용자층이 될 가능성이 높습니다. 이들은 이미 소셜미디어에서 활발히 활동하고 있으며, AI 도구를 활용해 콘텐츠 제작 효율을 높이거나 이전에 시도하지 못했던 새로운 형식을 실험해 볼 수 있기 때문입니다. 다만, 인플루언서 인구 자체가 크지 않다는 점은 시장 확대에 제약이 될 수 있습니다. 소셜미디어 시대에 자주 언급되는 '1:9:90 법칙'처럼, 실제로 콘텐츠를 적극적으로 제작하는 사용자는 약 1%에 불과하고, 9%는 댓글이나 공유 등 간접 참여, 90%는 소비에 그치기 때문입니다. 이 비율을 AI 에이전트 시장에 그대로 대입하면, 초기 적극 사용자층의 규모는 제한적일 수 있습니다.

그럼에도 불구하고 인플루언서와 같은 소수이지만 영향력이 큰 개인들이 AI 에이전트를 통해 실질적인 성과를 창출한다면, 이를 기반으로 보다 넓은 시장으로의 확장 가능성은 충분히 존재합니다. 결국 B2C 시장에서도 유료 사용자를 확보하기 위해서는 '핵심 가치를 얼마나 분명하게 전달할 수 있는가'가 관건이 될 것입니다. 아울러, 필요한 순간에 실질적인 가치를 제공하거나 범용 AI 모델과는 차별화된 기능을 통해 고유한 영역을 구축해 나간다면, B2C AI 서비스도 장기적으로 지속 가능한 비즈니스 모델을 마련할 수 있을 것입니다.

AI 서비스의 확장, 인플루언서가 이끈다

시장성과 성장성 측면에서 일반 소비자를 직접 겨냥한 AI 서비스는 안정적인 수익 모델을 갖추기 어렵다는 평가가 많습니다. 하지만 이러한 한계를 보완할 수 있는 중요한 영역이 바로 인플루언서 산업입니다. 최근 기업들은 단순한 광고를 넘어 실제 구매 전환으로 이어지는 마케팅 전략을 중시하고 있으며, 이 과정에서 인플루언서의 영향력이 점점 더 부각되고 있습니다.

소비자들은 기업의 광고보다는 자신이 신뢰하는 인물의 추천에 더 큰 영향을 받습니다. 예를 들어, 콘텐츠를 시청하다가 바로 상품 정보나 구매 링크로 연결되는 콘텐츠 커머스는 그 대표적인 사례입니다. 유튜브의 쇼핑 기능이나 소셜미디어의 연동 시스템은 이러한 흐름을 뒷받침하며, 인플루언서는 친근하면서도 설득력 있는 방식으로 제품을 소개해 실질적인 매출 증대를 이끌어냅니다.

이처럼 인플루언서 산업의 성장은 B2C AI 서비스에도 긍정적인 기회를 제공합니다. 일반 소비자와 달리, 인플루언서는 콘텐츠 제작 효율을 높이고 경쟁력을 확보하기 위해 AI 툴을 적극적으로 활용하는 경향이 있습니다. 영상 편집 자동화, SNS 콘텐츠 디자인, 실시간 반응 분석과 같은 기능은 팬과의 소통을 강화하고 기업 협찬을 보다 효율적으로 처리하는 데 도움을 줍니다.

기업 또한 인플루언서 마케팅에 적극적으로 투자하고 있습니다. 특히 마이크로 인플루언서부터 메가 인플루언서까지, 다양한 유형의 창작자들이 사용하는 AI 툴에 대한 관심이 함께 높아지고 있으며, 이는 B2C 시장에서 AI 서비스의 활용 가능성을 더욱 확장시키고 있습니다.

결국 인플루언서, 기업, AI 서비스 간의 유기적인 상호작용이 늘어날수록 AI 서비스는 B2C 시장에서도 실질적인 입지를 다져갈 수 있습니다. 개인 사용자는 매일 AI를 사용하지 않더라도, 콘텐츠를 꾸준히 생산하는 인플루언서들이 지속적으로 투자하면서 새로운 수요를 이끌어내고 있기 때문입니다. 핵심은 이들의 니즈를 정확히 파악하고, 창작과 운영의 효율을 높일 수 있는 기능을 제공하는 것입니다. 이를 통해 AI 서비스는 인플루언서 산업과 함께 지속적으로 성장해 나갈 수 있습니다.

플랫폼이 키우는 인플루언서 AI 생태계

인플루언서 산업이 성장하면서 AI 서비스에 대한 관심도 함께 높아지고 있습니다. 이에 발맞춰 주요 플랫폼 기업들 역시 인플루언서들이 콘텐츠를 쉽고 빠르게 제작하고 배포할 수 있도록 다양한 AI 기능을 적극적으로 강화하고 있습니다.

예를 들어, 틱톡(TikTok)은 AI 기반의 편집 도구와 필터를 통해 인플루언서들이 짧은 숏폼 영상을 손쉽게 제작할 수 있도록 지원합니다. 자동 자막 생성, 재미있는 필터 등의 기능은 편집 시간을 줄여주고, 젊은 층이 선호하는 숏폼 콘텐츠 흐름과도 잘 맞아떨어집니다. 이를 통해 틱톡은 단순한 SNS를 넘어 숏폼 영상 특화 플랫폼으로 자리 잡았습니다.

메타(Meta) 역시 'AI 크리에이티브 스튜디오'를 통해 인스타그램 등 자사 플랫폼에서 활동하는 크리에이터의 콘텐츠 제작을 적극 지원하고 있습니다. 이 도구는 트렌드 분석과 콘텐츠 추천 기능을 제공해 아이디어 발굴을 돕고, 브랜드 광고부터 일상 콘텐츠까지 다양한 주제를 신속하게 다룰 수 있도록 설계되었습니다.

국내에서는 네이버가 인플루언서 프로그램을 운영하며 블로그, 클립, 스마트스토어, 쇼핑 등 자사 서비스에 AI 기술을 접목하고 있습니다. 검색 노출 강화, 커머스 연동, 쇼핑라이브 기능 등은 인플루언서들이 콘텐츠 기반 수익 모델로 확장할 수 있도록 도와주는 역할을 하고 있습니다.

이처럼 각 플랫폼이 제공하는 AI 기반 도구의 핵심은, 인플루언서가 별도의 전문 장비나 고급 편집 기술 없이도 고품질 콘텐츠를 빠르게 제작할 수 있다는 점입니다. 영상 편집부터 시청자 분석, 실시간 반응 모니터링까지 AI가 전 과정을 자동화·최적화해주기 때문에, 인플루언서는 콘텐츠 생산 속도를 높이는 동시에 팔로워와의 연결을 강화하고 기업과의 협업 기회를 넓힐 수 있습니다. 이 과정은 인플루언서 산업을 더욱 성장시키는 선순환 구조로 이어지고 있습니다.

산업으로 진화하는 크리에이터 이코노미

앞서 살펴본 것처럼 인플루언서들은 AI 기술을 활용해 콘텐츠 제작의 효율을 극대화하고 있으며, 플랫폼은 이러한 흐름을 뒷받침하기 위해 다양한 기능을 지속적으로 고도화하고 있습니다. 이처럼 기술과 창작 환경이 빠르게 진화하면서 크리에이터 이코노미는 이제 하나의 산업으로 자리 잡아가고 있습니다.

과거에는 블로그나 SNS에 취미로 콘텐츠를 올리는 수준에 머물렀다면, 이제는 AI를 기반으로 누구나 일정 수준 이상의 고품질 콘텐츠를 제작할 수 있는 시대가 되었습니다. 장비나 기술보다 아이디어와 전문성이 콘텐츠의 경쟁력을 결정짓는 요소가 되었고, 이를 기반으로 개인은 하나의 브랜드로 성장하고 있습니다.

기업 입장에서도 이러한 변화는 새로운 기회를 뜻합니다. 단순한 광고 채널이 아닌, 구매 전환을 유도할 수 있는 창의적 파트너로서의 크리에이터와 협업하려는 수요가 증가하고 있습니다. 이는 곧, 플랫폼—기업—크리에이터가 각자의 방식으로 가치를 주고받는 '상호 성장 생태계'로 확장되고 있다는 의미이기도 합니다.

AI 기술과 플랫폼 알고리즘, 소비자의 콘텐츠 소비 습관이 맞물리며, 크리에이터 이코노미는 앞으로도 더욱 빠르게 진화할 것입니다.

AI 에이전트, 좁은 시장을 넘기 위한 전략

문제는 유료 구독 모델을 기반으로 하는 AI 에이전트의 주요 사용자층이 인플루언서나 크리에이터처럼 비교적 제한적인 규모에 머무르고 있다는 점입니다. 이는 곧 시장 자체가 작게 형성될 수 있다는 의미이며, 해당 영역에 진입하려는 기업에게는 분명한 과제가 됩니다.

그러나 이러한 한계는 특정 카테고리에서의 압도적인 전문화로 일정 부분 극복할 수 있습니다. 예를 들어, 패션, 뷰티, 게임, 음악 등 특정 분야에서 편의성과 특화된 기능을 제공한다면, 크리에이터들이 해당 서비스를 '없어서는 안 될 도구'로 인식하게 만들 수 있습니다. 이는 충성도 높은 사용자층을 확보하고, 관련 생태계를 자연스럽게 확장하는 기반이 될 수 있습니다.

또한 국내 시장에 한정되지 않고, 초기 단계부터 글로벌 시장을 염두에 둔 전략도 필요합니다. 크리에이터와 인플루언서의 콘텐츠는 언어와 문화적 차이를 넘어서 빠르게 확산되는 특성이 있기 때문에, 국내에서 성공적인 모델을 구축한 AI 에이전트는 해외에서도 일정한 수요를 기대할 수 있습니다.

시장 저변을 넓히는 동시에, 수직적 통합 관점에서 수익 포인트를 다양화하는 접근도 중요합니다. 예를 들어, AI 에이전트를 중심으로 교육, 컨설팅, 커머스 기능 등을 결합한다면, 단순 구독료 외에도 여러 경로를 통해 수익을 창출할 수 있습니다.

궁극적으로 유료 AI 에이전트가 크리에이터 이코노미를 실질적으로 뒷받침하는 역할을 하려면, 니치 시장의 집중 공략, 글로벌 확장 전략, 수직적 통합을 통한 다각적 수익 모델 구축이 필수적입니다. 각 단계에서 명확한 차별성과 실행력을 확보할 수 있다면, 제한된 사용자군이라는 구조적 제약을 넘어 AI 에이전트 역시 크리에이터 이코노미와 함께 지속 가능하고 안정적인 성장을 실현할 수 있을 것입니다.

B2C와 B2B, AI 에이전트 시장의 양대 축

현재 AI 에이전트 시장은 크게 두 축으로 나눌 수 있습니다. 하나는 일반 소비자를 대상으로 한 B2C 분야이고, 다른 하나는 특정 산업의 기업 고객을 겨냥한 B2B 분야입니다.

B2C AI 에이전트는 주로 개인 사용자의 편의성과 경험 향상에 초점을 맞추며, 광범위한 사용자층을 대상으로 다양한 기능을 제공합니다. 반면, B2B AI 에이전트는 제조, 금융, 의료 등

산업별 특화 솔루션을 통해 기업의 업무 효율성을 높이고, 의사 결정을 지원하는 데 중점을 둡니다.

이러한 시장 구도 속에서 일부 선도 기업들은 B2C와 B2B를 동시에 공략하는 확장 전략을 시도하고 있습니다. 즉, 한쪽에 집중하기보다는 일반 소비자와 기업 고객 양측 모두를 대상으로 AI 에이전트 서비스를 제공하며 시장 범위를 넓히려는 전략입니다.

이러한 동시 공략에는 분명한 이점이 있습니다. B2C 분야에서 확보한 대규모 사용자 데이터와 사용자 경험 개선 노하우는 B2B 솔루션의 품질 향상에 활용될 수 있으며, 반대로 기업용으로 개발된 고도화된 기능과 안정성은 소비자용 서비스의 신뢰도를 높이는 데 기여할 수 있습니다. 두 시장에서의 경험과 기술이 서로에게 시너지를 제공할 수 있다는 점에서 전략적 가치가 큽니다.

다만, 이 전략을 성공적으로 구현하는 일은 결코 간단하지 않습니다. 특히 B2B 시장에 AI 에이전트를 도입하려는 경우, 보안과 데이터 통합이라는 두 가지 큰 장벽을 반드시 넘어서야 합니다.

창작의 방식 자체를 재정의하다

크리에이터 이코노미는 기술의 발달로 인해 탄생한 결과물이 아닙니다. 그것은 콘텐츠 생산의 주도권이 대중에게 이동한 결과이며, AI는 이 전환을 가속화하고 구조화하는 촉매 역할을 하고 있습니다. 특히 생성형 AI와 AI 에이전트의 등장은 창작의 문턱을 낮추는 데 그치지 않고, 창작자와 기업, 플랫폼 간의 가치 교환 구조를 재편하고 있습니다.

이제 중요한 것은 기술 자체가 아니라, AI를 활용한 창작 시스템을 어떻게 설계하느냐입니다. 콘텐츠는 단순히 만들어지는 것이 아니라, 전략적으로 조율되고, 특정한 목적을 향해 기획되며, 타겟 오디언스와의 관계 안에서 작동합니다. 따라서 AI 에이전트는 콘텐츠를 '생산'하는 도구를 넘어, 콘텐츠 비즈니스의 전반적인 운영 체계를 최적화하는 지능형 인프라로 진화해야 합니다.

또한 시장의 본질적 제약을 고려할 때, 지속 가능한 경쟁우위는 기술이 아니라 구조에서 나옵니다. AI 기술이 점점 범용화되는 상황에서, 서비스의 차별성은 '누가 얼마나 잘 만들었는가'보다 '어떻게 연결하고 작동시켰는가'에 의해 결정될 것입니다. 이는 크리에이터 이코노미가 더 이상 감성적 창작의 영역에 머물지 않고, 정교한 전략과 운영의 대상으로 진입하고 있다는 의미이기도 합니다.

AI는 더 이상 가능성을 논의하는 기술이 아닙니다. 지금 이 순간에도 시장 구조를 다시 쓰고 있으며, 그 변화의 중심에는 콘텐츠 생산자와 이들을 지원하는 시스템이 있습니다. 이 흐름을 이해하고 주도하는 기업과 창작자만이, AI 시대의 진정한 영향력을 획득할 수 있을 것입니다.

AI 시대, 콘텐츠 전략의 방향은?

기업은 AI 도입을 보다 신중하게 검토하고 점진적으로 적용할 필요가 있는 반면, 개인 사용자, 특히 콘텐츠 크리에이터나 인플루언서는 AI를 훨씬 더 즉각적이고 유연하게 활용할 수 있습니다. 이들은 이미 자신의 채널과 브랜드를 중심으로 활발히 활동 중이며, 영상·이미지 편집, 글쓰기 등 다양한 콘텐츠 제작 과정 전반에 AI 도구를 적극적으로 도입하고 있습니다.

개인 활용의 핵심은 콘텐츠 기획과 제작의 생산성 극대화에 있습니다. AI를 활용하면 짧은 시간 안에 다양한 아이디어를 생성할 수 있고, 자동화된 글쓰기 기능을 통해 빠르고 정확하게 텍스트 기반 콘텐츠를 완성할 수 있습니다. 영상이나 이미지 편집 작업 역시 AI 도구를 통해 간소화되면서, 전체 제작 시간은 현저히 줄어듭니다.

이러한 효율성의 향상은 단순히 시간을 절약하는 것을 넘어, 더 많은 콘텐츠를 보다 일관된 품질로 생산할 수 있게 함으로써, 크리에이터가 자신의 브랜드 가치를 극대화하고 팬과의 접점을 강화하는 데 기여합니다.

이제는 AI 최적화의 시대

AI를 활용해 콘텐츠 제작 효율을 높이고 있는 크리에이터와 인플루언서에게는 이제 단순한 도구로서의 AI를 넘어, AI 최적화(AI-Optimized) 관점에서의 전략적 접근이 점점 더 중요해지고 있습니다.

과거에는 검색엔진 최적화(SEO)를 기반으로 키워드 중심의 콘텐츠 구조를 설계하는 것이 핵심 전략이었습니다. 하지만 지금은 챗GPT와 같은 생성형 AI가 콘텐츠 소비의 주요 경로로 부상하면서, AI가 콘텐츠를 어떻게 인식하고 문맥 속에서 추천하거나 인용하는지를 고려한 새로운 기획 방식이 필요해졌습니다.

이제 크리에이터는 콘텐츠를 AI가 이해하기 쉬운 구조로 설계하고, 다양한 형식 간의 연계성을 강화해야 합니다. 명확한 주제 문장의 구성, 문맥에 맞는 태그 활용, 텍스트·이미지·영상 콘텐츠 간의 연결 설계 등은 AI 기반 시스템에서의 콘텐츠 노출 가능성을 높이는 중요한 요소입니다.

단순히 콘텐츠를 많이 올리는 것만으로는 충분하지 않습니다. 생성형 AI가 콘텐츠를 분석하고 재구성하는 방식을 이해하고, 기획 초기 단계부터 AI에 친화적인 구조를 설계하는 역량이 콘텐츠 경쟁력을 좌우하게 될 것입니다. 이러한 AI 최적화 전략은 향후 검색 결과뿐 아니라, 다양한 AI 기반 추천 시스템과 큐레이션 플랫폼에서 콘텐츠의 도달력과 지속 가능성을 결정짓는 핵심 요소로 작용할 것입니다.

신뢰 기반 콘텐츠가 AI의 선택을 결정한다

AI는 사용자에게 정확하고 신뢰할 수 있는 정보를 제공하기 위해, 검증된 출처와 고품질 콘텐츠를 우선적으로 인용하려는 방향으로 진화하고 있습니다. 이에 따라 디지털 마케터와 콘텐츠 제작자는 단순히 키워드를 최적화하는 수준을 넘어, 지속적으로 전문성과 깊이를 갖춘 콘텐츠를 생산하는 전략에 집중해야 합니다.

고품질 콘텐츠는 단순한 정보 전달을 넘어, 독자에게 인사이트를 제공하고 브랜드의 신뢰도를 구축하는 핵심 수단입니다. 이를 위해 효과적인 전략 중 하나는 전문가 인터뷰를 활용하는 방식입니다. 해당 분야의 권위 있는 전문가와의 인터뷰를 통해 얻은 인사이트는 콘텐츠의 신뢰도를 높이며, 정보의 정확성과 전문성을 뒷받침해줍니다. 예를 들어, 헬스케어 콘텐츠라면 의료 전문가의 의견을 인용하는 것만으로도 정보에 대한 신뢰는 한층 강화됩니다.

실제 사례를 제시하는 것 또한 콘텐츠의 설득력을 높이는 데 효과적입니다. 이론 중심의 설명에서 벗어나 실무 현장의 구체적인 경험을 함께 소개하면, 독자는 내용을 보다 쉽게 이해하고 실제 적용 가능성에 공감할 수 있습니다.

여기에 데이터 기반의 분석을 결합하면 콘텐츠는 더욱 탄탄해집니다. 정량적 데이터를 활용해 주장의 타당성을 뒷받침하고, 그래프나 차트 같은 시각 자료를 통해 정보를 직관적으로 전달하면, 정보에 대한 신뢰도와 이해도가 함께 향상됩니다. 예를 들어, 특정 마케팅 전략의 성과를 수치로 제시하거나, 업계 트렌드 분석 결과를 시각적으로 제공하면 AI는 해당 콘텐츠를 더욱 신뢰할 수 있는 자료로 인식하게 됩니다.

이처럼 신뢰 기반 콘텐츠를 꾸준히 생산하는 접근 방식은 단순한 검색 노출을 넘어서, AI가 인용하고 추천하는 콘텐츠로 자리매김하는 전략적 자산이 될 수 있습니다. 궁극적으로는 검색 상위 노출뿐 아니라, 브랜드 자체가 '신뢰할 수 있는 출처'로 평가받는 기반이 될 것입니다.

형식의 확장이 콘텐츠 전략의 또 다른 축

앞서 살펴본 콘텐츠의 질과 신뢰성 강화에 더해, 다양한 형식의 콘텐츠를 제작하는 것은 AI 최적화 마케팅에서 또 하나의 핵심 전략입니다. 텍스트에만 국한되지 않고 이미지, 동영상, 인포그래픽 등 멀티미디어 요소를 포함한 콘텐츠를 제작함으로써 사용자 경험을 향상시키고, AI가 인식하고 분석할 수 있는 정보의 폭 역시 넓힐 수 있습니다.

멀티미디어 콘텐츠는 단순한 시각적 보조 수단을 넘어, 정보 전달력과 사용자 참여도를 동시에 끌어올리는 요소로 작용합니다. 예를 들어 복잡한 데이터나 통계는 인포그래픽으로 시각화하면 독자의 이해도와 기억력을 높일 수 있으며, 동영상은 제품 설명, 튜토리얼, 고객 후기 등 다양한 목적에 활용되어 사용자와의 감정적 연결을 강화하는 데 효과적입니다.

중요한 점은, 이러한 시각·청각 정보가 단지 사용자를 위한 것에 그치지 않고, AI가 콘텐츠를 평가하고 추천하는 과정에서도 중요한 신호로 작용한다는 점입니다. AI는 텍스트뿐만 아니라 이미지 설명, 자막, 메타데이터 등 다양한 요소를 통합적으로 분석하여 콘텐츠의 맥락을 판단하기 때문에, 형식의 다양성은 콘텐츠 노출 가능성을 실질적으로 높이는 데 기여합니다.

실무적인 관점에서도 콘텐츠의 형식 다양화는 사용자의 선호와 소비 패턴에 유연하게 대응할 수 있는 수단입니다. 다양한 형식은 사이트 체류 시간을 늘리고 재방문율을 높이며, 브랜드와의 접점을 확장하는 데 효과적입니다. 단순히 콘텐츠를 '많이 만드는 것'에서 나아가, '다양하게 설계하는 것'이 AI 시대 콘텐츠 전략의 핵심 축으로 자리잡고 있습니다.

콘텐츠 확산과 AI 인식의 접점을 넓힌다

콘텐츠의 형식을 다양화하는 전략과 함께 반드시 고려해야 할 또 하나의 축은 멀티채널 배포 전략입니다. 단일 플랫폼에 콘텐츠를 집중하는 방식에서 벗어나, 형식에 맞게 콘텐츠를 재구성하여 여러 플랫폼에 맞춤형으로 배포하는 전략은 도달 범위를 넓히고 브랜드의 영향력을 확장하는 데 효과적입니다.

이러한 멀티채널 접근은 단순히 콘텐츠를 여러 곳에 복제해 올리는 수준을 넘어, 플랫폼별 알고리즘과 사용자 행동을 깊이 이해하고, 그에 최적화된 콘텐츠 포맷과 메시지를 설계하는 작업을 포함합니다. 예를 들어, 인스타그램이나 틱톡과 같은 소셜 미디어 플랫폼에서는 짧고 감각적인 영상, 강렬한 시각 요소가 사용자 참여를 유도하는 반면, 블로그나 뉴스레터는 심층적인 정보 전달과 전문성 강조에 유리한 채널입니다. 하나의 메시지를 중심으로 하되, 채널 특성에 맞게 콘텐츠의 표현 방식과 구성을 유연하게 전환하는 것이 핵심입니다.

중요한 것은 이 과정에서 브랜드의 메시지와 정체성을 일관되게 유지하면서도, 사용자와의 접점을 플랫폼마다 다르게 설계해야 한다는 점입니다. 즉, 각 플랫폼에서는 최적화된 방식으로 메시지가 구현되되, 전체적으로는 하나의 브랜드 경험으로 통합되는 전략이 필요합니다. 이를 통해 브랜드는 신뢰성과 전문성을 유지하면서도, 다양한 채널을 통해 사용자와의 관계를 입체적으로 구축할 수 있게 됩니다.

AI 관점에서도 멀티채널 배포는 의미 있는 전략입니다. 콘텐츠가 다양한 플랫폼에서 활발히 유통되면, AI는 해당 브랜드와 콘텐츠를 더 많은 데이터 포인트를 통해 인식하고 학습할 수 있는 기회를 얻게 됩니다. 각 플랫폼에서의 사용자 반응, 클릭률, 공유 횟수, 콘텐츠에 포함된 메타데이터와 이미지 설명, 자막 등은 AI가 콘텐츠의 가치와 신뢰도를 판단하는 주요 신호로 작용합니다.

예를 들어, 한 브랜드가 유튜브에 제품 튜토리얼 영상을 올리고, 동일한 내용을 블로그에 심층적으로 정리한 텍스트 콘텐츠로 게시하며, 이를 다시 요약해 인스타그램 릴스나 스토리로 공유한다면, AI는 이 브랜드를 풍부한 문맥과 다양한 신호를 가진 신뢰할 수 있는 콘텐츠 생산자로 인식하게 됩니다. 이런 방식은 AI가 브랜드를 더 자주, 더 정밀하게 추천하게 만드는 기반이 됩니다.

결국, 형식의 다양화가 콘텐츠의 깊이를 만들고, 멀티채널 배포가 그 깊이를 널리 퍼뜨리는 역할을 하게 되는 것입니다. 이 두 전략이 결합될 때, 콘텐츠는 사용자에게는 경험을 제공하고, AI에게는 학습 자산이 되며, 브랜드에는 장기적인 신뢰와 가시성을 안겨주는 자산으로 축적됩니다.

AI가 '이해하는 콘텐츠'의 조건

콘텐츠의 신뢰성과 형식, 유통 전략을 강화하는 데 이어, 이제는 콘텐츠의 언어적 구조를 어떻게 설계할 것인가도 중요한 과제가 되고 있습니다. 특히 AI는 자연어 처리(NLP) 기술을 기반으로 사용자의 의도와 질문을 해석하고, 가장 적절한 콘텐츠를 선별해 제공하는 방식으로 작동하기 때문에, AI가 쉽게 인식하고 활용할 수 있는 언어적 최적화 전략이 필수적으로 요구됩니다.

우선, 콘텐츠는 불필요하게 복잡한 문장보다는 명확하고 자연스러운 표현으로 작성되어야 합니다. 긴 문장이나 전문 용어는 AI의 해석을 어렵게 만들 수 있으며, 사용자 역시 내용을 직관적으로 받아들이기 어렵습니다. 예를 들어, "인터페이스 디자인의 최적화를 위해서는 사용자 경험(UX) 향상이 필수적입니다."라는 표현보다, "사용자가 더 쉽게 사용할 수 있도록 디자인을 개선하는 것이 중요합니다."와 같은 문장이 AI와 사용자 모두에게 더 효과적입니다.

짧고 명확한 문장은 정보 전달의 정확성을 높이고, 콘텐츠 전체의 가독성 또한 향상시킵니다.

또한 질문형 키워드와 대화체 문장 구성은 AI가 콘텐츠를 탐색하고 인용하는 데 유리한 구조를 제공합니다. AI는 사용자의 질문 의도에 반응해 관련 콘텐츠를 추출하기 때문에, 실제 검색에 사용될 수 있는 질문형 표현을 자연스럽게 포함시키는 것이 필요합니다.

예를 들어, "SEO를 효과적으로 수행하려면 어떻게 해야 할까요?"와 같은 문장은 AI의 탐색 대상이 되기 쉽고, 사용자에게도 콘텐츠의 방향성을 명확하게 제시해줍니다.

이러한 대화형 구문은 문맥 전달을 보다 유연하게 만들어주며, 사용자로 하여금 콘텐츠에 몰입하게 만드는 효과도 동시에 제공합니다.

더불어, 콘텐츠를 논리적으로 계층화하고 시각적으로 구조화하는 작업 역시 중요합니다. 제목과 중제목, 항목별 내용을 HTML 태그(⟨h1⟩, ⟨h2⟩, ⟨h3⟩ 등)를 통해 명확히 구분하면, AI는 문서의 전체 구조를 보다 빠르게 파악할 수 있습니다. 복잡한 개념이나 비교 대상이 있는 경우에는 번호 목록, 불릿 포인트, 표 등을 활용해 시각적 정돈을 강화하면, AI가 콘텐츠를 더 정확하게 분석하고 핵심 내용을 인용할 가능성이 높아집니다.

결국, 콘텐츠의 내용만이 아니라 그 표현 방식과 구조 설계가 AI의 인식 정확도에 직접적인 영향을 미치는 시대입니다. 자연어 최적화는 단순히 AI를 위한 기술이 아니라, 사용자 친화성과 알고리즘 친화성을 동시에 확보하는 콘텐츠 전략의 핵심 축이 되고 있습니다.

AI가 읽는 키워드, 어떻게 써야 하는가

AI 시대의 콘텐츠는 단순히 '잘 만드는 것'을 넘어, AI가 얼마나 정확하게 이해하고 분석할 수 있도록 설계되었는가가 중요한 기준이 되고 있습니다. 이를 위해 콘텐츠 제작자는 자연어 표현, 정보 구조, 형식, 배포 전략 등 콘텐츠 전반에 걸쳐 AI 친화적인 관점에서의 설계 역량을 갖춰야 합니다.

특히 검색엔진 최적화(SEO)의 관점에서 보면, 콘텐츠 내 키워드의 활용 방식은 AI가 주제를 파악하고 콘텐츠의 적합성을 판단하는 데 핵심적인 역할을 합니다. AI는 단순히 키워드가 포함되었는지를 넘어서, 그것이 어떤 문맥에서 어떤 방식으로 사용되었는지를 함께 고려합니다. 따라서 키워드를 과도하게 반복하거나 의미 없이 나열하는 방식은 오히려 콘텐츠의 신뢰도를 낮추고, 정보 해석에 오류를 유발할 수 있습니다.

효과적인 키워드 전략은 키워드를 콘텐츠의 흐름 안에 자연스럽게 녹여내는 방식으로 접근해야 합니다. 예를 들어 '콘텐츠 마케팅'이라는 키워드를 삽입할 때, "콘텐츠 마케팅은 브랜드 인지도를 높이고 고객과의 신뢰를 구축하는 데 효과적인 전략입니다."와 같이 문맥을 갖춘 설명으로 구성하면, AI는 키워드를 단순한 신호가 아닌 의미 있는 개념 단위로 해석할 수 있게 됩니다.

또한 콘텐츠는 명확한 중심 주제를 기준으로 일관되게 구성되어야 합니다. 하나의 콘텐츠 안에 복수의 주제를 혼재시키면, AI는 정보의 핵심을 식별하기 어려워지고, 전체 콘텐츠의 관련

성과 품질이 떨어질 수 있습니다. 따라서 각 콘텐츠는 하나의 메시지를 중심에 두고, 그 주제를 강화하는 방식으로 구조화되어야 하며, 이는 사용자 경험 측면에서도 가독성과 집중도를 높이는 효과를 가져옵니다.

결국, AI 환경에서의 키워드 전략은 단순한 '검색 노출 도구'가 아니라, 콘텐츠의 의도와 신뢰도를 전달하는 언어적 설계 수단으로 진화하고 있습니다. 키워드는 콘텐츠를 '발견'하게 만드는 수단이자, AI에게 '이해'와 '분류'를 가능하게 만드는 핵심 정보 단위입니다. 콘텐츠 제작자는 기술의 작동 방식을 이해하고, 키워드를 중심으로 콘텐츠 구조와 언어를 전략적으로 설계해야 합니다. 그렇게 할 때, 콘텐츠는 단지 만들어지는 것을 넘어, AI에 의해 선택되고 사용자에게 도달하는 콘텐츠로 전환될 수 있습니다.

AI가 읽어낼 수 있는 '서사 구조'

콘텐츠의 주제와 구조가 명확할수록, AI는 해당 콘텐츠를 보다 정밀하게 분석하고 의미를 추론할 수 있습니다. AI는 개별 키워드나 문장을 독립적으로 처리하는 것이 아니라, 전체 문맥과 논리적 흐름을 기반으로 내용을 해석합니다. 그렇기 때문에 단순한 정보 나열이나 문장 조각들의 집합은 AI가 콘텐츠의 본질을 오인하거나, 낮은 신뢰도로 평가할 가능성을 높입니다.

예를 들어 제품 소개 콘텐츠를 작성할 때, 기능을 일렬로 나열하는 방식은 AI가 해당 제품의 실질적인 차별성과 효용을 파악하기 어렵게 만듭니다. 반면, 각 기능이 해결하는 문제, 적용 상황, 사용자에게 주는 실제 혜택 등을 중심으로 원인-해결-효과의 구조로 설명하면, AI는 이 콘텐츠를 보다 명확한 사용자 중심 정보로 인식합니다. 여기에 수치 기반의 성능 지표, 고객 리뷰, 실제 사용 사례와 같은 객관적 신호가 결합되면 콘텐츠의 신뢰도는 더욱 강화됩니다.

중요한 점은 콘텐츠 내 논리적 전개 흐름의 일관성입니다. 정보는 단편적으로 흩어져 있는 것이 아니라, 하나의 중심 주제 아래, 각 단락이 유기적으로 연결되는 방식으로 구성되어야 합니다. 예를 들어 '제품의 기능 → 사용 사례 → 사용자 평가 → 개선 효과'와 같이 시간적·논리적 순서에 따라 콘텐츠를 설계하면, AI는 정보를 맥락 속에서 더 쉽게 구조화하고, 핵심 메시지를 정확히 인식할 수 있습니다.

또한 단락 간의 전환이 매끄럽고 의미가 축적되는 구조일수록, AI는 콘텐츠 전반의 흐름을 하나의 응집력 있는 정보 집합으로 판단합니다. 이는 단순한 가독성을 넘어, AI가 신뢰할 수 있는 출처로 판단하는 핵심 기준 중 하나가 됩니다. 반대로 중복 정보나 방향성이 흐트러진 구성은 AI가 혼란을 느끼는 원인이 되며, 정보의 일관성과 신뢰도를 저하시킬 수 있습니다.

이러한 구조화 전략은 AI에만 유효한 것이 아닙니다. 실제 사용자의 관점에서도 정보를 명확하게 이해하고 행동으로 연결할 수 있는 경험을 제공합니다. 사용자 입장에서 중요한 것은 단순히 '많은 정보'가 아니라, '나에게 의미 있는 정보가 어떤 맥락에서, 어떤 방식으로 전달되는가'입니다. 따라서 AI와 사용자 모두를 만족시키기 위해서는 콘텐츠를 데이터의 나열이 아닌 '의미가 전개되는 서사 구조'로 기획하고 작성해야 합니다.

AI 시대의 콘텐츠 전략은 단순한 정보 제공에서 한 걸음 더 나아가, 맥락과 구조를 통해 의미를 명확히 전달하는 설계 역량으로 이동하고 있습니다. 구조화된 정보, 논리적 흐름, 그리고 사용자 중심의 설명 방식이 결합될 때, 콘텐츠는 AI에게는 신뢰할 수 있는 지식으로, 사용자에게는 기억에 남는 경험으로 자리잡게 됩니다.

콘텐츠의 생명력은 '신뢰할 수 있는 최신 정보'

콘텐츠의 주제와 구조가 명확하게 설계되어 AI가 쉽게 분석할 수 있도록 하는 것도 중요하지만, 그 안에 담긴 정보가 얼마나 최신이며, 신뢰할 수 있는 출처를 기반으로 하는가 역시 AI가 해당 콘텐츠를 선택하고 인용하는 빈도를 결정짓는 핵심 요소입니다.

AI는 단순한 텍스트의 나열을 넘어서, 콘텐츠가 실제로 유효한 정보를 포함하고 있는지를 판단합니다. 특히 기술, 정책, 트렌드처럼 빠르게 변화하는 분야에서는 콘텐츠의 정기적인 업데이트가 필수적입니다. 예를 들어, 디지털 마케팅 전략을 다룬 콘텐츠는 검색 알고리즘이나 사용자 행동 패턴 변화 등을 반영해 지속적으로 갱신되어야 하며, 그렇지 않으면 AI는 해당 콘텐츠의 정확도를 낮게 평가하고 우선순위에서 제외할 수 있습니다.

신뢰성 있는 출처의 인용 역시 AI가 콘텐츠의 품질을 평가하는 중요한 기준입니다. 공공기관 발표, 학술논문, 공식 보고서 등 근거 기반의 자료를 바탕으로 한 콘텐츠는 단순한 의견이나 주장보다 객관성과 설득력을 확보할 수 있습니다. 여기에 수치 데이터나 실제 사례가 더해지면 정보의 신뢰도는 더욱 높아집니다.

또한 질문형 키워드의 활용은 AI가 사용자의 의도를 이해하고 콘텐츠와 연결하는 데 유리하게 작용합니다. "검색엔진 최적화를 효과적으로 하려면 어떻게 해야 하나요?"와 같은 문장은 단순 키워드보다 훨씬 더 명확한 질문-답변 구조를 형성하며, 콘텐츠가 실제로 사용자 니즈를 충족하는지 판단하는 기준이 됩니다. 이는 AI의 인식률 향상뿐 아니라, 사용자로 하여금 콘텐츠에 더욱 몰입하게 만드는 효과도 함께 가져옵니다.

콘텐츠는 이제 전략의 형식이 된다

AI가 콘텐츠를 분석하고 유통하는 방식이 점점 더 고도화되면서, 콘텐츠는 단순히 '무엇을 말하는가'를 넘어, '어떻게 말하고 왜 존재하는가'를 설명할 수 있어야 합니다. 정보의 전달을 넘어, 브랜드의 방향성과 사고방식이 체계적으로 드러나는 콘텐츠만이 AI와 사용자 모두에게 신뢰받을 수 있습니다.

기술이 발전할수록 제작 속도는 빨라지고 도달 범위는 넓어지지만, 콘텐츠 자체의 전략적 감도 없이 반복되는 메시지는 오히려 피로와 무관심을 낳게 됩니다. 콘텐츠는 더 이상 결과물이 아니라, 브랜드가 구축하는 일관된 맥락이자, 의도를 실현하는 전략의 형식입니다.

AI 시대의 콘텐츠는 정확성, 최신성, 구조화, 언어 최적화라는 기술적 기준 위에, 철학, 방향성, 사용자 관점에서의 명확한 해석 가능성이라는 비기술적 요건이 함께 작동해야 비로소 의미를 갖습니다. 콘텐츠가 사용자에게 전달되기 전에 먼저 AI에 의해 선택되는 지금, 그 기획과 실행은 '디지털 커뮤니케이션'을 넘어 브랜드 전략의 본질로 진화하고 있습니다.

결국, 기술의 활용은 필수 조건이지만 콘텐츠의 차별성은 인간의 관점에서 설계된 기준과 감각에서 비롯됩니다. 이 시대의 콘텐츠 전략가는 단순히 정보를 구성하는 사람이 아니라, 브랜드의 세계관을 번역하고 설계하는 전략가가 되어야 합니다.

콘텐츠는 AI와 사용자를 잇는 인터페이스

AI 시대의 콘텐츠 전략은 더 이상 콘텐츠를 얼마나 빠르게, 얼마나 많이 생성할 수 있는가에 머물지 않습니다. 지금 필요한 것은 단순한 생산 역량이 아니라, AI가 정확히 이해하고 신뢰할 수 있도록 콘텐츠를 구조화하고 설계하는 능력, 그리고 사용자와 의미 있는 관계를 구축할 수 있는 통찰력입니다.

이를 위해 콘텐츠는 명확한 언어와 계층적 구조를 바탕으로 기획되어야 하며, 전문성과 신뢰성을 갖춘 정보가 중심이 되어야 합니다. 텍스트만으로는 한계가 있는 전달력을 보완하기 위해 이미지, 영상, 인포그래픽 등 다양한 멀티미디어 포맷을 함께 활용해야 하며, 각각의 콘텐츠는 단일 채널에 국한되지 않고, 플랫폼의 특성에 맞춰 최적화된 방식으로 유통되어야 합니다.

또한 AI가 키워드를 단순한 단어의 나열이 아니라 문맥 속에서 해석한다는 점을 고려하여, 키워드와 문장의 흐름이 자연스럽게 어우러지도록 설계하는 것이 중요합니다. 전체 콘텐츠는 논리적이고 설득력 있게 전개되어야 하며, 사용자에게는 몰입감을, AI에게는 명확한 맥락을 제공해야 합니다.

콘텐츠는 브랜드가 세상과 소통하고 신뢰를 구축하는 방식이자, AI가 세상을 인식하는 기준이 됩니다. 콘텐츠 전략은 기술을 도구로 삼되, 그 기술 위에 브랜드의 가치와 철학을 어떻게 구현할 것인지에 대한 깊은 사고를 요구합니다.

10.
재정의되는
업무역량과 일자리

인공지능(AI) 기술의 비약적인 발전은 기존의 업무 방식뿐 아니라, 조직의 구조와 운영 방식까지 근본적인 변화를 이끌고 있습니다. 이러한 전환의 한가운데에서 점점 더 중요해지는 질문은, "나는 어떤 일을 좋아하며, 그것을 주도적으로 해내고자 하는 의지가 있는가?"라는 본질적인 물음입니다. 단순히 기술을 받아들이는 것을 넘어, 그것을 통해 어떤 가치를 창출할 것인가에 대한 개인의 태도가 주목받고 있습니다.

AI는 반복적인 작업을 대신하고, 인간의 부족한 역량을 보완해주는 강력한 도구입니다. 그러나 그 잠재력을 실제로 실현하는 사람은, 기술을 수동적으로 사용하는 이가 아니라 AI를 활용해 무엇을 만들고자 하는지를 능동적으로 고민하고 실천하는 사람입니다. 결국 AI 시대에 중요한 것은 기술 자체가 아니라, 그 기술을 통해 새로운 가능성을 열고자 하는 실행력과 주체성입니다. 아무리 정교한 도구가 주어진다 해도, 그 도구로 의미 있는 결과를 만들어내는 몫은 여전히 사람에게 있습니다.

업무 효율을 높여주는 AI 에이전트

업무 환경의 디지털 전환이 가속화되면서, 기업은 단순한 자동화 도구를 넘어 보다 지능적이고, 상황에 유연하게 대응할 수 있는 기술을 필요로 하게 되었습니다. 이러한 흐름 속에서 AI 에이전트는 반복적인 작업을 줄이고 복잡한 문제 해결을 보조하며, 전반적인 업무 효율성을 획기적으로 개선하는 핵심 솔루션으로 주목받고 있습니다.

AI 에이전트는 단순히 업무 속도를 높이는 데 그치지 않고, 데이터를 실시간으로 분석하고 정리함으로써 더 나은 의사결정을 가능하게 합니다. 또한 사용자와의 상호작용을 통해 점점 더 정교해지는 특성을 갖고 있습니다. 특히 반복적이고 시간이 많이 소요되는 업무를 자동화함으로써, 직원들이 보다 전략적이고 창의적인 업무에 집중할 수 있는 환경을 만들어줍니다. 이는 단기적인 생산성 향상을 넘어서, 조직 전체의 운영 방식과 경쟁력을 근본적으로 혁신하는 계기가 됩니다.

다만, 생성형 인공지능을 기반으로 한 AI 에이전트의 경우에는 정보 오류나 비정확한 판단이 발생하는 '환각(hallucination)' 현상을 감안할 필요가 있습니다. 따라서 명확한 지침을 사전에 설정하고, 결과에 대한 검증 체계를 함께 구축하는 것이 필수적입니다. 이러한 조건이 충족될 때, AI 에이전트는 단순한 '도구'를 넘어, 기업의 업무 방식을 변화시키는 협업 파트너로 자리매김할 수 있습니다.

AI 에이전트의 확산과 서비스의 선택 기준

업무를 보다 효율적으로 수행할 수 있도록 지원하는 AI 에이전트는 다양한 형태로 발전하고 있습니다. 데이터 수집과 분석, 고객 응대, 콘텐츠 생성, 프로젝트 관리 등 여러 영역에서 AI 에이전트가 실무에 활발히 활용되고 있습니다. 예를 들어, 네이버의 '클로바노트'는 음성 인식 기술을 활용해 회의 내용을 자동으로 기록해주며, 미드저니(Midjourney)와 같은 이미지 생성 서비스는 사용자의 요청에 따라 고유한 이미지를 빠르게 만들어줍니다. 메일침프(Mailchimp)는 이메일 마케팅 캠페인을 자동화하고, '채널톡'은 고객 응대 채널로 널리 사용되고 있습니다.

이처럼 AI 에이전트는 디지털 시대의 업무 환경을 변화시키며, 생산성 향상과 비용 절감은 물론 새로운 비즈니스 기회를 창출하는 데에도 중요한 역할을 하고 있습니다. 앞으로 AI 기술의 발전은 단순한 효율화를 넘어, 인간과 AI가 자연스럽게 협업하는 새로운 업무 환경을 만들어갈 것으로 기대됩니다.

많은 기업과 개인 사용자들은 여전히 비용 부담 없이 업무 효율을 높일 수 있는 도구를 찾고 있습니다. 그러나 유료 서비스에 대해서는 심리적 장벽을 느끼는 경우도 적지 않습니다. '좋은 건 알지만, 굳이 돈을 내고 쓸 필요는 없다'는 인식이 여전히 존재하는 것입니다. 이러한 배경 속에서, 일상적인 작업 부담을 줄여주면서도 접근이 쉬운 무료 AI 에이전트 서비스들이 큰 인기를 얻고 있습니다.

물론 AI 에이전트를 선정할 때는 사용 편의성, 기능의 다양성, 안정성, 실무 활용 가능성을 중심으로 평가해야 합니다. 특히 특정 업무에 특화되어 있으면서도 별도의 복잡한 설정 없이 바로 사용할 수 있는 서비스를 기준으로 선별하는 것이 중요합니다.

AI 에이전트로서의 노션

노션(Notion)은 본래 메모, 일정, 문서, 데이터베이스 등을 하나의 공간에 통합한 생산성 도구로 자리 잡았지만, 최근에는 Notion AI를 통해 업무 자동화와 정보 정리를 지원하는 AI 에이전트로 진화하고 있습니다. 특히 반복되는 문서 작업을 줄이고, 복잡한 사고 과정을 정리하는 데 있어 실질적인 지원 도구로 주목받고 있습니다.

AI 에이전트로서 노션을 효과적으로 활용하기 위해서는, 먼저 업무 유형에 따른 명확한 구조화가 필요합니다. 프로젝트 관리, 회의록 정리, 업무 매뉴얼 작성, 기획안 초안 작성 등 각 업무 유형에 따라 템플릿을 설계하고, 여기에 Notion AI의 자동 생성 기능을 연동하면 반복 작업의 부담을 크게 줄일 수 있습니다. 예를 들어, 회의가 끝난 직후 키워드 기반으로 요약 요청을 입력하면, AI는 논의 내용을 핵심 중심으로 정리해주며, 중요한 항목에는 자동으로 태그를 붙여 후속 업무 연결도 가능하게 만듭니다.

두 번째 전략은 정보 탐색과 재구성의 자동화입니다. 노션에 축적된 문서, 회의 기록, 작업 히스토리 등은 AI를 통해 요약, 재정리, 또는 특정 관점에서 재해석할 수 있습니다. 예를 들어 "지난달 마케팅 전략 회의에서 논의된 콘텐츠 아이디어만 추려줘"와 같은 프롬프트를 입력하면, AI는 관련 자료를 문맥에 맞게 선별하여 제시해줍니다. 이는 특히 다수의 팀원이 정보를 생성하고 공유하는 환경에서 중복 작업을 방지하고, 정보 흐름을 명확히 연결하는 데 유리합니다.

또한 Notion AI는 단순한 문장 생성이나 편집에 그치지 않고, 전략적 사고를 보조하는 브레인스토밍 도구로도 활용될 수 있습니다. 제품 아이디어를 구체화하거나 기획서의 목차를 구성할 때, 사용자가 핵심 키워드만 입력해도 AI가 구조화된 제안을 제공해주며, 이를 바탕으로 생각을 확장하거나 방향성을 조정할 수 있습니다. 이는 아이디어 발산과 수렴을 동시에 가능하게 하는, 인간-AI 협업의 실질적인 사례라 할 수 있습니다.

중요한 것은, AI 기능을 '결과 도출의 도구'가 아닌 '사고 보조의 파트너'로 인식하는 관점 전환입니다. Notion은 업무 흐름 전체를 맥락화할 수 있는 구조적 플랫폼이기 때문에, 그 안에서 AI를 수동적으로 사용하는 것이 아니라, 업무의 시작 단계부터 AI가 함께 기획과 실행을 주도하도록 설계하는 것이 중요합니다. 이를 통해 사용자는 단순 반복 작업을 넘어, 전략 설계와 창의적 사고에 더 많은 에너지를 집중할 수 있습니다.

나만의 AI 모델, 구글 노트북LM

노트북LM(NotebookLM)은 구글에서 출시한 서비스로, 사용자가 제공한 문서를 기반으로 AI 모델을 훈련시키는 도구입니다. 사용자는 자신의 노트와 문서를 노트북LM에 업로드함으로써, AI가 해당 자료를 이해하고 분석할 수 있도록 도와줍니다. 일반적인 대화형 AI와 달리, 노트북LM은 사용자가 제공한 소스에만 집중하여 정보를 분석합니다. 따라서 특정 프로젝트 보고서나 연구 자료 등, 자신만의 콘텐츠를 분석하고자 할 때 유용하게 활용할 수 있습니다. 예를 들어, 여러 편의 연구 논문을 노트북LM에 업로드하면, AI는 논문들 간의 공통점이나 차이점을 찾아내고, 질문에 대한 답변을 해당 논문 내용을 기반으로 제공합니다. 이를 통해 사용자는 반복적인 문서 검색 없이도 필요한 정보를 빠르게 얻을 수 있습니다. 또한 개인 학습 자료를 정리하거나, 업무 관련 자료를 체계화하여 필요할 때 손쉽게 참조할 수 있도록 구성하는 데에도 효과적입니다.

노트북LM의 가장 큰 특징은 사용자가 제공한 자료에만 기반해 작동한다는 점입니다. 챗GPT나 제미나이(Gemini) 같은 AI는 광범위한 일반 지식을 바탕으로 답변하지만, 노트북LM은 오직 사용자가 입력한 문서와 노트에 집중합니다. 이로 인해 노트북LM은 보다 개인화된 맞춤형 답변을 제공하며, 사용자의 콘텐츠 내에서 정확하고 유용한 정보를 도출할 수 있습니다. 사용자는 자신의 문서를 통해 노트북LM을 훈련시킬 수 있으며, AI는 이 과정을 통해 해당 분야나 주제에 특화된 지식을 축적하게 됩니다. 이렇게 구축된 노트북LM은 특정 콘텐츠에 대한 심도 있는 이해를 바탕으로, 더욱 정밀하고 개인화된 분석과 조언을 제공할 수 있습니다.

AI 기반 음성 기록 도구, 클로바노트

네이버에서 서비스하고 있는 '클로바노트'는 음성 인식 기술을 기반으로 한 자동 기록 도구입니다. 사용자가 회의나 강의를 녹음하면 이를 실시간으로 텍스트로 변환해주며, AI는 대화의 흐름과 문맥을 이해해 자연스러운 문장으로 구성합니다. 덕분에 사용자는 필기 없이도 모든 대화를 자동으로 기록할 수 있으며, 변환된 텍스트는 키워드 검색이 가능하도록 정리되어 있어 필요한 정보를 빠르게 찾아볼 수 있습니다.

클로바노트는 다양한 업무 상황에서 유용하게 활용됩니다. 예를 들어, 프로젝트 회의 시 논의 내용을 정확하게 기록하여 회의록으로 활용하거나, 강의와 세미나에서는 주요 발언을 빠짐없이 담아 학습 자료로 재구성할 수 있습니다. 또한 인터뷰나 미팅 기록에도 효과적이며, 대화 내용을 정확하게 보존하고 분석하는 데 도움을 줍니다.

클로바노트의 가장 큰 장점은 수동 기록에 소요되는 시간과 노력을 크게 줄여줍니다. 회의나 강의 중 필기를 대신해줌으로써 사용자는 대화에 더욱 집중할 수 있고, 중요한 아이디어를 놓치지 않고 포착할 수 있습니다. 실시간으로 생성된 텍스트 자료는 회의 종료 직후 바로 공유하거나 편집할 수 있어 협업의 속도와 정확성도 향상됩니다.

음성 데이터를 텍스트로 전환함으로써 문서화 과정이 간소화되고, 데이터의 검색과 관리도 한층 수월해집니다. 이는 정보의 회수와 재활용을 가능하게 하여 반복 업무에 소요되는 시간을 줄이는 데 효과적이며, 결과적으로 클로바노트는 업무 프로세스 전반의 효율을 높이고 팀 내 정보 공유를 촉진하는 데 기여합니다.

인포그래픽을 더욱 쉽게, 냅킨(Napkin) AI

냅킨(Napkin.ai)은 단순한 텍스트 입력만으로도 직관적인 시각 자료를 자동으로 생성해 주는 도구입니다. 사용자가 전달하고자 하는 정보나 데이터를 텍스트 형태로 입력하면, Napkin.ai는 이를 기반으로 인포그래픽이나 다이어그램 등 시각화된 자료를 만들어냅니다. 이 과정에서 복잡한 디자인 작업 없이도 정보를 한눈에 이해할 수 있는 그래픽을 빠르게 생성할 수 있습니다. 생성된 시각 자료는 기본적인 형태로 제공되며, 사용자는 아이콘, 색상, 폰트 등을 자유롭게 수정할 수 있습니다. 맞춤형 편집 기능을 활용하면, 사용자 취향에 맞는 세련되고 의미 있는 시각 자료로 완성할 수 있습니다.

Napkin.ai는 단순히 정보를 시각화하는 데 그치지 않고, 방대한 자료 속에서 중요한 패턴이나 관계를 발견하는 데에도 도움을 줍니다. 다양한 데이터 포인트와 지식들을 시각적으로 정리함으로써, 사용자는 복잡한 정보를 구조화하고 그 안에서 연결 지점을 찾아낼 수 있습니다. 이러한 시각화 과정은 새로운 통찰을 얻는 데 유용하게 활용됩니다. 예를 들어, 특정 주제에 대해 수집된 다양한 의견이나 데이터를 Napkin.ai를 통해 시각화하면, 서로 다른 정보들 사이의 연관성을 쉽게 파악할 수 있습니다. 이를 바탕으로 더 깊은 이해는 물론, 전략적 의사결정이나 문제 해결에 필요한 인사이트를 도출할 수 있습니다.

PPT 작성을 도와주는 감마AI(Gamma)

감마AI는 사용자의 아이디어나 텍스트 입력만으로 매력적인 슬라이드를 자동 생성해 주는 프레젠테이션 도구입니다. 기존에는 프레젠테이션을 만들기 위해 다양한 템플릿을 찾아보고, 슬라이드 하나하나를 손수 편집해야 했습니다. 그러나 감마AI는 디자인 감각이 부족한 사람도 손쉽게 전문적인 느낌의 자료를 만들 수 있도록 지원합니다. 사용자가 핵심 메시지와 원하는 분위기를 입력하면, 감마AI가 이에 맞는 텍스트 배치와 이미지를 자동으로 추천해 줍니다.

감마AI는 단순한 슬라이드 '디자인'에 그치지 않고, 프레젠테이션의 전체 흐름을 개선하는 데에도 유용합니다. PPT를 만들다 보면 자료의 논리 구조가 어지럽거나, 슬라이드가 지나치게 많아져 핵심 메시지가 흐려지는 경우가 자주 발생합니다. 감마AI는 사용자가 제공한 내용을 분석해 주요 키포인트를 짚어주고, 슬라이드 간의 자연스러운 연결 흐름을 제안합니다. 이과정에서 불필요한 내용을 줄이고, 핵심 메시지를 더 명확하게 전달할 수 있도록 슬라이드 구성을 자동으로 최적화해 줍니다.

업무 환경에서 감마AI를 활용하면, 기획안 발표, 세일즈 피치, 사내 교육 자료 제작 등 다양한 프레젠테이션 작업에 소요되는 시간을 획기적으로 줄일 수 있습니다. 감마AI는 슬라이드 배경, 아이콘, 색상 테마 등을 한 번에 자동 반영해 주기 때문에, 사용자는 기획과 메시지 구성에만 집중하면 됩니다. 그 결과, 팀 전체가 빠른 속도로 높은 퀄리티의 발표 자료를 완성할 수 있어 협업 효율이 크게 향상됩니다. 시각적으로 완성도 높고 흐름이 자연스러운 슬라이드는 의사소통을 원활하게 하고, 청중에게 명확한 인상을 남겨 회의나 발표의 성과를 높이는 데 기여합니다.

줌(ZOOM), 구글 미트와 연동되는 Tactiq

Tactiq는 네이버의 클로바노트와 유사한 서비스로, 화상회의 내용을 실시간으로 기록해 주는 도구입니다. 가장 큰 특징은 Zoom이나 Google Meet와 같은 화상회의 플랫폼과 연동된다는 점입니다. 클로바노트가 음성 녹음과 기록에 초점을 맞추고 있다면, Tactiq는 화상회의 환경에 특화되어 있습니다.

Tactiq는 사용자가 별도의 조작 없이 회의 중 진행되는 대화를 자동으로 캡처하여 텍스트로 변환해 줍니다. 대화 내용 중 주요 키워드와 요점을 식별해 하이라이트로 정리해 주며, 발언자를 구분하는 기능도 제공됩니다. 생성된 텍스트 기록은 클라우드에 자동 저장되어, 회의가 끝난 후에도 쉽게 접근하고 팀원들과 빠르게 공유할 수 있습니다.

특히 원격 근무 환경에서, Tactiq는 분산된 팀이 참여하는 회의에서 놓치기 쉬운 중요한 세부 사항을 자동으로 기록함으로써 의사소통의 정확성을 높이는 데 기여합니다. 고객과의 미팅 내용을 자동으로 기록해 후속 작업이나 피드백 분석에 활용할 수 있고, 교육 세션이나 웨비나에서 학습 자료를 생성하는 데도 유용하게 사용됩니다.

회의 내용을 수동으로 기록하는 데는 많은 시간과 노력이 필요합니다. 회의 중 모든 발언을 직접 필기하기는 어렵고, 이후에 따로 정리하는 과정도 부담이 됩니다. Tactiq는 이러한 과정을 자동화하여, 사용자가 회의에 더욱 집중할 수 있도록 도와줍니다.

손쉽게 매뉴얼을 만들어주는 Guidde

Guidde는 모바일 앱이나 홈페이지 기능 설명서를 손쉽게 만들 수 있도록 도와주는 서비스입니다. 과거에는 앱을 출시하거나 웹사이트를 개편할 때, 담당자가 화면을 하나하나 캡처하고, 그 이미지를 파워포인트에 붙여가며 사용 설명서를 작성해야 했죠. 중간에 내용이 바뀌면 다시 원본을 찾아 수정해야 했고, 이런 반복 작업에 많은 시간이 들었습니다.

하지만 Guidde를 활용하면 이런 과정을 자동화할 수 있습니다. 사용자가 어떤 작업을 수행하는 동안, Guidde가 실시간으로 자료를 수집하고, 이를 바탕으로 자동으로 매뉴얼을 생성해주는 방식입니다. 덕분에 매뉴얼을 나중에 수정하거나 업데이트할 때도 훨씬 빠르고 유연하게 대응할 수 있죠.

무엇보다 이 서비스는 사용자 친화적인 인터페이스를 갖추고 있어서, 기술적인 지식이 많지 않은 사람도 쉽게 학습 자료를 만들 수 있습니다. 조직 안의 다양한 구성원들이, 스스로 설명 자료를 제작하고 공유할 수 있는 환경이 되는 겁니다. Guidde는 크롬 브라우저의 무료 확장 프로그램으로 제공되며, 홈페이지 오른쪽 상단의 "install free extension" 버튼만 클릭하면 바로 설치해서 사용할 수 있습니다.

기존 방식대로 매뉴얼을 제작하면 스크린샷을 일일이 캡처하고, 텍스트를 직접 정리해야 해서 번거롭고 시간이 오래 걸렸습니다. 하지만 Guidde는 작업 과정을 자동으로 기록하고 정리해주기 때문에, 수동 입력과 편집에 들이는 시간을 획기적으로 줄일 수 있습니다. 특히 반복 작업이 많은 팀에게는 정말 유용한 도구가 될 수 있습니다.

이미지로 시각화해 주는 윔지컬

윔지컬(Whimsical)은 플로우차트, 마인드맵, 와이어프레임 등 아이디어 시각화 도구와 노션(Notion)의 문서 작성 기능을 결합한 듯한 툴입니다. 문서 형식도 지원하지만, 텍스트보다는 시각적인 콘텐츠 제작에 더욱 특화되어 있습니다. 예를 들어 팀 회의에서 아이디어를 정리하거나, 프로젝트 계획을 수립할 때 윔지컬을 활용하면 유용합니다. 각 단계의 흐름을 시각적으로 표현하고, 관련 아이디어를 자유롭게 배치하며 논의할 수 있어 작업의 명확성과 집중도를 높여줍니다. 또한 복잡한 데이터나 프로세스를 간단한 도식으로 정리해 전달할 때도 효과적입니다.

윔지컬은 실시간 협업 기능을 제공하여, 여러 사용자가 동시에 같은 문서에서 작업할 수 있습니다. 팀원들은 각자의 아이디어를 자유롭게 추가하거나 수정하며 의견을 교환할 수 있고, 이러한 협업 과정은 커뮤니케이션의 효율을 높이는 데 큰 도움이 됩니다. 모든 변경 사항은 즉시 반영되므로 회의나 워크숍 중에도 빠르게 의견을 통합할 수 있습니다.

시각적으로 정리된 자료는 복잡한 개념을 쉽게 이해하는 데 유리합니다. 이는 다양한 배경을 가진 팀원들이 함께 작업할 때 특히 유용하며, 모든 구성원이 동일한 이해를 바탕으로 협업할 수 있도록 도와줍니다. 윔지컬을 통해 만들어진 다이어그램이나 차트는 프레젠테이션 자료로도 활용 가능하여, 아이디어를 명확하게 전달하고 논의를 원활하게 이끌어가는 데 효과적입니다.

AI 활용은 기술이 아니라 역량이다

AI 에이전트가 다양한 업무 환경에 깊숙이 스며들면서, 이제 중요한 것은 '무엇을 사용할 수 있는가'가 아니라, '무엇을 어떻게 설계하고 연결할 수 있는가'입니다. 즉, AI의 역할을 주도적으로 정의하고 그 기능을 업무의 흐름 속에 설계하는 역량이 새로운 경쟁력으로 자리 잡을 것입니다.

AI는 단순히 자동화를 위한 기술이 아니라, 문제를 바라보는 방식과 해결 전략을 구조화하는 도구로 작용합니다. 과거에는 주어진 시스템에 적응하고, 매뉴얼에 따라 일하는 것이 효율적이라고 여겨졌다면, 지금은 오히려 자신의 업무 목적에 맞게 도구를 재구성하고, 프로세스를 재설계하는 능력이 생산성의 핵심이 되었습니다. 이는 일종의 디지털 사고 체계, 즉 '일을 설계하는 방식 자체를 혁신하는 능력'이라 할 수 있습니다.

예를 들어, 회의 기록 도구로 알려진 클로바노트나 Tactiq 같은 서비스도, 사용자가 이를 회의록 자동화에만 쓰느냐, 아니면 노션과 연동해 업무 피드백 루프까지 통합된 구조로 확장하느냐에 따라 활용 수준이 달라집니다. 메일침프 같은 마케팅 자동화 도구도 단순 발송 기능에 머물지 않고, 사용자 행동 데이터를 연동 분석해 타겟팅 전략까지 구성할 수 있다면, 그 사용자는 더 이상 소비자가 아니라 설계자가 되는 것입니다.

이처럼 AI 도구의 가치는 정해진 기능 안에서 무엇을 하느냐보다, 어떤 문제를 어떻게 풀기 위해 그것을 연결하느냐에 따라 달라집니다. 누구나 동일한 툴을 사용할 수 있는 환경에서는, '그 툴을 어떤 전략과 맥락 안에서 활용하는가'가 차이를 만들어냅니다.

더 나아가, 이 같은 사고 방식은 개인을 넘어 조직 차원의 변화로도 이어지고 있습니다. 어떤 기업은 업무 프로세스 전반을 AI 중심으로 재구성하여, 팀 간 정보 흐름을 자동화하고, 반복되는 보고 체계를 제거하며, 프로젝트 진행 상황을 실시간으로 시각화합니다. 이 과정에서 핵심이 되는 것은 고급 기술 인력이 아니라, 업무의 목적과 흐름을 명확히 파악하고, 그 안에 AI 기능을 자연스럽게 배치할 수 있는 전략적 기획자입니다.

따라서 AI를 잘 활용한다는 것은 단지 기능을 익히는 차원이 아니라, 문제를 정의하고 그에 맞는 기술적 흐름을 설계할 수 있는 역량을 갖춘다는 의미입니다. 중요한 것은 '왜 그것을 해야 하는가', 그리고 '그 일을 어떻게 다르게 풀어낼 수 있는가'를 스스로 판단할 수 있는 감각입니다. 기술이 평준화되는 시대에는, 바로 그 감각과 설계력이 경쟁의 차이를 만들어냅니다.

이제 조직 안에서 AI 활용자는 단순한 실무 담당자가 아니라, 업무 흐름을 혁신하는 전략 실행자로 역할이 전환되어야 합니다. 개인 역시 마찬가지입니다. AI는 더 이상 전문가만 다루는 복잡한 기술이 아니라, 누구나 쓸 수 있는 공용 도구가 되었습니다. 하지만 그 도구를 어떻게 연결하고, 어떤 흐름 안에 배치하며, 어떤 결과를 설계해내는가에 따라 '일하는 방식' 자체가 달라집니다.

오퍼레이터와 자율 AI 에이전트

오픈AI가 웹 브라우저를 직접 '사용'하며 다양한 작업을 자동으로 처리할 수 있는 오퍼레이터(Operator)를 출시하면서, AI 에이전트는 새로운 전환점을 맞이하고 있습니다. 이전까지의 AI 에이전트가 단순히 사용자의 지시에 따라 반응하는 '도구' 수준에 머물렀다면, 이제는 오퍼레이터와 같은 기능을 통해 명시적인 지시 없이도 스스로 문제를 인식하고 해결 방안을 탐색하는 '자율 AI 에이전트(Autonomous AI Agent)'로 진화하고 있습니다. 이러한 변화는 단순한 기술적 진보를 넘어, 우리가 일하는 방식 자체를 어떻게 정의하고 설계할 것인가라는 더 근본적인 질문으로 이어지고 있습니다.

과거의 자동화는 사람이 설계한 프로세스 안에서 기계가 반복 작업을 대신 수행하는 구조였습니다. 하지만 자율 AI 에이전트는 다릅니다. 이제는 업무의 흐름을 스스로 인식하고, 필요에 따라 경로를 수정하며, 인간의 개입 없이도 일련의 의사결정을 완성하는 주체로 작동합니다. 단순한 '자동화 도우미'가 아니라, 업무를 설계하고 실행하는 실질적 행위자로 진화하고 있는 것입니다.

특히 자율 AI는 정해진 명령을 따르는 수준을 넘어, 맥락을 이해하고 목표를 중심으로 판단하고 실행할 수 있어야 합니다. 목표 달성을 위해 필요한 정보를 스스로 수집하고, 단계를 조율하며, 결과를 도출하는 일련의 과정 전반에서 AI는 점차 지능형 운영자, 다시 말해 문제 해결 전체를 관리하는 주체로 자리매김하게 됩니다. 이 변화는 단순히 기술 성능이 좋아졌다는 이야기가 아니라, 일의 주도권이 재편되고 있다는 것을 의미합니다.

예를 들어, 고객 응대 업무를 생각해보죠. 기존에는 사람이 고객의 질문에 대응하거나, AI가 단순한 질의응답만 가능했지만, 자율 AI는 고객의 구매 이력, 행동 패턴, 재고 상황까지 스스로 판단해 문제를 정의하고, 필요한 문서를 찾아 요약하며, 후속 조치까지 자동으로 실행할 수 있습니다. 이 과정에서 사람의 역할은 직접 응답하는 것이 아니라, 판단 기준을 설정하고 결과를 검토하는 전략적 결정자로 이동합니다.

물론 자율 AI 에이전트는 아직 시기상조라는 평가도 존재합니다. 기술이 빠르게 발전하고 있지만, 실제 조직과 시장에 뿌리내리기 위해서는 몇 가지 중요한 전제 조건이 먼저 충족되어야 하기 때문입니다.

무엇보다 자율 AI의 판단과 실행에 대한 책임 주체와 법적 기준이 정립되지 않은 상황입니다. AI가 잘못된 결정을 내렸을 때, 누가 그 결과에 대해 책임을 질 것인지에 대한 사회적 합의와 제도적 장치가 필요합니다.

사용자 입장에서도 신뢰의 문제는 여전히 과제로 남아 있습니다. AI가 고객과 직접 상호작용하는 시대가 되면서, 그 판단이 얼마나 투명하고 설명 가능한지, 그리고 사람이 이해할 수 있는 방식으로 설득할 수 있는지가 중요해졌습니다. 하지만 현재의 AI는 이 부분에서 충분한 신뢰를 확보했다고 보기는 어렵습니다.

또한 기술 인프라 역시 걸림돌이 될 수 있습니다. 자율 AI가 제대로 작동하기 위해서는 내부 시스템과 외부 데이터를 유기적으로 연결할 수 있는 디지털 환경과 보안 체계가 반드시 필요합니다. 그러나 현실적으로는 많은 조직, 특히 중소기업이나 공공기관이 이러한 인프라를 충분히 갖추지 못하고 있습니다.

결국 자율 AI 에이전트는 단순한 기술의 진보를 넘어, 우리가 '일을 바라보는 방식' 자체를 바꾸는 도전이자 기회입니다. 앞으로 AI와 함께 일하게 될 시대에 경쟁력을 갖추기 위해 중요한 것은, 빠르게 도입하는 속도가 아니라, 의미 있게 연결하고 설계할 수 있는 사고력입니다. 자율 AI는 그 자체가 목적이 아닙니다. 우리가 만들어가야 할 '더 나은 일의 구조'를 위한 하나의 전략적 수단이며,그 수단을 어떻게 정의하고, 어떻게 운영하느냐가 진짜 경쟁력을 결정짓는 기준이 될 것입니다.

재정의되는 업무역량과 일자리

　AI 기술의 눈부신 발전은 업무 방식과 조직 구조 전반에 걸쳐 빠른 재편을 이끌고 있습니다. 사무실의 일상적인 풍경부터 공장의 자동화 라인에 이르기까지, 변화의 물결은 산업과 직무의 경계를 가리지 않고 거세게 밀려오고 있습니다. 인공지능은 단순한 도구의 수준을 넘어, 우리가 '일하는 방식'을 근본적으로 다시 그리고 있으며, 이는 기술 혁신을 넘어 일터의 문화와 구조 자체를 바꾸는 흐름으로 이어지고 있습니다.

　이제 우리는 이 거대한 전환의 중심에 서 있습니다. 기업이 요구하는 업무 역량의 기준은 빠르게 달라지고 있으며, 일자리의 개념 역시 새롭게 정의되고 있습니다. AI는 일하는 방식뿐 아니라 '일의 본질' 자체를 다시 묻고 있습니다. 지금 이 변화의 흐름 속에서, 우리는 어떤 역할을 할 수 있을지, 그리고 어떤 가치를 만들어낼 수 있을지를 진지하게 고민해야 할 시점입니다.

AI가 먼저 대체하는 일

AI가 업무 현장에 처음 투입되는 영역은 대체로 패턴이 명확하고 반복성이 높은 정형 업무입니다. 데이터 입력, 전자문서 분류, 기본적인 회계 처리, 일정 관리, 일상적인 고객 문의 응대 등은 이미 로봇 프로세스 자동화(RPA)와 챗봇, 알고리즘 기반 시스템을 통해 빠르게 대체되고 있습니다. 이러한 작업은 규칙 기반으로 처리할 수 있기 때문에, 학습된 AI가 인간보다 훨씬 빠르고 정확하게 수행할 수 있습니다.

이 같은 변화는 인간 노동을 위협하기보다는, 단순 반복 업무에서 사람을 해방시키는 전환점이 되고 있습니다. AI가 잘할 수 있는 영역은 기계에 맡기고, 사람은 보다 창의적이고 전략적인 역할에 집중하는 구조가 형성되고 있는 것입니다. 다시 말해, 기술의 확산은 인간에게 고유한 역량을 더 강하게 요구하는 방향으로 흐르고 있습니다.

특히 창의적으로 문제를 해결하는 능력, 공감과 배려를 바탕으로 한 감성 지능, 그리고 협업과 커뮤니케이션 역량은 기술이 발전할수록 더욱 중요한 자산으로 부상하고 있습니다. 이러한 능력은 정량화하거나 규칙화하기 어려운 영역으로, AI가 쉽게 학습하거나 복제하기 힘든 인간 고유의 복합적 판단력과 감성적 이해력이 요구됩니다.

기술이 일의 일부를 대체하는 것이 아니라, 인간의 고유한 역량을 더욱 선명하게 드러내는 방향으로 흐름이 전개되고 있습니다. AI가 업무에 깊숙이 개입할수록, 기술만으로는 설명할 수 없는 인간 중심의 가치가 더욱 중요해지는 시대입니다.

앞으로의 일터는 단순히 기술을 잘 다루는 사람보다, 기술을 바탕으로 새로운 해석과 가치를 이끌어낼 수 있는 사람, 그리고 타인과 의미 있게 협력할 수 있는 사람을 필요로 하게 될 것입니다.

산업별로 다른 AI 도입의 속도와 양상

AI 기술의 확산은 빠르게 이루어지고 있지만, 그 변화의 양상은 모든 산업 분야에서 동일하게 전개되고 있는 것은 아닙니다. 업무 성격과 규제 환경, 조직 문화와 기술 수용도에 따라 도입 속도와 활용 방식은 산업마다 크게 달라집니다.

예를 들어, 마케팅 분야에서는 AI 기반 분석 툴을 활용해 고객 데이터를 정밀하게 분류하고, 타겟 맞춤형 전략을 자동으로 도출하는 방식이 이미 일반화되어 있습니다. HR 부서에서도 AI 채용 시스템이 지원자의 이력서를 1차로 선별하거나, 인터뷰 일정을 자동으로 조율하는 등의 기능이 적극적으로 도입되고 있습니다. 고객 서비스 영역에서는 챗봇이 단순 문의를 실시간으로 응답하며, 반복 업무를 상당 부분 대체하고 있습니다.

반면, 의료나 법률과 같이 고도의 전문성과 윤리적 판단이 요구되는 분야에서는 AI 도입이 훨씬 더 신중하게 이루어지고 있습니다. 의료 현장에서의 진단 보조 시스템이나 판례 분석 AI가 존재하긴 하지만, 여전히 인간 전문가의 최종 판단이 중심을 이루며, AI는 보조적인 역할에 머무는 경우가 많습니다. 이는 기술의 한계라기보다는 정확성과 책임의 문제, 그리고 사람의 생명이나 권리를 다루는 영역에서의 신중함이 반영된 결과입니다.

물류나 제조업처럼 자동화가 비교적 용이한 산업에서는, 로봇과 AI 알고리즘이 이미 실질적인 작업의 많은 부분을 수행하고 있습니다. 창고 운영, 재고 예측, 물류 동선 최적화 등에서 AI는 사람보다 더 빠르고 정밀하게 업무를 처리하고 있으며, 이는 생산성 향상과 비용 절감으로 이어지고 있습니다.

이처럼 산업별 특성과 환경에 따라 AI가 개입할 수 있는 범위와 역할은 자연스럽게 달라질 수밖에 없습니다. 각 조직은 자사의 업무 구조와 전략적 목표, 기술 역량에 맞춰 AI를 어느 수준까지 도입할 것인지를 스스로 판단해야 하며, 기술 도입의 속도보다는 효과성과 지속 가능성에 중점을 둔 균형 있는 접근이 요구됩니다.

조직 구조와 인재 전략의 재편

AI는 반복 업무의 효율을 높이는 동시에, 인간에게는 조직의 방향성을 제시하고 변화의 흐름을 주도하는 역할을 맡기는 방식으로, 조직 구조 자체를 점진적으로 변화시키고 있습니다. 과거처럼 계층별로 세분화된 조직이 각 단계의 업무를 분담하던 방식에서 벗어나, 소규모 팀이 전략 수립과 실행을 동시에 주도하는 조직 설계가 확산될 것입니다.

조직 구조의 재편은 인재 운용 방식에도 뚜렷한 변화를 불러오고 있습니다. 특히 많은 기업들이 신규 인력을 장기적으로 육성하기보다, 즉시 성과를 낼 수 있는 경력직 인재를 선호하는 경향을 보이고 있습니다. 실무 경험과 전문성을 이미 갖춘 인재를 현업에 바로 투입해 빠르게 결과를 만들어내는 것이 더욱 현실적인 전략으로 인식되고 있기 때문입니다.

또한, 프로젝트 단위의 업무나 창의성이 핵심인 과업에서는 정규직 대신 외부 프리랜서나 전문 인력을 선택하는 방식도 늘고 있습니다. 디자이너, 기획자, 콘텐츠 크리에이터 등 외부 인재를 시점에 맞춰 유연하게 투입함으로써, 기업은 고정 인력의 리스크 없이 필요한 순간에 최적의 역량을 확보할 수 있는 인력 운용 체계를 마련해 가고 있습니다.

이 같은 흐름은 단순히 AI 도입에 따른 자동화를 넘어, 조직 운영의 방식과 인재 전략 전반을 재정의하는 변곡점으로 작용하고 있습니다. AI와 인간의 역할을 새롭게 재배치하는 과정에서, 기업은 더 작고 유연하며 실행 중심적인 구조로 진화하고 있으며, 인재 전략 역시 '정적인 고용'에서 '동적인 역량 활용'으로 빠르게 이동하고 있습니다.

유연한 인력 활용과 개인 브랜드의 부상

조직 중심의 고용 구조에서 벗어나, 개인이 하나의 브랜드로서 역량을 펼치는 흐름이 점차 본격화되고 있습니다. 디지털 플랫폼과 네트워크 기술의 발달은 누구나 손쉽게 콘텐츠를 생산하고, 자신의 전문성을 시장에 직접 연결할 수 있는 환경을 만들어냈습니다. 그 결과, 기업에 소속되지 않더라도 영향력 있는 전문가나 창작자로 활동하는 사례는 앞으로 더욱 증가할 가능성이 큽니다.

유능한 개발자, 디자이너, 마케터 등은 프리랜서로 활동하면서도 산업 전반에서 핵심적인 역할을 수행하고 있으며, 일부 인기 크리에이터는 전통적인 조직보다 더 강한 영향력을 갖는 경우도 많습니다. 개인이 독립된 경제 주체로 자리매김하는 이 흐름은, 인재에 대한 관점뿐만 아니라 산업 전반의 인력 구조에 변화를 가져올 것으로 전망됩니다.

전문성이 점차 세분화되고, 특정 역량이 고도로 특화되는 환경에서는 기업이 모든 기능을 자체적으로 수행하기 어려워지고 있습니다. 따라서 최적의 인재를 외부에서 확보하고, 과업 중심으로 조합하는 방식이 새로운 경쟁력으로 자리 잡게 될 것입니다.

반대로 개인에게는 조직에 소속되지 않고도 자신의 전문성과 영향력을 자유롭게 펼칠 수 있는 기회가 더욱 확대될 것으로 기대됩니다. 고용 안정성의 관점에서 벗어나, 자기 주도성과 독립성이 중요해지는 시대에는 많은 이들이 정형화된 경력 경로보다 프로젝트 중심의 일과 유연한 협업 방식을 선호하게 될 것입니다.

인재상, 어떻게 달라지고 있는가?

이러한 변화는 곧, 기업이 인재에게 기대하는 핵심 역량의 구조 자체가 전환되고 있음을 의미합니다.

무엇보다 중요한 역량은 창의적 사고력입니다. 예측 불가능한 환경에서는 과거의 경험이나 매뉴얼에 의존한 해법만으로는 한계가 분명합니다. 기존의 프레임을 벗어나 새로운 질문을 던지고, 그에 맞는 해법을 창조하는 능력이 곧 조직의 혁신 동력으로 작용합니다.

다음으로 주목받는 자질은 문제 해결력입니다. 이는 단순히 문제를 인식하고 대응하는 수준을 넘어, 불확실성과 제약 속에서도 주도적으로 문제의 본질을 파악하고, 실질적인 해결책을 실행해낼 수 있는 실행력을 포함합니다.

융합적 사고 또한 핵심 역량으로 부상하고 있습니다. 하나의 전문 기술에 국한되지 않고, 다양한 분야의 지식과 경험을 연결해 새로운 가치를 도출하는 능력은, AI와 인간의 협업이 강조되는 시대에 더욱 빛을 발합니다. 이는 단순한 다재다능함이 아닌, 지식 간 경계를 넘나들며 새로운 해석을 가능하게 하는 통합적 시각이라 할 수 있습니다.

소통 능력과 공감 역량 역시 기술 중심 환경에서 더욱 중요해지고 있습니다. 협업의 방식이 디지털 기반으로 전환되면서, 단순한 정보 교환이 아닌 '맥락의 공유'와 '관계의 유지'가 조직 운영의 중요한 축이 되었기 때문입니다. 타인과의 신뢰를 바탕으로 효과적으로 협업할 수 있는 능력은, AI가 대체할 수 없는 인간만의 고유한 경쟁력으로 간주됩니다.

이와 함께 윤리적 책임감은 AI 시대의 인재가 갖추어야 할 또 하나의 기준입니다. 기술을 어떻게 설계하고 사용할 것인지에 대한 판단은, 결국 그 기술을 다루는 사람의 윤리 의식에 달려 있기 때문입니다. 특히 데이터와 알고리즘이 중심이 되는 환경에서는 투명성, 공정성, 책임성이 그 어느 때보다 중요한 가치로 자리잡고 있습니다.

결국 이 모든 역량의 기반에는 자기 주도성이 있습니다. 주어진 환경에 수동적으로 적응하기보다는, 빠르게 변화하는 흐름 속에서 스스로 해내고자 하는 의지와 배움에 대한 열정을 갖춘 인재야말로, AI 시대의 가장 핵심적인 자산이 될 것입니다. 직급이나 연차보다 더 중요한 것은, 지금 이 순간에도 자신을 갱신하고 문제를 해결해온 경험과 태도입니다.

기술 중심의 시대일수록, 사람의 태도와 사고방식, 그리고 변화에 대한 주체적 접근이 인재 평가의 본질적 기준으로 자리 잡고 있습니다.

변화에 적응하는 태도, AI 시대의 경쟁력

AI를 중심으로 한 기술 혁신이 가속화되는 시대, 결국 가장 중요한 것은 변화에 어떻게 반응하느냐입니다. 기술 그 자체보다 중요한 것은 그것을 받아들이고 활용하는 주체의 태도이며, 이는 개인과 조직 모두에게 동일하게 적용됩니다. 유연하게 사고하고, 변화에 맞춰 스스로를 재정비하는 능력은 앞으로의 시대에 요구되는 핵심 생존 전략이라 할 수 있습니다.

조직은 더 이상 정적인 구조 안에서 과거의 성공 공식에만 의존할 수 없습니다. 내부의 문화와 프로세스를 끊임없이 점검하고, 기술과 인재, 업무 방식을 연결하는 방식에서 혁신을 모색해야 합니다. 이는 단기적인 개선이 아닌, 지속 가능한 성장과 생존을 위한 구조적 전환입니다.

개인에게도 마찬가지의 요구가 주어지고 있습니다. 고정된 역할에 안주하지 않고, 변화 속에서 자신의 전문성을 재정의하고 확장할 수 있는 유연성과 학습 민감도가 새로운 경쟁력의 기준이 되고 있습니다. 빠르게 변화하는 기술 환경 속에서는 기존의 경험이 곧바로 장점이 되지 않을 수 있으며, 오히려 '배움을 멈추지 않는 태도'가 더 큰 가치를 발휘하게 됩니다.

결국 AI 시대는 기술만의 문제가 아니라 사람의 문제이며, 그 중심에는 스스로 변화할 수 있는 힘을 가진 개인과 유연한 사고를 갖춘 조직이 존재합니다. 이 전환의 시기를 능동적으로 받아들이고, 기술과 함께 진화하려는 노력이 지속된다면, 우리는 AI를 두려워할 대상이 아니라, 더 나은 미래를 함께 설계해 갈 동반자로 인식하게 될 것입니다. AI 시대의 일자리는 사라지는 것이 아니라 재정의되고 있으며, 그 변화의 중심에는 언제나 '사람'이 있습니다.

AI 빅 웨이브를 대하는 자세

미래 산업 지형과 기회의 발견

AI 기술은 단순히 기존 산업을 효율화하는 데 그치지 않고, 산업 간의 경계를 허물며 전혀 새로운 생태계를 만들어내고 있습니다. 과거에는 명확히 구분되었던 산업들이 이제는 AI를 중심으로 융합되며, 그 속에서 상상하지 못했던 기회가 빠르게 나타나고 있습니다. 예를 들어, 의료와 AI가 결합된 정밀의료 산업은 데이터 기반의 진단과 예측 치료를 가능하게 하고 있으며, 교육 분야에서는 학습 데이터를 기반으로 학습자의 수준과 성향에 맞춘 맞춤형 교육 서비스가 실현되고 있습니다.

이러한 융합은 단순한 기술의 연결이 아니라, 문제 해결 방식과 고객 경험을 근본적으로 바꾸는 전환을 일으킵니다. 이제 산업 간의 경계는 점차 모호해지고 있으며, 이는 곧 새로운 가치 창출의 무대로 이어지고 있습니다. 따라서 AI 시대에 주목해야 할 경쟁력은 기존 산업의 틀을 유지하는 것이 아니라, 변화의 흐름 속에서 어떤 가능성이 열리고 있는지를 읽어내는 능력입니다.

변화의 흐름을 통찰하고, 남보다 한 발 앞서 기회를 포착하는 역량은 더 이상 선택이 아니라 생존의 조건입니다. 기술이 무엇을 할 수 있는지를 이해하는 것을 넘어서, 그 기술이 만들어낼 새로운 수요와 비즈니스 모델을 상상할 수 있어야 합니다. 이제 전략의 초점은 기술 그 자체가 아니라, 기술이 만들어내는 가치와 그 가치를 구현할 수 있는 실행력에 있습니다.

개인은 이러한 변화 속에서 호기심을 잃지 않고, 작더라도 새로운 움직임을 시도해보는 것이 중요합니다. 작은 실험이 축적되면서 자신만의 인사이트를 만들어내고, 그것이 새로운 기회를 여는 실마리가 될 수 있습니다. 조직 역시 기존의 사업 모델에 안주하기보다는, AI를 활용해 어떻게 산업 지도를 다시 그릴 수 있을지를 고민해야 합니다. 다가오는 미래는 과거의 연장선이 아니라, 지금의 선택과 실험에 의해 새롭게 정의되는 공간이기 때문입니다.

AI 시대의 윤리와 신뢰 구축

AI 기술의 영향력이 커질수록, 기술 그 자체보다 더 중요한 문제가 하나씩 떠오르고 있습니다. 바로 '신뢰'의 문제입니다. 고도화된 알고리즘이 삶의 많은 결정을 대신하게 될수록, 우리는 그 기술이 '어떻게 만들어졌는가'와 '누구의 기준으로 판단하고 있는가'를 반드시 따져봐야 합니다. 즉, 기술이 '잘 작동하는가'를 넘어서 '공정하고 책임 있게 작동하는가'가 새로운 기준이 되는 것입니다.

실제로 알고리즘의 편향성, 개인정보 침해, 생성형 AI의 환각(hallucination) 문제 등은 기술에 대한 기대만큼이나 우려를 낳고 있습니다. 만약 사용자와 사회가 AI를 불신하거나 두려워하게 된다면, 아무리 뛰어난 기술이라 하더라도 확산되기 어렵습니다. 기술의 진보는 결국 그것을 받아들이는 사람들의 신뢰 위에서만 지속될 수 있기 때문입니다.

이제 기업과 조직은 AI 전략을 수립할 때 성능과 속도만을 고려하는 데서 나아가, 윤리적 기준과 투명성 확보를 전략의 핵심 요소로 포함해야 합니다. 예를 들어, 예측 모델을 개발할 때는 어떤 데이터가 사용되었는지, 그 데이터가 어떤 사회적 맥락을 반영하고 있는지를 검토하고, 설명 가능한 방식으로 결과를 제시하는 설계가 필요합니다. 결과의 정확도만큼, 결과가 도출된 과정을 납득 가능하게 제시하는 것이 중요해졌습니다.

더불어 사회 전체적으로도 윤리적 논의와 제도적 기반이 함께 마련되어야 합니다. AI에 대한 법적·윤리적 기준은 여전히 초기 단계에 머물러 있지만, 기술이 빠르게 발전하고 있는 만큼, 공공 부문과 민간 기업, 시민 사회가 함께 참여하는 다층적 논의와 규범 정립이 병행되어야 합니다. 기술의 속도를 좇는 법제도의 정비는 이제 선택이 아니라 필수이며, 이는 산업 성장의 기반이자 사회적 수용성의 전제 조건이 됩니다.

개인에게도 마찬가지로 책임 있는 태도가 요구됩니다. 생성형 AI를 활용해 글을 쓰거나 콘텐츠를 만들 때, 허위 정보나 저작권 침해에 대한 인식 없이 사용하는 행위는 기술의 신뢰도를 해칠 수 있습니다. 편리함에만 기대는 것이 아니라, 내가 어떤 기술을, 어떤 목적과 기준으로 사용하는지를 끊임없이 성찰해야 합니다.

신뢰는 어느 날 갑자기 주어지는 자산이 아닙니다. 정교한 설계, 투명한 프로세스, 책임 있는 사용이 축적되었을 때 비로소 형성되는 관계적 가치입니다. 그리고 이 신뢰는 AI 기술이 사회 전반에 안착하고, 장기적인 혁신을 이끌어가는 데 있어 강력한 동력이 됩니다.

반복되는 학습과 전환의 시대

과거에는 '무엇을 알고 있는가'가 평가 기준이었지만, 이제는 '얼마나 빨리 배우고, 익힌 것을 어떻게 실천하는가'가 새로운 경쟁력의 지표가 되고 있습니다. 특히 기술의 주기가 짧고 불확실성이 높은 환경에서는, 한 번 배운 기술로 평생을 살아가는 시대는 이미 지나갔습니다. 따라서 반복되는 학습과 전환을 두려워하지 않는 '학습 탄력성(learning agility)'이 모든 직무에서 요구되고 있습니다.

이러한 흐름은 교육의 방식에도 변화를 요구합니다. 특정 시기에 일괄적으로 교육받고 이후 현장에 배치되는 일회성 학습은 더 이상 실효성이 없습니다. 대신, 실시간으로 학습하고 실무에 즉시 적용할 수 있는 '현장 중심의 마이크로 러닝(micro learning)'과, 다양한 경로를 통해 지식을 축적할 수 있는 개방형 학습 모델이 주목받고 있습니다. 유튜브 강의, 실시간 웨비나, 디지털 학습 플랫폼 등은 지식을 '어디서든, 언제든' 얻을 수 있는 환경을 만들고 있으며, 이러한 자율 학습 능력이 개인의 성장 속도를 좌우하고 있습니다.

조직 차원에서도 평생학습은 더 이상 선택이 아닙니다. 학습 기회가 개인의 역량 강화로만 귀결되는 것이 아니라, 전체 조직의 민첩성을 강화하는 핵심 동력으로 작용하기 때문입니다. 사내 러닝 플랫폼 운영, 멀티 직무 전환을 지원하는 인재 순환 구조, 업무 중 학습을 인정하는 유연한 제도 설계는 '배움이 일상인 조직'을 만들기 위한 핵심 전략입니다.

무엇보다 중요한 것은 학습을 '성과'로 연결하는 구조입니다. 배운 것이 평가받고, 조직 내에서 실제로 기회와 역할로 확장될 수 있어야 학습의 선순환이 일어납니다. 교육이 단지 비용이 아니라, 인재 확보와 리더십 개발의 전략적 수단으로 자리매김하는 전환이 필요한 시점입니다.

AI 시대의 인재는 단순히 능력을 갖춘 사람이 아니라, 능력을 끊임없이 확장할 준비가 된 사람입니다. 지금 우리가 육성해야 할 인재는 정해진 매뉴얼을 따르는 사람이 아니라, 새로운 문제를 정의하고 주도적으로 배워가는 창의적 실천자입니다. 그리고 그런 인재가 조직의 지속가능한 경쟁력을 만들어갑니다.

기술 융합과 창의적 혁신

AI 기술의 영향력은 단일 도구의 수준을 넘어, 산업 간 경계를 허물고 창의적 혁신의 촉매로 작용하고 있습니다. 본질적인 변화는 단순히 하나의 기술을 얼마나 잘 다루는가에 있지 않습니다. 핵심은 이질적인 기술과 지식이 융합될 때 만들어지는 '새로운 조합의 가능성'을 어떻게 실현해내는가에 있습니다.

최근 AI는 사물인터넷(IoT), 로봇공학, 바이오테크, 블록체인, XR(확장현실) 등 다양한 기술과 결합되며 그 자체로 하나의 '융합 플랫폼'으로 진화하고 있습니다. 예를 들어, 스마트 제조 분야에서는 AI가 IoT 센서와 연동되어 생산 현장을 실시간으로 최적화하고 있으며, 헬스케어 영역에서는 AI와 유전체 분석 기술이 결합되어 정밀 의료라는 새로운 산업을 만들어내고 있습니다.

이러한 기술 융합은 단지 기술적 성과에 그치지 않고, 새로운 문제 해결 방식을 제시하는 데 그 가치를 발휘합니다. 복잡하고 예측 불가능한 사회 문제나 고객 니즈를 해결하기 위해서는 하나의 관점이나 전공으로는 충분하지 않습니다. 이제는 기술, 인문, 디자인, 경영 등 다양한 분야의 지식이 유기적으로 연결되어야 하며, 이 과정에서 창의적 사고는 가장 중요한 연결 매개가 됩니다.

조직 안에서도 다양한 관점이 자연스럽게 어우러질 수 있는 구조와 문화가 필요합니다. 부서 간 벽을 세우는 '사일로 구조'를 지양하고, 서로 다른 역할과 전공 배경을 가진 사람들이 함께 모여 문제를 정의하고 실험할 수 있어야 합니다. 예를 들어, 기획자, 디자이너, 개발자가 한 팀으로 일하며 서로의 관점을 공유하는 '크로스 펑셔널 팀(Cross-functional Team)'을 구성하는 방식이 그 해답이 될 수 있습니다. 서로 다른 생각과 기술이 만나는 접점에서야말로, 전혀 새로운 시장과 아이디어가 탄생하기 때문입니다.

이와 함께, 외부 파트너십을 통한 기술 공유와 협력도 점점 더 중요해지고 있습니다. 이제 한 기업이 모든 기술과 역량을 자체 보유하는 것은 현실적으로 불가능합니다. 오히려 개방형 혁신을 지향하며, 다양한 스타트업, 학계, 연구소, 플랫폼 기업과의 전략적 연계를 통해 융합의 가능성을 확장하는 기업이 시장을 선도하게 될 것입니다.

사회적 변화와 포용적 대응

AI 기술의 확산은 단지 산업 구조나 업무 방식만을 변화시키는 데 그치지 않고, 사회 전체의 작동 원리와 인간 삶의 방식에까지 깊은 영향을 미치고 있습니다. 자동화로 인한 일자리 변화, 정보 접근 방식의 전환, 의사결정 구조의 데이터화, 인간관계의 디지털화 등은 이미 현실화되고 있는 흐름입니다. 기술은 기능적으로 진보하지만, 사회는 그에 상응하는 방식으로 적응하고 균형을 찾아야만 지속 가능성을 확보할 수 있습니다.

이러한 변화는 기회와 위기를 동시에 내포합니다. 기술을 빠르게 수용한 개인과 집단은 더 많은 기회를 누릴 수 있지만, 그렇지 못한 이들은 정보 격차, 기술 배제, 심리적 고립이라는 새로운 형태의 불평등에 직면하게 됩니다. 특히 연령, 지역, 교육 수준에 따라 AI 기술을 접하고 활용할 수 있는 환경이 극단적으로 다르다는 점은 앞으로 사회적 양극화를 심화시킬 가능성이 큽니다.

따라서 기술 진보를 이끄는 기업과 정책을 수립하는 공공 부문, 그리고 각 개인은 '포용적 전환'을 위한 의식적인 노력을 함께 수행해야 합니다. 기업은 기술로부터 얻는 성과를 내부 효율만을 위한 수단이 아니라, 사회 전체의 복지 향상으로 연결될 수 있도록 해야 합니다. 예를 들어, 자동화로 여유가 생긴 자원을 교육과 재훈련에 재투자하거나, 지역 사회의 디지털 인프라 구축에 기여하는 전략은 단기 수익을 넘는 장기적 평판 자산으로 돌아올 수 있습니다.

정부 역시 사회적 전환기의 안정적 조율자 역할을 강화해야 합니다. 빠르게 변화하는 기술에 적응하지 못하는 계층을 위한 직업 전환 프로그램, 공정한 데이터 접근을 보장하는 정책, 디지털 시민 교육 등은 기술 중심 사회에서의 최소한의 공공 책임입니다. 무엇보다 중요한 것은 기술 중심의 사회에서도 인간 존엄성과 공동체의 가치가 중심에 놓이도록 방향을 설정하는 것입니다.

포용적 대응은 단순한 복지적 시혜가 아닙니다. 그것은 AI 시대에 모든 구성원이 잠재력을 발휘할 수 있도록 기회를 재설계하는 과정이며, 사회 전체가 지속 가능하게 진화하기 위한 필수 전략입니다. 기술은 가속화될 수 있지만, 사회적 신뢰는 축적되어야만 얻어집니다. 다양한 사람과 관점이 함께 어우러지는 구조를 만들어야 AI가 가져오는 혁신이 모두의 미래가 될 수 있습니다.

글로벌 감각과 협력의 전략

AI 기술의 발전은 더 이상 한 국가나 기업의 영역에 국한된 문제가 아닙니다. 이제 경쟁과 협력의 무대는 글로벌 차원에서 전개되고 있으며, 산업과 기술, 정책과 윤리를 둘러싼 복합적인 논의가 국경을 넘나들고 있습니다. AI를 둘러싼 흐름을 이해하고 대응하기 위해서는, 기술적 역량을 넘어 세계적 감각과 개방적 태도가 점점 더 중요해지고 있습니다.

글로벌 기술 기업들은 이미 인재 확보와 기술 개발, 시장 진출을 위해 전 지구적 차원에서 전략을 수립하고 실행하고 있습니다. 각국 정부 또한 AI를 국가 경쟁력의 핵심 요소로 삼고, 전략적 투자와 정책 정비에 속도를 내고 있습니다. 이 과정에서 협력은 단순한 선택이 아닌 필수 전략이 되고 있으며, 특히 윤리 기준 정립, 기술 규제, 탄소 저감과 같은 글로벌 어젠다는 어느 한 나라가 단독으로 해결할 수 없는 과제입니다.

개인에게도 글로벌 관점은 필수가 되었습니다. 단순히 외국어를 잘하거나 해외 경험이 있다는 수준을 넘어, 다양한 문화와 시각을 이해하고, 세계적 흐름 속에서 자신의 위치를 인식하는 '글로벌 리터러시'가 필요합니다. 이는 AI 시대의 새로운 교양이며, 커리어의 경계를 확장시키는 지렛대가 됩니다. 온라인 커뮤니티, 글로벌 프로젝트, 디지털 노마드 등 다양한 기회를 통해 국경을 넘는 협업 경험을 쌓는 것이 점점 더 실질적인 경쟁력으로 작용하고 있습니다.

조직 차원에서도 글로벌 감각은 기술 도입과 혁신의 방향을 결정짓는 중요한 기준이 됩니다. 선진 사례를 벤치마킹하고, 다양한 국가와 기업 간 파트너십을 통해 기술적 자산과 문화적 감각을 함께 확보하는 전략은, 이제 고도성장의 기반이자 생존 전략이기도 합니다. 개방적 협업은 혼자서 도달할 수 없는 깊이와 속도를 가능하게 하며, 외부의 창의성과 관점을 조직 내부의 역량으로 전환시키는 촉진제가 됩니다.

기술을 받아들이는 태도가 미래를 만든다

AI는 더 이상 특정 기술자나 대기업만의 이슈가 아닙니다. 우리가 매일 사용하는 앱, 메일, 일정, 콘텐츠 생성 도구 등 대부분의 일상 속 시스템에는 이미 AI가 깊숙이 스며들어 있습니다. 그렇기 때문에 AI를 이해하고 활용하는 역량은 점점 더 보편적인 '생존 기술'로 자리 잡고 있습니다.

중요한 것은 AI 자체를 마스터하는 것이 아니라, 변화의 방향을 감각적으로 읽고 적절한 타이밍에 기술을 삶과 연결할 수 있는 태도입니다. 작은 도구 하나라도 직접 써보고, 그것이 나의 일과 어떤 접점을 만들 수 있을지 고민하는 사람은, 기술이 낯설고 거대하게 느껴지는 시대에도 한 발 먼저 기회를 포착할 수 있습니다.

앞으로의 사회는 단일한 능력을 가진 사람보다, 기술과 맥락을 연결해 문제를 정의하고 창의적으로 풀어낼 수 있는 사람에게 더 많은 가능성을 열어줄 것입니다. 그리고 그러한 가능성은 먼 미래가 아니라, 지금 이 순간 스스로 질문을 던지고 도전해보는 바로 그 자리에서 시작됩니다.

지금은 변화의 끝이 아니라, 시작점에 서 있는 시기입니다. AI를 대하는 태도 하나가 우리의 일과 경력, 그리고 삶의 전환점을 만들어갈 수 있다는 사실을 기억해야 합니다.

마치는 글

이 책은 특정 AI 서비스를 소개하거나, 개별 기술의 활용법을 일일이 안내하려는 목적에서 출발하지 않았습니다. AI라는 거대한 흐름 속에서 기술 하나하나를 좇기보다는, 그 기술들이 만들어내는 구조적 변화의 큰 그림을 함께 바라보고자 했습니다.

무엇보다도 이 책이 다루고자 한 핵심은 'AI라는 도구 자체'가 아니라, 그 도구를 어떻게 전략적으로 활용할 것인가에 있었습니다. 그래서 이 책은 기술의 기능을 설명하는 매뉴얼이 아니라, 변화의 시대를 살아가는 개인과 조직에게 방향을 제시하는 전략의 나침반이 되기를 바라는 마음으로 집필되었습니다.

AI를 다소 한걸음 떨어진 자리에서 구조적으로 조망해보는 시도를 통해, 변화의 파도 앞에서 우리는 무엇을 준비해야 하며, 어디에 집중해야 하는지에 대한 단서를 함께 찾아가고자 했습니다.

AI 빅웨이브, 기술을 넘어 전략으로

생성형 인공지능이 등장한 이후, 우리는 그야말로 기술의 큰 물결 한가운데에 서 있습니다. 마치 파도처럼 밀려드는 신기술과 신제품 속에서, 많은 사람들이 AI를 어떻게 활용할 수 있을지 고민합니다. 보고서를 자동으로 써주고, 이미지를 그려주고, 영상까지 생성해주는 시대—기술의 진보는 분명 놀라운 속도로 진행되고 있습니다.

하지만 진짜 중요한 질문은 따로 있습니다. 기술이 얼마나 발전했느냐보다, 그 기술이 우리 일에 어떤 의미를 가지는가. 우리 조직의 전략, 고객과의 관계, 제품과 서비스, 그리고 비즈니스모델의 구조를 어떻게 바꿔놓을 수 있는가—이것이야말로 지금 우리가 던져야 할 질문입니다.

이 책은 AI를 단순한 도구로 바라보는 관점에서 벗어나, 그것이 비즈니스와 조직 전략에 어떤 영향을 줄 수 있는지를 중심에 두고자 했습니다. 반복 업무를 줄이고 속도를 높이는 것도 중요하지만, AI는 이제 더 근본적인 차원에서 우리에게 질문을 던지고 있습니다. 일의 방식은 왜 지금처럼 설계되어 있는가? 고객에게 가치를 전달하는 방식은 앞으로 어떻게 바뀌어야 하는가? 기술을 중심에 둘 것이 아니라, 우리가 해결하고자 하는 문제와 만들어내고자 하는 가치가 먼저여야 합니다.

책을 집필하며 저는 AI 기술의 흐름을 한 걸음 물러서서 바라보고자 했습니다. 빠르게 변화하는 생태계 속에서 중심을 잡으려면, 눈앞의 기술보다 큰 구조와 방향을 읽는 힘이 필요합니다. 그래서 후방산업과 전방산업, 클라우드에서 온디바이스로 이어지는 기술 인프라의 흐름, 생성형 AI가 만들어내는 콘텐츠 생태계의 변화, B2B와 B2C 시장에서의 전략적 조건 등, 다양한 관점에서 AI를 분석하려 했습니다.

AI는 이제 특정 직무나 부서의 문제가 아닙니다. 마케팅, 고객관리, 운영, 교육, 기획 등 거의 모든 분야에서 AI의 영향을 받고 있으며, 조직 전체가 함께 새로운 방식으로 사고하고 설계하는 일이 요구됩니다. 기술을 도입하는 것보다 중요한 것은, 그 기술을 어디에, 어떻게 연결할지를 판단하는 역량입니다. 이 책이 강조하고자 한 것도 바로 그런 전략적 감각입니다.

앞으로 AI는 더욱 정교해지고, 다양한 산업과 기술과 융합하면서 새로운 시장과 기회를 만들어낼 것입니다. 하지만 기술이 아무리 발전해도, 그것을 활용해 가치를 창출하고 문제를 해결하는 주체는 결국 사람입니다. 기술은 목적이 아니라 수단입니다. 중요한 것은 방향을 설정하고 질문을 던질 수 있는 태도, 그리고 문제를 구조화하고 기술을 전략적으로 설계할 수 있는 감각입니다.

『AI 빅웨이브 – 기술을 넘어 전략으로』는 제가 앞서 출간한 『AI를 활용한 경영전략 수립』, 『비즈니스모델 사용설명서』, 『비즈니스모델을 혁신하는 5가지 길』 등의 연장선 위에 있습니다. 이전 책들이 전략과 모델의 틀을 설계하는 데 초점을 맞췄다면, 이번 책은 그 틀 위에 'AI'라는 변수를 더해, 우리가 익숙하게 사용해온 구조를 다시 점검하고자 한 시도였습니다.

이 책이 화려한 미래를 예측하는 데 목적을 두었다기보다는, 지금 우리가 어디에 서 있고, 어떤 준비를 시작해야 하는지를 함께 고민하는 데 초점을 맞췄다는 점을 독자 여러분께 전하고 싶습니다.

AI는 지금 이 순간에도 거대한 변화를 만들어내고 있습니다. 그리고 그 변화는 모두에게 동일한 모습으로 다가오지 않을 것입니다. 어떤 이에게는 위기로, 또 어떤 이에게는 기회로 다가오겠죠. 결국 우리가 선택할 수 있는 건, 이 거대한 기술의 흐름을 어떤 자세로 대할 것인가 하는 태도입니다.

이 책이 독자 여러분에게 그 방향을 생각해보는 하나의 계기가 되었기를 바랍니다. 새로운 도구가 아니라, 새로운 전략을 고민하는 책으로, AI 시대를 준비하는 여러분의 여정에 작은 도움이 될 수 있기를 바랍니다.

감사합니다.